EUの規範政治

グローバルヨーロッパの理想と現実

臼井陽一郎 編
Yoichiro Usui

The Normative
Politics of
the European
Union
The Idea of Global Europe
and its Reality

ナカニシヤ出版

目　次

第Ⅲ部　対外関係の規範政治

第7章　EUによる対外的な規範普及のための手段と成功条件……武田健　155
　　　　──EU新規加盟と欧州近隣政策
　1．非強制的な手段による規範受容の働きかけ方　155
　2．EUへの新規加盟　157
　3．欧州近隣政策　163
　4．EUの規範普及活動の未来　170

第8章　グローバリゼーションを管理せよ……………明田ゆかり　173
　　　　──規範を志向するEUの通商政策
　1．EUの通商政策と規範　174
　2．グローバル貿易ガバナンスにおける規範の修正　181
　3．バイラテラルなFTAを通じた規範の拡散　186
　4．規範志向の通商政策の罠　189

第9章　EUの通商政策を通じた動物福祉の普及………関根豪政　197
　　　　──動物福祉の「すすめ」か「押しつけ」か?
　1．EUにおける動物福祉の概念の展開　198
　2．多数国間関係における動物福祉の限界　199
　3．二国間・複数国間関係での克服の可能性　201
　4．二国間・複数国間アプローチの限界と問題点　206

第10章　石炭を諦めない……………………………………市川顕　212
　　　　──EU気候変動規範に対するポーランドの挑戦
　1．国際気候変動交渉におけるEU　212
　2．EUの気候変動規範　214
　3．EU気候変動規範への挑戦　219
　4．COP19と石炭気候サミット　223

5．EU気候変動規範の強さと脆さ　　228

第11章　非EU市民の受け入れ方……………………小山晶子　233
　　　　――EUの移民統合政策が進める第三国国民の同化と排除
　1．共通移民政策の対象としての第三国国民の権利　234
　2．ソフトローによる第三国国民の統合アプローチ　238
　3．義務化される第三国国民の統合政策　242
　4．欧州アジェンダにみる第三国国民の統合の行方　243

第12章　コカイン、ヘロインを撲滅せよ……………福海さやか　255
　　　　――国際組織犯罪と闘うEU
　1．脅威としての麻薬密輸　256
　2．EUの麻薬規制政策　260
　3．麻薬規制プロジェクト　265

第13章　アメリカの譲歩とEUの妥協………………小松﨑利明　273
　　　　――国際刑事裁判所（ICC）とEUの規範政治
　1．国際刑事裁判規範の歴史　274
　2．ICC規範の形成とEU　277
　3．ICC規範をめぐる政治　283

第14章　EUの文民的危機管理政策…………………小林正英　291
　　　　――ソーセージとEUの文民的危機管理政策がどう作られるか
　　　　　を知る人は、もはやぐっすりと眠ることはできない
　1．文民的危機管理とはなにか　291
　2．EU安全保障政策の規範志向性の現在　294
　3．EU文民的危機管理政策構築の政治力学　298
　4．文民的危機管理政策の（非）規範性――まとめにかえて　306

あとがき　313

目　　次

コラム①　「デンマークでなにかが腐ってる」？（東野篤子）　43
コラム②　死刑廃止の"世界的潮流"（小松﨑利明）　61
コラム③　日本のメディアのEU認識（福井英次郎）　81
コラム④　日本・韓国・中国におけるEUのノーベル平和賞受賞の報道（福井英次郎）　87
コラム⑤　日本の大学生のEU認識（福井英次郎）　91
コラム⑥　EUのFTA政策と日EU・FTA（関根豪政）　193
コラム⑦　EUへ向かう脱北者たち（金敬黙）　250
コラム⑧　ウクライナ危機は"西側の責任"か？──国際社会のEUに対する注目、期待、理解（東野篤子）　308

EU の規範政治――グローバルヨーロッパの理想と現実

序章
規範のための政治、政治のための規範
—— 政体 EU の対外行動をどうみるか

臼井陽一郎

1．本書のねらい

　EU（欧州連合）を題材に国際政治について大学中級レベルの学習を進める教材を作ろうと目指したのが、本書である。EU のグローバル社会での影響力や実際の行動に関心をもつ（民間や官庁の）実務者にも有益になるよう、構成にはこころを砕いた。理論と事例にバランスよく目を配り、事例は現代世界のありようを認識するのに意義あるイシューを選んだ。そのイシューに取り組む EU の対外行動という視角から、世界のいまを学ぶこともできるだろう。

　なにごとも中級が難しい。初級は入門書をひたすら読むしかない。上級は自分自身の問題追及スタイルを作り上げていくだけだ。国家の行動について基本の仮説（リアリズム、リベラリズム、コンストラクティヴィズム）の概略を知り、（NGO をはじめ）国家以外の国境を越える行為主体（アクター）の重要性を意識し、グローバル・ガバナンスやレジームやリージョナリズムに関する主要な論点や学説上の争点についてカタログ的な知識を手に入れ、こうして一通り基本を学習したのちにさてどういった方向で上級を目指していくか。この中級の段階こそ、はじめて（解説書ではない）専門の文献を手にするときであろう。この段階に立って周囲を見渡している学習者に向けて、EU を専門にさらに進んで学習してみるという選択肢を提供したいと願い編んだのが、本書である。

　しかしなぜ EU なのか。現代世界にあってもアメリカの重要性にいささかの

かげりもない。中国の巨大化もとどまるところを知らない。ロシアの存在感もますます高まるばかりだ。世界平和の鍵が中東に埋められている情勢に変わりはない。共同体化の進展いちじるしい ASEAN（東南アジア諸国連合）からも目が離せない。国際政治を大学レベルで学ぼうとする学習者に、中級レベルの特論で EU を選択するよう推薦する絶対の理由など存在しない。

けれども、国際政治のなかの EU など些末なテーマにすぎず、趣味の押しつけ以外のなにものでもないなどとは、決していえないであろう。加盟 28 ヵ国 5 億人のシングル・マーケットはアメリカ・中国をしのぐ経済規模をほこる。核保有 2 ヵ国（イギリス・フランス）を擁する EU の安全保障路線は、NATO（北大西洋条約機構）にすべてを吸収されてしまう無視すべきノイズだというわけでもない。むしろ軍事にとどまらない EU の包括的アプローチは本格的な分析を要する（本書第 14 章参照）。ドイツの存在も看過できない。この大国、青地に 12 の金星をあしらった EU フラッグの下ではじめて、その血塗られた過去あっても国際場裡においてフツウの国として行動できるのである。巨大な経済圏をベースに独仏英ビッグスリーを含む 28 ヵ国が一体となって行動するとき、グローバル社会におけるそのプレゼンスはたしかに本格的な学術的認識を要する強度を示していると、いうことができよう。

その強度は、EU のプレゼンスの発揮の仕方による。本書はここに注目する。その戦略の中心にあるのが、規範である。"してはいけない／しなければならない"という言明を所定の手続きで確定し、文書にしたため公布する。ただそれだけのことである。このただそれだけのことが、国際政治にあって時に重いものになる。EU はこれにこだわり続けてきた。国際政治のなかの EU のこの規範志向性に光をあて、学術的考察の明るみのなかでそのありようをつまびらかにしようと試みたのが、本書である。

したがって中級レベルの（国際政治特論の）教材として、本書は 2 本のラインの交点に位置することになる。国際規範をメインテーマとする研究の流れがひとつ、もうひとつが EU の対外行動に照準を定めた研究群である。

2. 規範政治

　規範をあつかう研究は、すでに久しく国際政治学の本流の一角を占めるほどに成長している[1]。その原動力となったのが、本書でもとりあげるコンストラクティヴィズムである（本書第1章参照）。軍事力や経済力といった物的パワーだけでなく、国家理念（アイデア）や国民的価値意識（アイデンティティ）にこそ、国際政治の構造を変える力があるとみるこの理論的枠組み、まさに規範をテーマに国際政治のリサーチ・デザインを作るのになくてはならないベースを提供してきた[2]。国際規範はビッグパワーの都合のいいように利用されるだけでなく、国家のアイデンティティを再形成するようにも作用する。そのため、国家の有力な戦略的手段にもなりうる。

　これにアプローチしようとする研究路線は、あるべき国際政治のあり方を構想し、ひとつの規範モデルを提示しようとするものではない。そうした国際正義への問いとは明確に一線を画す。どこまでも現実政治が問題であり、そのなかで規範がどのように追求され利用されているのか、その様相を明るみのうちにもたらし、国際政治の動態を理解する一助にしようと試みるのである。国際正義への哲学的な問いは、その解答が国際社会で広く共有されるにいたる場合に、それ自体が研究対象になる。規範の実証的研究と規範の哲学的探究は、いったんは区別されなければならない[3]。

　本書ではコンストラクティヴィズムの基本的問題意識を踏襲するが、必ずしもそのリサーチ・デザインには拘泥しない。むしろ積極的にリアリスト的モチーフによる規範への見方も取り入れながら、規範の実証的研究路線に即して学習テーマを設定した。本書各章をつらぬくキーワードは"規範政治"である。この用語、すでに確立され広く使われリジッドに規定された学術上の概念ではない。国際政治の研究者はもとより、EUを専門とする研究者の間でも、規範政治なる用語が共通通貨のように流通しているわけではない。規範政治とはむしろ、ひとつの研究方針を指し示す言葉だと受け取ってもらいたい。規範を実現しようとする政治と、規範を利用しようとする政治の、表裏一体性を明らかにしようという研究方針である。なかでも批判的考察という方向性を重視する。

規範を実現しようとして失敗する EU、規範を操作利用し戦略的にふるまおうとしてうまくいかない EU という、イメージと実態のギャップに注視したい。批判的アプローチを通じてこそあらためて、国際規範を構築する EU の否定しえない実績に注意を引くこともできよう。本書すべての章で、規範を創り実現する EU と、規範を操り利用する EU の表裏一体性が意識される。そのうえで各章ごとに自由な議論が展開される。"規範政治"なるモチーフを各章寄稿者に自由にアレンジしてもらう、いわば事前のシナリオなき研究ワークショップの記録が、本書である。その点、オーソドックスな教科書とは異なり、確立された知見よりも研究事例を示すことに重点が置かれる。

さて、EU である。この国家連合体、紛れもなくヨーロッパ統合の成果である。そのプロセスの世界史的な意義は大きい。この政治プロジェクトに触発され発せられた言葉はすでにはるか見渡すかぎりに蓄積され、その意味を考え抜こうとした論考はいまや広大な研究分野を構成する。賞味期限の短い現状分析アップデートものとは異なる、耐久性ある研究書を世に送りだそうとすれば、基本スタンスに立脚したぶれないアプローチが求められる。EU の規範政治というテーマ、それにかなうであろうか。

この点を意識しつつ、EU の対外行動を規範政治の視点からみるためのベースとして、次に EU の制度の基本をおさえておきたい。とくにその政体としての存在のありように注意を引いていく。そののちに、本書を交点として交わる 2 本の線のふたつめ、"EU の対外行動"について準備的に説明することにしたい。

3．EU の規範志向性、その源泉

EU のこれまでの歩みは、対外行動に規範志向性を付与する EU 法秩序の進化過程でもあった[4]。それは国家連合 EU が法へのあくなきこだわりをみせ、どこまでも EU 自身の法を通じて統合を進めてきたことの帰結でもある[5]。その帰結として現れてきた規範を志向する EU 政体の概要を、ここでまとめておきたい。

EU の歴史[6]は大きく 3 期に分けられる。石炭鉄鋼、原子力、経済の三つの共

序章　規範のための政治、政治のための規範

表1　EUの歴史

```
三共同体時代
    52年　パリ条約：石炭鉄鋼共同体（ECSC）
    58年　ローマ条約：経済（EEC）と原子力（EAEC）
    67年　ブリュッセル併合条約：単一制度枠組み
    87年　単一欧州議定書：多数決制・欧州政治協力
三本柱構造時代
    93年　マーストリヒト条約：EU形成・三本柱構造に
    99年　アムステルダム条約：警察刑事司法協力（PJCC）
    00年　EU基本権憲章
    03年　ニース条約
単一法秩序時代
    04年　欧州憲法条約：批准失敗・反省熟考期間へ
    09年　リスボン条約
```

同体（ECSC、EAEC、EEC）が別個に存在していた1950～80年代の三共同体時代が第1期になる。次にEU誕生により欧州共同体（第一の柱）、共通外交安全保障政策（第二の柱）、司法内務協力やがて警察刑事司法協力（第三の柱）が併存した1990～2000年代初期の三本柱構造時代が第2期である。そして（欧州憲法条約批准失敗ののち）2009年に発効したリスボン条約による単一法秩序時代が現在進行中の第3期となる。

　そのリスボン体制のもと、EU条約、EU機能条約、EU基本権憲章の三つの基本文書が、あたかも憲法的な秩序であるかのように、EUなる制度複合体を構成している。EU市民の基本権カタログ的なものが整理され、EU権力を制御する基本原則（権限委任原則、補完性原則、比例性原則、誠実協調原則、国民的一体性原則など）が確立されている。

　こうした法秩序進化過程を通じて徐々により広範な政策領域でEU立法が可能になり、共同体方式（the Community Method）と呼ばれる統治体制が確立されていった。それは、（加盟国首脳が集う）欧州首脳理事会が大きな方向性を打ち出し、（閣僚のように委員が任命されEU行政を担う）欧州委員会がその具体化のための法案を策定し、（加盟国単位の選挙で議員が選出される）欧州議会と（加盟国の閣僚級代表が集う）閣僚理事会がこれを共同決定し、その法の解釈を欧州司法裁判所が一元的に担い、その判例の蓄積を通じて法秩序が進

13

化していくという体制である[7]。

　リスボン条約以降は欧州首脳理事会に常任議長ポストが設置され、日本のメディアではEU大統領とさえ称されるようになり（本書第4章参照）、欧州委員会委員長というEUの首相のごとくイメージされるもうひとりのEUトップと二人三脚で国際舞台に立ち、単一EUボイスを発しようと試みている。これにEU外相と呼ばれる外交安保上級代表職が同じくリスボン条約により設置され、欧州委員会副委員長を兼職しつつ欧州対外行動庁（EEAS）を率いる体制が確立された。2014年には欧州議会選挙第1党のヨーロッパ・レベルの政党連合（ユーロ政党と呼ばれる）が事前に指名した候補を欧州委員会委員長として欧州首脳理事会が指名し、欧州議会が最終承認する仕組みも実践された（本書第5章参照）。ところが他方で、EUの立法権を担う閣僚理事会には半年ごとの輪番制となる議長国制度が残され、現・次期・次々期の3議長国がアジェンダ調整しつつ、加盟国主導でことを運ぶ余地が確保されている。しかもそもそもドイツとフランスがEUの制度外で会談して意見調整しておくという非公式なやり方も、いまだみられるEUの重要な慣行である。このように大統領制としても議院内閣制としても中途半端な、しかしなにがしかの政体システムが、連邦国家とはいいえない形で、EUという名の制度複合体として、成立している。

　これはきわめて微妙なパワー・バランスのもとに均衡を保っているシステムである。政策領域ごとにEUの権限は異なり、どこまで拘束力ある立法行為が可能かは全政策領域で一様ではない（表2）。その法的（もしくは非法的）措置の採択は、政府間機関（上記の欧州首脳理事会と閣僚理事会）と超国家機関（欧州委員会と欧州議会と欧州司法裁判所）の混合で進められる。超国家機関の権限を拡張してEU立法の範囲を広げ拘束力を強化していけば、大国の支配力を軽減することができる。しかしそうすればするほど、加盟国の主権国家としての性格はEUのなかで薄められていく。そこで個々の加盟国がどこまでEUに拘束されるかを各国ごとにコントロールできるようにしておこうとすれば今度は逆に、大国の恣意的なふるまいを制御することが難しくなってしまう。

　EUはこうした微妙なパワー・バランスによる均衡を要するシステムのもと、これまでに大量の立法措置を積み上げてきた。その集積をEUではアキ・コミュノテールという。直訳すれば共同体の既得権限であるが、その意味するとこ

表2　EUの政策領域と権限

排他的権限	関税同盟・競争政策・通貨政策・海洋資源・通商政策
共有権限	域内市場・地域政策・農業政策・漁業政策・環境政策・消費者政策・運輸政策・交通インフラ・移民難民政策・警察刑事・労使対話・職場環境・職業訓練・医薬品安全基準・農産物検疫・研究技術開発・宇宙開発・開発援助・人道支援など。
補足・支援	産業政策・文化振興・観光促進・スポーツ振興・教育・市民保護・行政協力
特別規定	経済政策の調整・雇用政策の調整・社会保障制度の調整　外交安全保障政策・防衛政策

ろはEU法規範の総体である。EUの規範的実体が、まさにこのアキ・コミュノテールである。アキ・コミュノテールはEUが加盟国を新たに迎える拡大過程を通じて、まさにEUの規範的実体と化してきた。新規加盟国はこのアキ・コミュノテールを徹底的に国内法化していくよう求められた。ソビエト崩壊後、2004年に達成された旧東欧諸国のEU加盟（すなわち東方拡大）は、その過程でEU法規範の導入が加盟支援の条件（いわゆるコンディショナリティと呼ばれるもの）にされていった。EU加盟国首脳が旧東欧諸国を迎え入れる方針をコペンハーゲンで確認した1993年から、実際に迎え入れることをやはりコペンハーゲンで決定した2002年までの、いわゆるコペンハーゲンからコペンハーゲンまでの10年間、まさに無血革命とさえいえるようにEU法規範が浸透していった[8]。これはEU規範が外部に拡散・伝播していく格好の事例となり、EUの規範パワーとしての存在を証立てる事態となった（本書第2章および第7章参照）。

　このように、EUはその制度進化を通じて、共同体方式という絶えざるファインチューニングを要するパワー・バランス・システムを生み出し、そのシステムを通じて自らの規範をEU法の形式で大量に創出し、その総体を保持していくことを加盟国拡大のたびに加盟国全体で確認してきた。政府間機関と超国家機関の混合システムにあってこうした規範的実体化の道を突き進んでいったEUは、まさにその過程で、この路線を可能にする人材を輩出している。ここ

表 3　EU の拡大過程

1952 年	オリジナルシックス（フランス・西ドイツ・イタリア・オランダ・ベルギー・ルクセンブルグ）
1972 年	イギリス・アイルランド・デンマーク
1981 年	ギリシャ
1986 年	スペイン・ポルトガル
1990 年	事実上の東ドイツ加盟
1995 年	スウェーデン・フィンランド・オーストリア
2004 年	ポーランド・チェコ・スロヴァキア・ハンガリー・スロベニア・エストニア・ラトヴィア・リトアニア・マルタ・キプロス
2007 年	ブルガリア・ルーマニア
2013 年	クロアチア

にも注目したい。多国間の場で必ずしも国家を代表することのない人々と、国家を背負った人々が、EU 法規範策定へ向け対抗しつつ協働してきたのである。EU はマルチラテラルに（多国間で）かつマルチレベルに（多層的に）交流しあう政治の担い手を育成するヨーロッパ公共圏としても、その存在を確固たるものにしている（ファンロンパイという"EU 的"政治家について論じた本書第 4 章、ユーロ政党の役割を取り上げた第 5 章、EU 市民社会組織の役割を評価した第 6 章を参照）。EU 対外行動の規範志向性の源泉を、ここにも見いだすことができる[9]。

4．EU の対外行動

　EU がグローバル社会のなかでみせるふるまいや、その国際政治上のインパクトについては、世界的にも強い研究関心が注がれ続けている。つい最近でも、EU の対外ガバナンスが問題にされ（Lavenex and Schimmelfennig eds. [2012]）、グローバル・パワーとしての EU (the Global Power Europe) を主題に政策領域網羅的に EU の対外行動が検討され（Boening *et al.* [2013a] [2013b]）、EU の域内政策も含めその国際レジームに与えるインパクトが主題にされている（Falkner and Müller [2014]）。博士課程の研究も視野に上級へ進む意志のある読者は、そうした世界の研究動向に目を配っていかなくてはいけない。もちろん、EU の対外関係は日本でもすでに多く論じられ、導入書・紹介書も少なくはない[10]。なかでも EU が対外的に及ぼす規制力についての研究は、オリジナルな

視点を提起した日本発の重要な貢献である[11]（遠藤・鈴木編［2012］）。

　本書も大きくはそうした方向で EU の対外関係を論じようとするものであるが、なかでもとくに対外行動に焦点を合わせるように意識してみた。そのための切り口が上述のように"規範政治"である。EU の対外行動を規範政治という視点から論じる専門論文集に仕立て上げ、ただし難易度には気を配り、中級レベルで国際政治特論を学習する教材として利用できるようにすることを第一のねらいとしている。どこまでも論文集であるため、通常のテキストブックに求められるところとは異なり、すべての章が単一の概念枠組みで整序されているわけではない。繰り返しになるが、規範政治とは、"規範のための政治"と"政治のための規範"の双方を捕まえようとする執筆の方針であって、理論的枠組みではない。これをひとつのモチーフとして、各章各コラム執筆陣が各様にそれぞれの切り口を示し、EU の対外行動を理解し評価し展望する視座を提起したのが本書であって、これを統一的にまとめるということはしていない。

　これについて 2 点、本書のウィークポイントをあらかじめ示しておきたい。本書はどこまでも EU の対外行動をみようとするものであり、たとえば EU の外交もしくは外交政策にしっかりと焦点を絞って限定した確実な知見を得ることを目的にしているわけではない。より広く莫然と、対外"行動"という網掛けをするにとどまる。各執筆陣にとって、いわば自由即興演奏の余地は大きい。しかし他方で、対外"関係"よりは対象を狭めたつもりだ。どこまでも行動という意図的で能動的なものに光をあてる。EU がグローバル社会へ向けてどういった行動をとろうとしてきたのか、その志向するところのものに学術的認識のメスを入れようと試みたのが、本書の各章各コラムである。が、そうはいっても、EU の対外行動なるものが何であるのか、各章各コラムで共通理解が確認されているわけではない。対象構成のゆらぎは否定しようもない。本書を手にとる学習者にも、EU 対外行動の像は（本書各章を参考にしつつも）各自で確定してもらうほかはない。

　ただそうした対象構成のゆらぎを放置せざるをえないことには、EU の制度上の理由もある。そもそも EU の対外行動が何であるかは、それ自体ひとつの学術的な問いとなりうる難問なのである。かつて米国務長官キッシンジャーはヨーロッパという電話番号はないのかと嘆いたというが、EU 代表の電話番号

17

はいまだ確定していない。なるほど、欧州首脳理事会常任議長と欧州委員会委員長の二人三脚のプレス（記者会見や声明の発表）は定着してきた。また外交安保上級代表職が欧州対外行動庁（EEAS）を率いる体制も確立されている。ところが、EUが対外的に行動しうる分野でEUのボイスを発する主体は、まだまだ（錯綜とまではいえなくとも）安定はしていない。閣僚理事会には議長国制度が残されその首脳が発言することもあり、（ユーロ導入国限定の閣僚理事会である）ユーログループの議長も国際通貨金融マターではEUを代弁する。欧州委員会には気候変動担当、通商担当、開発援助担当の総局（DG）が存在し、それぞれの委員が国際ステージで存在感を示すこともある。しかし何よりも加盟国である。ドイツ・フランス・イギリス・イタリアはG8に参加し、NATOでもそれぞれに発言し、対イラン交渉ではEU代表としてドイツ・フランス・イギリスがEU3として動いているのである。いったい"EU"の対外行動とは何であろうか。微妙なパワー・バランスのもとでかろうじて均衡が保たれている（いつ崩れるかわからない）状態の幸運な一時的一体化にすぎないのだろうか。

　しかし、こうした（制度が整備されてもなお残る）政治的な不安定性があっても、EUが主体となって対外的に進める行動の実態にふれることはできる。政体EUの対外的な基本規範が、EU条約によって確立されているのである。共通外交安全保障政策、開発援助・人道支援、自由貿易協定・投資協定、地球環境保全、欧州近隣政策（ENP）などを通じて、EUの価値を国際の場で保護し、デモクラシー、法の支配、人権保護、平等と連帯、国連の目的・原則、貧困撲滅、グローバル・ガバナンスへの貢献を進めることがEUのミッションだと、EU条約に規定されている（EU条約第21条）。EU対外行動の一体性に政治的な不安定性がみられるとしても、EUが全体として向かっていこうとしている方向は、一応は基本のEU法で定位されているのである。実際、EUの試みの一つひとつを規範政治の視点から精査するのに十分な事例が、実に膨大に蓄積されている。本書が取り上げたのは、（重要ではあるが）その一部にすぎない。

　ところが、これがもうひとつのウィークポイントになるのだが、EUが規範を志向するといっても、それがそもそも何を意味するのか、本書で確固たる概念化が図られているわけではない。対外行動における"規範の追求"とは直観

的には、域外の政治主体に自らの規範を認めさせ、それにしたがわせようとすることだといえよう。しかし、域外の政治主体がEU規範のフォロワーになるという場合、それは具体的には何を意味するのだろうか。国内法制化まで達せられてはじめて、EUの規範政治は成功したというべきなのか。しかしEUが追求する規範のすべてが、個別の立法措置に具体化できるものでもない。アドホックな政策対応で軽く流されてしまう場合もあるだろう。そもそもハードローの場合とソフトローの場合で、規範の受容のあり方は異なる。国際交渉の場で交渉相手の首脳がEUの規範を承認する旨の声明を出す場合もあろうし、またEUの主張する内容で条約が締結され協定が合意されることもあろう。しかもそれが必ずしも、それぞれの国内社会にあって価値として承認されることに帰結するわけでもない。ひとくちに"規範の追求"といっても、規範の拡散や伝播、浸透、価値規範の内面化などなど、実にさまざまなケースがありうるわけで、規範政治の成功事例を特定することはなかなかに難しい。政策領域ごとに異なるだけでなく、法学者と政治学者、社会学者の間にも、かんたんには架橋しえない感覚の違いが存在する。

　本書でこれについて単一の概念を共有することは、素直にあきらめている。各章各コラムそれぞれの理解でそれぞれに論じられる。本書を教材に学習を進める場合も、この点を意識して、各自で、規範の拡散、伝播、浸透、内面化について、取り上げた政策領域の事例に即して、理解の仕方を整理していってもらいたい（願わくばそれがまた必要で有益な学習課題になるかもしれない）。

　以上のように、本書はたとえば、"対外行動"とは何かについても、また"規範の追求"とは何であるかに関しても、単一の概念枠組みを共有しているわけではない。すでに何度か述べたように、本書はどこまでも、規範のための政治と政治のための規範という両面をともに見定めていこうという規範政治なるモチーフのもと、執筆陣それぞれに自由に筆を振るってもらった、いわばひとつの研究ワークショップの成果である。このワークショップを通じて本書全体としてどういった規範政治の像が立ち現れてきたのか、これをまさに読者に判断してもらいたい。そうしてその判断を通じて、上級を目指した各自の研究課題を見いだしてほしいのである。

5．本書の構成

　さて、大学中級レベルの教材を意識して実施した"規範政治"研究ワークショップの成果であるが、それを展望する一助とする意図も込めて、序章の最後に本書全体の見取り図を示しておきたい。本書は14の章を3部に構成し、8本のコラム（短めのやわらかい解説）でこれを補足した。第Ⅰ部は規範政治の基礎論、第Ⅱ部が規範政治の域内基盤、第Ⅲ部が本書のメインとなる対外行動の規範政治である。

　第Ⅰ部の基礎論では、規範政治の視角から研究を進めていくための基礎理論を紹介し、これを批判的に再検討した。本書各章でその理論枠組みが適用されるわけではないが、"規範政治"にアプローチするための問題意識について、各章執筆陣はここで取り上げられた理論枠組みにより何らかの刺激は受けている。まず第1章でコンストラクティヴィズムが論じられた。ヨーロッパ統合研究そしてEU政治研究に与えたその影響の大きさが探られ、規範をテーマにEUへアプローチするその可能性が（歴史研究とのコラボという形で）示唆されている。第2章では規範パワー論（Normative Power Europe: NPE）が取り上げられた。本書もこれを問題意識のベースとするものである。まさに一世を風靡したその魅力とともに、どのようにフォローされまた批判されていったのか、簡潔かつ鋭い筆致でその研究動向の全体像が示されている。以上、理念や価値に政治を動かす面を見いだす研究方針（コンストラクティヴィズム）と、EUのこれまでにないパワーの（あるいはパワー（大国）としての）あり方を規範なるものに探った研究プラン（NPE）がそれぞれ批判的にレビューされたあと、第3章であらたな研究手法が提示された。EUがその規範政治の相手側にどう認識されているのかを数量的に把握しようとするもので、規範パワーを主体と客体の関係性に依存するものととらえる視点が提起される。本書による新機軸として受け取ってもらいたい。

　次に第Ⅱ部では、規範を志向するEUの対外行動の域内基盤について考察する。先に述べた政体EUの特徴とあわせ、理解を深めてほしい。まず第4章で、欧州首脳理事会の初代常任議長ファンロンパイのリーダーシップが検討された。

その徹底的な対話・調整型が、まさに EU という組織の本質的特徴であることが示されている。次に第5章でユーロ政党の役割に注意が引かれた。加盟各国の政党が EU レベルで連合体を結成し、欧州議会内に会派を作るその動きは、まさに EU の域内規範政治の知られざる担い手である。そして第6章では EU 市民社会の存在に焦点があてられた。参加デモクラシーの推進を使命とする EU でトランスナショナルに活動の場を広げる市民社会組織は、EU が対外行動で規範を志向するよううながす圧力にもなってきた点が指摘される。こうしたユーロ政党も市民社会組織も、両章でともに「規範起業家」(Finnemore and Sikkink [1998]) として解釈されている点にも注意しておきたい。

　以上の準備的考察を土台に、第Ⅲ部で EU の対外行動の実際が論じられる。まず第7章で、EU が相手国政府に自らの規範を受け入れるよう働きかける手段、成果、成功条件について、EU 拡大と欧州近隣政策 (ENP) を事例に論じられた。第Ⅲ部全体の序論的位置づけになる。以下、自由貿易と社会的政治的規範 (第8章)、自由貿易と動物福祉 (第9章)、気候変動とグリーン経済 (第10章)、移民統合と多文化保護 (第11章)、コカイン・ヘロインと開発支援型対策 (第12章)、国際刑事裁判所と人道に対する罪 (第13章)、そして紛争と文民的安全保障 (第14章) といった六つの領域で規範が取り上げられた。各章それぞれで規範の追求とその戦略的利用、両者のせめぎ合いにある政治の絡みが検討され、規範をめぐる政治が分析されている。第8章ではネオリベラリズムに立脚しつつ社会的規範や政治的規範をも貿易協定に組み込んでいこうとする EU が、かえって規範の罠に陥って身動きできない状況が指摘された。第9章では動物福祉の浸透を目論む EU が、多国間では上手くいかずかえって二国間や複数国間で強く推進しようとしてきた経緯が検討された。第10章では EU の最重要課題のひとつ、気候変動政策をめぐり、脱炭素経済・グリーン経済の形成を目指す欧州委員会とそれに反して石炭の利用を追求するポーランドの間の、規範言説対抗関係が分析された。第11章では EU に合法的に居住している第三国国民に EU 市民と同等の権利を与えるための移民統合措置が、かえって加盟国の同化政策をうながしてしまっている様相に注意が向けられた。第12章では共有責任を掲げ国際組織犯罪と闘う EU が描かれる。事例としてコカインとヘロインが取り上げられ、犯罪のもとになる貧困の克服に取り組む場合と、

犯罪組織そのものの軍事的壊滅を図る場合が比較検討された。第13章では国際刑事裁判所（ICC）の規範に関与するEUの、部分的に積極的で部分的に消極的な行動が、ボスニアとダルフールの事例も引きつつ論じられた。最後に第14章では、正戦論にも視野を広げつつ、EUが純粋に軍事ではなく文民的要素を強調しながら平和維持活動（PKO）や紛争解決にコミットし、いわゆる包括的アプローチを導入していった経緯があとづけられ、そこにみられたEU内政治の絡みがときほぐされた。

　なお、本書各章を補完し、読者の問題関心をさらに広げるため、8本のコラムを用意した。コンストラクティヴィズムの論争や、死刑廃止の国際的な運動、新聞メディアに現れるEU像や日本の大学生がイメージするEU、また北朝鮮からの脱北者がEUへ向かっている現状や、日本とEUの自由貿易協定の行方、そしてウクライナ情勢の読み解き方が、解説されている。中級から上級へ向かうためには自分自身のテーマと問題関心を研ぎ澄ませていくことが必要になる。その一助にしていただきたい。

注
1）古典とすべき文献として、Finnemore and Sikkink [1998] とSlaughter *et al.* [1998] をあげておきたい。鈴木［2009］；納家［2005］；吉川［2004］の3本の論文も中・上級者にとって必読になる。本書と平行して、また本書読了後に、ぜひトライしてほしい。
2）大矢根編［2013］はその格好の入門書になる。EUについても開発援助と雇用政策の政府間移転を扱ったふたつの論文が寄稿されている
3）ただし現代のグローバル社会にあって国際規範の哲学的探究がいつの時代にも増して重要性を強くしていることについて、多言は要しない。その初中級レベルの書として、小田川ほか編［2011］が貴重だ。ここからスタートすれば、かなり遠くまで歩んでいける。
4）マナーズはEUの規範パワーの源泉のひとつとして、基本条約が憲法的に形成されていった側面に着目する（Manners [2002]）。マナーズの規範パワー論については、本書第2章で論じる。
5）こういった基本理解を深めていくとすれば、中村［2012］が中上級レベルの必読論攷になる。中村は、法を作る承認のルールにEUがどこまでもこだわる傾向にあることに着目して、法的なものの構成にEU政治の本質を見いだそうとする。
6）EUについて理解を深めるには、当然のことながらヨーロッパ統合の歴史について学習しておく必要がある。近年の日本ではすぐれた統合史研究が進められ、シンプルなサクセス・ストーリーとは異なる政治の現場をありありと再現してくれる好著が出版されている。遠藤編［2008］と遠藤・板橋編［2011］がEUに取り組む学習者の（ただし中上級レベルの）必読書になる。また遠藤編［2013］はヨーロッパ統合の研究とEU政治の研究の連続

序章　規範のための政治、政治のための規範

と断絶の双方について、国家論の深みをもって論じた1冊であり、日本の統合・EU研究の水準を一気に引き上げた文献である。EUをテーマに選ぶ以上、ぜひ手にとってもらいたい。

7）EUの規範政治をテーマに学習を進めていくにあたっては、これまでの記述から明らかなように、EU法の理解が必須になる。たとえ関心は政治学にあったとしても、一通り基本は学んでおく必要がある。入門書としては中西［2012］が非常に分かりやすく、必要な事項も網羅されている。さらに奥深くEU法の森へ足を踏み入れていくには、庄司［2013］に取り組むとともに、中村・須網［2010］に挑戦してもらいたい。この2冊によって、EUの統治体制と法規範の動態的発展について（たとえ法の学習者として要求される域には達しなくともある程度は）しっかりとしたイメージを作り上げていくことを、読者には求めたい。とくに中村・須網［2010］の判例集は、各章冒頭の要約を熟読していくだけでも、欧州司法裁判所という機関がEU政治のさまざまな動きの結節点になり、その判示が重要な政治的インパクトをもたらしていることを理解できるだろう。政体EUの制度的特徴についてさらに法学の領域で学習を進めていくには、中西［2013］に挑戦してもらいたい。とくにアキ・コミュノテール（同書では連合既得事項と訳されている）について洞察を深めていくのに重要な研究書である。

8）EUの拡大と規範の伝播についてさらに学習を進めていくうえで、鈴木による「規制帝国」についての論攷が必読になる（鈴木［2006］）。またEUの東方拡大をヨーロッパ統合理論がどう読み解いているのかについて、ディーズとヴィーナーのテキストが格好の課題図書となる。この書では定番となるヨーロッパ統合理論が紹介されたのちに、それぞれがEUの東方拡大をどう見ているか、ショートだが本質的な議論が提示されている（ディーズ／ヴィーナー［2012］）。

9）すでにふれたマナーズの規範パワー論は、この点にも着目する（Manners［2002］）。

10）EUの対外行動について（個別の政策分野に特化せずある程度広い範囲で）学習できる文献としては、植田編［2007］；田中ほか編［2007］；森井編［2010］；安江編［2013］の4冊を挙げられる。このうち安江編の文献は"ヨーロッパの価値"に注目し、グローバル社会へのそのプロジェクション（投影）を問うており、本書の問題意識と大きく重なる。ただ後述のように、本書ではとくに規範"政治"を問題にしており、いわばガバナンスよりもポリティクスに重点を置くという点で、同書とは重点の置き所を異にする。

11）基準（もしくは標準、スタンダード）・ルール・規制を設定し広め貫徹させるEUの力に注目し、これを製品規格や生産工程など経済活動に直結する狭義の意味にとどまらず、デモクラシーや人権など政治的に達成すべき状態の質という広義の意味でもとらえ、EUが世界に及ぼすインパクトを（成功例・失敗例ふくめ）総体的に捕まえ、等身大のEUを把握しようとしたのが、この規制力の研究である。EUのそうした規制力の源泉として、シングル・マーケットの引力や域内加盟国間交渉で鍛えられた集合行為能力、さらにはより本質的に法的なものへのこだわりやコミトロジー制度なるEU独特の専門知熟議の場の歴史的形成などが同書各章で分析されている。それはEUによる規制にまさに政治の介在を見いだそうとする専門学術研究の書である（遠藤・鈴木編［2012］）。EUを題材とした国際政治学・中上級レベルの文献として、ぜひチャレンジしてもらいたい。なお、本書の方針もこれと軌を一にするものであるが、規制力の研究とは異なり、本書はより莫然と

23

（あるいはよりいっそう広義に）規範なるものをとらえ、EU がたしかに規範パワー（つまりは規範大国としてまた規範追求主体）として行動している場面を捕捉しようとするものである。規制力の追求という目的手段合理的な戦略性には還元できない、実質価値合理的な志向性をも EU に見いだそうとする規範パワー論の構図は、本書の知的関心のベースともなっている。

参考文献

Boening, Astrid, Jan-Frederik Kremer and Aukje van Loon (eds.) [2013a] *The Global Power Europe: Theoretical and Institutional Approaches to the EU's External Relations*, Vol. 1, Springer.
――― [2013b] *The Global Power Europe: Policies, Actions and Influence of the EU's External Relations*, Vol. 2, Springer.
Falkner, Gerda and Patrick Müller [2014] *EU Policies in a Global Perspective: Shaping or Taking International Regimes?*, Routledge.
Finnemore, Martha and Kathryn Sikkink [1998] "International Norm Dynamics and Political Change", *International Organization*, Vol. 52, No. 4, pp. 887-917.
Lavenex, Sandra and Frank Schimmelfennig (eds.) [2012] *EU External Governance: Projecting EU Rules beyond Membership*, Routledge.
Manners, Ian [2002] "Normative Power Europe: A Contradiction in Terms?", *Journal of Common Market Studies*, Vol. 40, No. 2, pp. 235-258.
Slaughter, Anne-Marie et al. [1998] "International Law and International Relations Theory: A New Generation of Interdisciplinary Scholarship", *The American Journal of International Law*, Vol. 92, No. 3, pp. 367-397.

植田隆子編［2007］『EU スタディーズ 1　対外関係』勁草書房。
遠藤乾［2013］『統合の終焉――EU の実像と論理』岩波書店。
遠藤乾編［2008］『ヨーロッパ統合史』名古屋大学出版会。
遠藤乾・鈴木一人編［2012］『EU の規制力』日本経済評論社。
遠藤乾・板橋拓己編［2011］『複数のヨーロッパ――欧州統合史のフロンティア』北海道大学出版会。
小田川大典ほか編［2011］『国際政治哲学』ナカニシヤ出版。
大矢根聡編［2013］『コンストラクティヴィズムの国際関係論』有斐閣。
庄司克宏［2013］『新 EU 法』岩波書店。
鈴木一人［2012］「EU の規制力の定義と分析視角」遠藤・鈴木編［2012］17-35 頁。
――― ［2006］「規制帝国としての EU――ポスト国民国家時代の帝国」山下範久編『帝国論』講談社、44-78 頁。
鈴木基史［2009］「現代国際政治理論の相克と対話」『国際政治』第 155 号、1-17 頁。
田中俊郎ほか編［2007］『EU の国際政治――域内政治秩序と対外関係の動態』慶應義塾大学出版会。
ディーズ、トマス／アンチェ・ヴィーナー編［2012］『ヨーロッパ統合の理論』東野篤子訳、

勁草書房。
中西優美子［2012］『EU 法』新世社。
──── ［2013］『EU 権限の法構造』信山社。
中村民雄［2012］「EU の規制力と法」遠藤・鈴木編［2012］37-62 頁。
中村民雄・須網隆夫［2010］『EU 法基本判例集　第 2 版』日本評論社。
納家政嗣［2005］「国際政治学と規範研究」『国際政治』第 143 号、1-11 頁。
森井裕一編［2010］『地域統合とグローバル秩序──ヨーロッパと日本・アジア』信山社。
安江則子編［2013］『EU とグローバル・ガバナンス──国際秩序形成におけるヨーロッパ的価値』法律文化社。
吉川元［2004］「国内統治を問う国際規範」『社會科學研究』第 55 巻 5/6 号、53-77 頁。

第Ⅰ部

規範政治の基礎論

第 1 章
コンストラクティヴィズムの
ヨーロッパ統合研究
―― EU における規範への視角

東野篤子

　1990 年代後半にヨーロッパ統合研究に参入してきたコンストラクティヴィズムは、新機能主義、リベラル政府間主義、そして制度主義とならんで、現在の EU 研究でもっとも影響力のある理論として挙げられるまでになった。本章ではヨーロッパ統合研究におけるコンストラクティヴィズムの理論的位相について考察する。まず、コンストラクティヴィズムの基本的な考え方について確認を行ったあと、国際関係論の領域において注目されるようになったコンストラクティヴィズムが、いつどのようにしてヨーロッパ統合研究に参入したのか、なぜヨーロッパ統合研究にすんなりと"定着"したのか、コンストラクティヴィズムの枠組みを用いてどのような研究がなされてきたのかについて検討する。確認しておくべきは、コンストラクティヴィズムはアイデアやアイデンティティ、そして規範を最重要研究対象として正面からとらえ、検証しようとする一方、地域統合に関する独自の理論のひとつでは"なく"、ヨーロッパ統合についてなんら実質的主張は"行わない"理論であることである。しかし、ヨーロッパ統合におけるあらゆる研究テーマや論争を、思考や規範、アイデンティティといった要素を加味して分析することを提唱するコンストラクティヴィズムは、ほとんどのヨーロッパ統合理論と併存可能であり、まさにこの使い勝手のよさがコンストラクティヴィズムの浸透の背景のひとつであった。

　さらに本章では、本書を貫くテーマである EU の"規範志向性"を、コンストラクティヴィズムがどのように扱ってきたのかに焦点を当てる。こうした"規範"への注目は、ヨーロッパ統合への歴史的アプローチ（統合史研究）とも

多くの親和性を有する。今後のヨーロッパ統合研究におけるコンストラクティヴィズムにとっては、歴史研究とどのように協働していくことができるのかも、極めて重要なテーマとなろう。

1. ヨーロッパ統合研究におけるコンストラクティヴィズム

(1)「コンストラクティヴィストじゃない奴なんて、いまどき存在するのかい？ (Is Anyone Still not a Constructivist?)」

コンストラクティヴィズムを使った分析を行っていない国際政治学者なんて、いまだにいるのだろうか——ある学術誌に、このような刺激的なタイトルのエッセイが掲載された。筆者は、コンストラクティヴィズムを牽引する存在として広く知られるアチャリヤであった。いうまでもなくこのタイトルは、かつてリアリズムの終焉の可能性を指摘して大論争を巻き起こしたレグロとモラフチークの論文（「リアリストなんて、まだいるのかい (Is Anybody Still a Realist?)」）(Legro and Moravcsik [1999]) をもじったものであるが、こういったタイトルのエッセイが登場すること自体、国際関係論におけるコンストラクティヴィズムの席巻状態を如実に表しているといえるだろう（コンストラクティヴィズムの最新の研究動向については、大矢根 [2013] を参照）。

上記のアチャリヤのエッセイは、彼の主な研究対象であるアジア太平洋地域を念頭に置いたものではあるが、ヨーロッパ統合研究においても、コンストラクティヴィズムはいまやもっとも重要な理論的アプローチのひとつとして、ゆるぎない地位を確立したと認識されてきた。国際関係研究における"コンストラクティヴィズムへの転回"が顕著となるにしたがい、ヨーロッパ統合がコンストラクティヴィズムの最良の事例であるとの認識が徐々に浸透するようになったのである (Christiansen, Jørgensen and Wiener eds. [2001]; Saurugger [2013])。はたしてコンストラクティヴィズムはどのようにヨーロッパ統合研究に参入し、どのようなテーマを扱い、どのような新境地を切り開いてきたのか。また本書を貫くテーマである規範の問題を、コンストラクティヴィズムはどのように扱ってきたのか。これらを概観することが、本章の目的である[1]。

（2）ヨーロッパ統合研究への参入

　コンストラクティヴィズムは1980年代の後半に国際関係論に登場し、斬新な視覚や分析枠組みを提示しつつ、1990年代後半には非常に強い影響力を持つようになった。そしてこの1990年代後半に、ヨーロッパ統合研究とコンストラクティヴィズムとの"出会い"が認識されるようになり、またたくまにヨーロッパの学界において一大潮流を形成することになる。

　コンストラクティヴィズム研究の泰斗であるウェントはすでに1992年の段階で、ヨーロッパ統合における社会化とアイデンティティ変容の問題に着目していたが（Wendt［1992］p.417）、ヨーロッパ統合研究における"コンストラクティヴィズムへの転回"は、同分野での最先端の成果を発表してきた*Journal of European Public Policy*が1999年にコンストラクティヴィズム特別号を編んだことが重要な契機となったとされる（リッセ［2010］）。

　それではコンストラクティヴィズムは、ヨーロッパ統合のどのような側面に光を当てて研究することを可能にしたのであろうか。大矢根は、コンストラクティヴィズム一般に共通する特徴として、（1）国際関係におけるアクター（行為主体）間の社会的相互作用を重視し、そこに生じる社会的公正という現実に注目する、（2）国際関係において、アクターと国際構造がたがいに作用しあう様子をとらえる、（3）観念的要素、つまりはアイデアの次元を分析の軸に据える、（4）上記（2）と（3）が重なり合う点として、国際構造を国際規範としてとらえる、などを挙げている（大矢根［2013］pp.4-5）。

　この特徴は、ヨーロッパ統合研究の特徴の多くとも重なりあっているといえよう。リッセは、ヨーロッパ統合研究にコンストラクティヴィズムがなした貢献のなかでも重要なものとして、（1）行為主体と構造の相互構成性を重視することにより、いわゆる"ヨーロッパ化"の現象や、ヨーロッパ化が各加盟諸国に及ぼす影響をより深く理解する（Checkel［2001］; Checkel［2003］; Flockhart［2010］）、（2）ヨーロッパの法、規則、政策の構成的効果を強調することにより、ヨーロッパ統合がどのように社会的アイデンティティやアクターの関心に影響を与えたのかを研究する（Marcussen *et al.*［2001］）、（3）コミュニケーション的慣行に焦点を当てることにより、ヨーロッパおよびEUが言説のうえで

どのように作られているのか、そしてアクターらがヨーロッパ統合にどのような意味を与えようと努めているのか（Rosamond［2001］）、ヨーロッパの公共空間をどのように形成しようとしているのか、などを検討する、としている（リッセ［2010］p. 220）。

これらに加えて最近では、EUの第三国に対する行動を、価値や規範、アイデンティティなどといったコンストラクティヴィズムの観点から説明することも、極めて大きな関心を集めるようになってきている。このことはとりわけ、これまで政府間での合意に基づいて発展してきたEUの共通安全保障・防衛政策が、どのようにヨーロッパ化してきたのか、そこにはどのようなアイデンティティの変容が反映されてきたのか、などといったテーマでの研究の充実に結び付いてきた（そのほんの一例として、Bickerton［2011］やMeyer and Strickmann［2011］などを参照）。本書がカバーする多くの事例も、（必ずしもコンストラクティヴィズムの手法をとらないにしろ）EUの規範がどのように対外的に投影されてきたのか（されようとしているのか）を検討しようとするものである。

（3）ヨーロッパ統合研究における定着の背景

このようにコンストラクティヴィズムがヨーロッパ統合研究における一大潮流を形成するにいたった背景として、次の（一見すると相矛盾する）3点を挙げることができるだろう。第一に、ヨーロッパ統合の代表的理論の双璧をなす新機能主義とリベラル政府間主義との間では、ネオリアリズムとネオリベラリズムとの間の、あるいは実証主義とポスト実証主義との間の論争を彷彿とさせるような大論争が長きにわたって継続していた。その主な論点をいささか単純化して紹介するならば、部門的・機能的にはじまった統合は、超国家的行為主体の推進力を持って他分野に次々と"波及"し、ついには政治的な統合に到達するという見方（新機能主義）と、そうではなく統合は加盟国の経済利益に基づき、イギリス、フランス、ドイツなどの大国政府間のバーゲニングを経て、極めて意識的な合理的選択の結果として進んできたのであり、したがって統合が"自動的に"政治分野にまでいたることはありえないという見方（リベラル政府間主義）との対立であった。この論争は激しさを増すごとに「偏狭かつ不

毛」（リッセ［2010］p. 209）な様相を呈してゆき、1980年代以降注目されてきたマルチレベル・ガバナンス論も、この二大理論の論争から（おそらく意図的に）離れて地道に発展していかざるをえなかった。そうしたなか、国際関係論においても「中間地点（the middle ground）」（Adler［1997］）の模索を謳ったコンストラクティヴィズムが、従来のヨーロッパ統合理論における「新機能主義かリベラル政府間主義か」という二元論に新たな風を吹きこむ有望な理論として注目を集めるようになった。

　しかし第二に、コンストラクティヴィズムが地域統合に関する独自の理論のひとつでは"なく"、ヨーロッパ統合についてなんら実質的主張は"行わない"理論であったために（Christiansen, Jørgensen and Wiener eds.［2001］p. 3）、逆に理論的立場を超越して多くのヨーロッパ研究者を惹きつけることになったことも忘れてはならないだろう。コンストラクティヴィズムは、ヨーロッパ統合における従来の論争――たとえば、超国家的行為主体の役割と国家間の交渉とでは、どちらが決定的に重要だったのか――にそれ自体でなんらかの答えを提示するわけではない。しかし、これらすべての論争に対し、思考や規範、アイデンティティといった要素を加味して分析することを提唱する。その意味ではコンストラクティヴィズムは（行為主体が自らの選好を完全に理解しているという、合理的選択論やリベラル政府間主義の前提には異を唱えるものの）、ほとんどのヨーロッパ統合理論との組み合わせが可能なのである（リッセ［2010］p. 210; Elistrap-Sangiovanni ed.［2006］p. 394）。よくいわれるように、コンストラクティヴィズムとは理論ではなく、理論的アプローチであり、社会科学哲学における立場のひとつであるからである（Guzzini［2000］）。このことは国際関係論の領域でも、リアリスト・コンストラクティヴィズムとリベラル・コンストラクティヴィズムの双方が存在することと同様である。まさにこの使い勝手のよさから、ヨーロッパ統合研究に急速に取り入れられていったといえる。このためもあって、コンストラクティヴィズムとひとくちにいっても、より合理主義寄りなのか、それともよりラディカルな立場（内省主義）をとるのか、といった立ち位置や問題意識は実にさまざまある。このようにヨーロッパ研究において、実際には手法やアプローチが大きく異なる多数のコンストラクティヴィズムが併存している状況を「（コンストラクティヴィズムの）名のもとに結

集した、偽りの団結」と揶揄する向きもあるが（Smith [2001] pp. 196-197）、これはコンストラクティヴィズムがそれほどまでにさまざまな方面から受け入れられ、活用されている証左にほかならない。

　さらに第三点目として、極論を恐れずにいうならば、コンストラクティヴィズムはアイデアやビジョン、認識、アイデンティティなどの重要性を強調して正面から論じることにより、ヨーロッパ統合研究全体をいわば原点に引き戻す試みのひとつとして提示され、それが多くの研究者にとって魅力的に映ったとも考えられる。そもそも、国家主権の一部を超国家的機関に移譲して統合を進めるという戦後のヨーロッパ統合の発想そのものが、一定の規範やビジョンなくして成立しえなかったであろうということは、多くのヨーロッパ研究者の間で（少なくとも直観レベルでは）共有された認識であったはずである。そして初期の統合理論は、コンストラクティヴィズムが重視する要素は（明示的にではなかったにせよ）含んでいた。ミルワードやモラフチークなど経済的合理性の観点を前面に打ち出していた研究者らも、統合における思考や規範の重要性については（留保条件付きながら）認めていた（Milward [1993]; Moravcsik [1998]）。新機能主義にいたっては、その理論的支柱であった故エルンスト・ハースがその最晩年に、自らの提唱した新機能主義とコンストラクティヴィズムとの間に強い親和性が存在することを指摘していた[2]（Haas [2001]；中村 [2010] pp. 145-149）。しかし、新機能主義も政府間主義も、理論として精緻化していけばいくほど、価値や規範などの要素をそぎ落としていく傾向にあった[3]。コンストラクティヴィズムは、これまで重要性は認識されていながら直接的な分析の範疇からは外れていってしまっていた諸要素に再び光を当て、正面から論じたのであり、その意義はヨーロッパ統合研究界で広く認められたのである。

　コンストラクティヴィズムを用いたヨーロッパ統合研究は、主に"十分に科学的ではない"という理由で、一部の合理的選択論者から強い批判を受けた（本書のコラム①「デンマークでなにかが腐ってる」？参照）。とはいえコンストラクティヴィズムの有用性については、すでにヨーロッパ統合研究において広く受け入れられている（Rosamond [2006]）。今日コンストラクティヴィズムは、新機能主義、政府間主義、そして制度主義とならんで、現在のEU研究でもっとも影響力のある理論として挙げられるまでになっている（Pollack [2010]）。

さらに、EU 研究出身のコンストラクティヴィストたちが EU 研究の枠を飛び出して、より広汎な国際関係論におけるコンストラクティヴィズムの可能性について考察しはじめていることも見逃せない。国際関係論における「次世代」のコンストラクティヴィズムの方向性に関する論文集では、13 名の執筆者中、編者 2 名を含む 5 名が EU 研究出身である（Fierke and Jørgensen eds. [2001]）。

（4）日本のヨーロッパ研究におけるコンストラクティヴィズム

なお日本のヨーロッパ統合研究においては、比較的最近までコンストラクティヴィズムのインパクトは限定的であった。この背景としては、日本のヨーロッパ統合研究において、コンストラクティヴィズムが衝撃を与えるような素地がなかったことが指摘できるかもしれない。そもそも日本の EU 研究界では"新機能主義か政府間主義か"などの理論上の論争がほとんど存在せず、したがって理論論争に研究者が倦み疲れる状況もそもそも訪れなかった（日本の国際関係論一般における類似の状況として、大矢根 [2013] pp. 15-16 を参照）。これに加え、日本の EU 研究では後述するように、歴史研究や実証研究が圧倒的に重視され、理論研究が入り込む余地が少なかったともいえる。

日本における先駆的な研究としては、森井裕一が、欧州議会の直接選挙実施に対するドイツの積極姿勢について、ドイツのナショナル・アイデンティティにおける民主主義とヨーロッパ統合という価値が、どのようにしてドイツの政策形成過程に作用してきたのかを分析している（森井 [1998]）。また、臼井陽一郎がガバナンス研究の立場から、コンストラクティヴィズム研究の方法論について詳細な検討を行い（臼井 [2007]）、鈴木一人がコンストラクティヴィズムを用いた EU の意思決定プロセス分析の可能性について考察している（鈴木 [2009]）。さらに、安全保障のコペンハーゲン学派をコンストラクティヴィズム的立場から解釈して、ヨーロッパにおける言説の構築状況を探った塚田鉄也の研究も、非常に重要な貢献といえよう（塚田 [2013]）。最後に、EU そのものの研究ではないが、欧州安全保障協力機構を規範の観点から分析した西村めぐみの研究（西村 [2000]）も、ヨーロッパの国際政治の全般的な分析に大きな示唆を与えうる。

2．統合と規範——コンストラクティヴィズムからの知見

　ここで、本書を貫くテーマでもある規範は、コンストラクティヴィズムによってどのように扱われてきたかを確認しておきたい。コンストラクティヴィズムは、言説（ディスコース）とそこに内在する規範が、外交政策の結果を説明する独立変数であるととらえる（Schmidt [2010]）。その際には、「規範起業家」、あるいは規範を推進するアドボカシー（政策提言）連合などといった（Klotz [2002]）、規範を擁護するアクターが重要になるとみなされる（Diez [2013]）。
　このような背景のもと、たとえばシメルフェニヒは、EU 内部で規範がどのように拡散・共有され、対立しあう規範がどのように言説のうえでぶつかりあい、どのような規範が生き残っていくのか、アクターはどのように規範を戦略的に利用していこうとしているのかというテーマを、コンストラクティヴィズムと合理的選択論を巧みに組み合わせながら分析した（Schimmelfenig [2003]）。またフロックハートは、現時点で顕著な「EU 化」と、より広汎な歴史的文脈のなかから検討されるべき「ヨーロッパ化」とを峻別したうえで、ヨーロッパにおけるアイデアと規範が時空を超えて拡散されていくパターンをより精緻化された手法でとらえようとした（Flockhart [2010]）。
　さらに、従来の EU 研究におけるコンストラクティヴィズムでは、EU こそが規範を生みだし、発展させ、発信する主体であるとの（おそらく無意識の）前提に立っていたように思われる。しかし近年では逆に EU（正確には欧州議会）を、アメリカから発信されるさまざまな規範の「受容者（Norm-taker）」とみなす挑戦的な研究も発表されており（Servent and MacKenzie [2012]）、EU の（独自の）規範志向性に対する疑問を投げかけるものとなっている。

3．コンストラクティヴィズムの可能性——歴史研究との協働可能性？

　本章で概観してきたように、コンストラクティヴィズムは現在のヨーロッパ統合研究に大きなインパクトを与えてきた。そして、コンストラクティヴィズ

ムの手法を用いることによって、アイデア、アイデンティティ、規範といった、これまでの統合研究が必ずしも正面から論じてこなかった統合の側面が、直接的な研究対象とされるようになってきた。

しかし、コンストラクティヴィズムがこれほどまでの流行をみせている一方で、アイデンティティや規範、言説等の研究が、すべてコンストラクティヴィズムに集約されるわけではないことにも注意が必要であろう。国家アイデンティティとヨーロッパ・アイデンティティの相克（Fligstein, Polyakov and Sandholz [2012]）や、EU がその外交問題に関して公の論議を形成する能力（Kratochvíl, Cibulková and Beník [2011]）などといった、一見非常にコンストラクティヴィズムになじみやすいテーマを扱いつつ、実際にはコンストラクティヴィズムの枠組みをほとんど使用することなく分析している例も少なくないからである。さらに、研究者本人がコンストラクティヴィズムからは注意深く距離をとっているにもかかわらず、扱うテーマが規範や言説であるがために、実際には（しかも、おそらくは本人らの意図に反して）しばしばコンストラクティヴィストというラベルづけをなされてしまうという事態も散見される[4]。EU の規範志向性を考察するにあたっても、コンストラクティヴィズムにとどまらない多様なアプローチが存在しうることについては、本書に所収されている数々の論文が示しているとおりでもある。

さらに、コンストラクティヴィズムを意識的に用いたヨーロッパ統合研究においても、アメリカにおいては実証主義を可能なかぎり志向し、因果関係を追求しようとする研究が多くみられるのに対し、ヨーロッパではポスト実証主義的な手法を意識し、因果関係の追求にはあえてこだわらない研究が主流となりつつあるとの指摘もある。チェッケルは前者のアメリカ型の研究を「伝統的コンストラクティヴィズム」、後者のヨーロッパ型の研究を「解釈的コンストラクティヴィズム」および「批判的・革新的コンストラクティヴィズム」と分類する（Checkel [2006]）。

また最後に、いわゆる"歴史研究"とコンストラクティヴィズムとの協働可能性についても一言ふれておきたい。繰り返しになるがヨーロッパ統合研究においては、コンストラクティヴィズム"だけ"が、規範やアイデンティティの問題に着目してきたわけではない。しかしヨーロッパ統合研究界では、コンス

トラクティヴィズムなどの理論的研究と、歴史研究とが長年かい離していたのが実情であった。ヨーロッパ統合史研究は徹底的な史料の渉猟のもとに、"史実"を可能なかぎり忠実に"再現"することを目指し、そこに理論の介入する余地は極めて少なかったし、逆に理論的枠組みを重視した研究は、理論としての精緻さを追求するがあまり、実証面をおろそかにするきらいがあったといえる（日本の学界における同様の傾向、とくに「歴史研究とりわけ外交史研究と国際政治学理論との関係」をめぐる「潜在的な論争」に関する極めて有意義な分析としては、田中［2009］を参照）。しかし、優秀なヨーロッパ統合史研究は、政治指導者の認識やアイデアなどといった要素を生き生きと描き出してきたこともまた事実であり、歴史研究とコンストラクティヴィズムの問題意識とが共鳴する部分が実際には少なくなかったのである。こうした状況のなか、近年の日本におけるヨーロッパ統合史研究において主導的役割を果たしてきた研究者が、"政治学"と"歴史学"の協働可能性について論じていることは非常に興味深く、そして歓迎しうる動きであるといえる（遠藤［2011］）。そういった動きがいっそう活発化してきたときに、歴史研究と理論研究を架橋するうえでも、コンストラクティヴィズムが大きな役割を果たしていくことが期待される。

注
1) なお、EUと規範との関係をめぐる入門書という本書の位置づけに鑑み、本章ではあえて「ヨーロッパ統合研究」と「EU研究」というふたつの用語を峻別せず、相互に代替可能なものとして用いることをお断りしておく。
2) 著名なコンストラクティヴィストのアドラーは、1950年代のハースによる新機能主義をコンストラクティヴィズムの「源流」のひとつとして挙げているほどである（Adler［2002］）。
3) そもそもこうした傾向は、国際関係論における古典的リアリズムとコンストラクティヴィズムとの関係に関しても顕著である。大矢根聡が指摘するとおり、カーやモーゲンソーなどといった古典的リアリストらの関心は、外交政策担当者らの認識や、外交政策のあるべき姿などに関する規範論であった。この意味で「コンストラクティヴィズムは、むしろリアリズムの古典的な姿を再発見しつつあるともいえる」（大矢根［2013］。また、Williams［2005］も参照）。ヨーロッパ統合研究におけるコンストラクティヴィズムもまた、新機能主義の再評価と再発見に貢献する可能性を有しているといえる。
4) ほんの一例を挙げれば、「規範パワー」（本書第2章を参照）で有名なマナーズは、批判的社会理論の立場をとっているが、非常にしばしばコンストラクティヴィストとして分類されている。このことは、「規範＝コンストラクティヴィズム」とする、いささか単純化さ

れた見方が浸透していることの証左であるともいえよう。

参考文献

Acharya, Amitav [2005] "Is Anyone Still Not a Constructivist?", *International Relations of the Asia Pacific*, Vol. 5, No. 2, pp. 251-253.

Andreatta, Filippo [2011] "The European Union's International Relations: A Theoretical View", in Christopher Hill and Michael Smith (eds.), *International Relations and the European Union*, 2nd edition, Oxford University Press.

Adler, Emmanuel [1997] "Seizing the Middle Ground: Constructivism in World Politics", *European Journal of International Relations*, Vol. 3, No. 3, pp. 319-363.

―――― [2002] "Constructivism and International Relations", in Walter Carlsnaes, Thomas Risse and Beth A. Simmons (eds.), *Handbook of International Relations*, Sage.

Bickerton, Christoper [2011] "Towards a Social Theory of European Foreign and Security Policy", *Journal of Common Market Studies*, Vol. 49, No. 1, pp. 170-190.

Checkel, Jeffery T. [1998] "Review Article: The Constructivist Turn in International Relations Theory", *World Politics*, Vol. 50, No. 2, pp. 324-348.

―――― [2001] "Why Comply?: Social Learning and European Identity Change", *International Organization*, Vol. 55, No. 3, pp. 553-588.

―――― [2003] "'Going Native' in Europa?: Theorizin Social Integration in European Institutions", *Comparative Political Studies*, Vol. 36, No. 1-2, pp. 209-231.

―――― [2006] "Constructivist Approach to European Integration", Arena Working Paper, No. 6.

―――― [2007] *International Institutions and Socialization in Europe*, Cambridge University Press.

Checkel, Jeffrey T. and Andrew Moravcsik [2001] "A Constructivist Research Program in EU Studies?: Forum Debate", *European Union Politics*, Vol. 2, No. 2, pp. 219-249.

Christiansen, Thomas, Knud Erik Jørgensen and Antje Wiener (eds.) [2001] *The Social Construction of Europe*, Sage.

Diez, Thomas [2013] "Setting the Limits: Discourse and EU Foreign Policy", *Cooperation and Conflict*, Vol. 49, No. 3, pp. 319-333.

Diez, Thomas and Richard G. Whitman [2002] "Analysing European Integration: Reflecting on the English School-Scenarios for an Encounter", *Journal of Common Market Studies*, Vol. 40, No. 1. pp. 43-67.

Elistrup-Sangiovanni, Mette (ed.) [2006] *Debates on European Integration: A Reader*, Palgrave.

Fierke, Karin M. and Knud Erik Jørgensen (eds.) [2001] *Constructing International Relations: The Next Generation*, M. E. Sharpe.

Fligstein Neil, Alina Ployakova and Wayne Sandholz [2012] "European Integration, Nationalism and European Identity", *Journal of Common Market Studies*, Vol. 50, No. 1, pp. 106-122.

Flockhart, Trine [2010] "Europeanization or EU-ization?" The Transfer of European Norms across Time and Space", *Journal of Common Market Studies*, Vol. 48, No. 4, pp. 787-810.
Haas, Ernst B. [2001] "Does Constructivism Subsume Neo-Functionalism?", in Christiansen, Jørgensen and Wiener (eds.) [2001] pp. 22-31.
Guzzini, Stefano [2000] "A Reconstruction of Constructivism in International Relations", *European Journal of International Relations*, Vol. 6, No. 2, pp. 147-182.
Klotz, Audie [2002] "Transnational Activism and Global Transformations: The Antiapartheid Abolitionist Experiences", *European Journal of International Relations*, Vol. 8, No. 1, pp. 49-76.
Kratochvíl, Petr, Petra Cibulková and Michal Beník [2011] "The EU as a 'Framing Actor': Reflections on Media Debates about EU Foreign Policy", *Journal of Common Market Studies*, Vol. 29, No. 2, pp. 391-412.
Legro, Jeffery W. and Andrew Moravcsik [1999] "Is Anybody Still a Realist?", *International Security*, Vol. 4, No. 2, pp. 5-55.
Marcussen, Martin *et al.* [2001] "Constructing Europe?: The Evolution of Nation-State Identities", in Christiansen, Jørgensen and Wiener (eds.) [2001] pp. 101-120.
Meyer, Christoph O. and Eva Strickmann [2011] "Solidifying Constructivism: How Material and Ideational Factors Interact in European Defence", *Journal of Common Marlcet Studies*, Vol. 49, No. 1, pp. 61-81.
Milward, Alan S. [1993] *The European Rescue of the Nation-State*, Routledge.
Moravcsik, Andrew [1998] *The Choice for Europe: Social Purpose and State Power from Messina to Maastricht*, UCL Press.
――― [1999] "Is There Something Rotten in the State of Denmark?: Constructivism and European Integration", *Journal of European Public Policy*, Vol. 6, No. 4, pp. 669-681.
Moravcsik, Andrew and Milada Anna Vachudova [2003] "National Interests, State Power, and EU Enlargement", *East European Politics and Societies*, Vol. 17, No. 1, pp. 42-57.
Pollack, Mark [2010] "Theorizing EU Policy-Making", in Helen Wallace, Mark A. Pollack and Alasdair R. Young (eds.), *Policy Making in the European Union*, 6th edition, Oxford University Press.
Risse, Thomas [2000] "Let's Argue!: Communicative Action in World Politics", *International Organization*, Vol. 54, No. 1, pp. 1-39.
Rosamond, Ben [2001] "Discourses of Globalisation and the Social Construction of European Identities", in Christiansen, Jorgensen and Wiener (eds.) [2001] pp. 158-173.
――― [2006] "The Future of European Studies: Integration Theory, EU Studies and Social Science", in Eilstrup Sangiovanni (ed.) [2006] pp. 448-460.
Saurugger, Sabine [2013] "Constructivism and Public Policy Approaches in the EU: From Ideas to Power Games", *Journal of European Public Policy*, Vol. 20, No. 6, pp. 888-906.

Schimmelfenig, Frank [2003] *The EU, NATO and the Integration of Europe: Rules and Rhetoric*, Cambridge University Press.
―――― [2009] "Entrapped Again: The Way to EU Membership Negotiations with Turkey", *International Politics*, Vol. 46, pp. 413-431.
Schmidt, Vivien [2000] "Democracy and Discourse in an Integrating Europe and a Globalising World", *European Law Journal*, Vol. 6, No. 3, pp. 277-300.
Servent, Ariadna Ripoll and Alex MacKenzie [2012] "The European Parliament as a 'Norm Taker'?: EU-US Relations after the SWIFT Agreement", *European Foreign Affairs Review*, Vol. 17, pp. 71-86.
Smith, Steve [2001] "Social Constructivism and European Studies", in Christiansen, Jorgensen and Wiener (eds.) [2001] pp. 189-205.
Thomas, Daniel C. [2011] "Explaining EU Foreign Policy: Normative Institutionalism and Alternative Approaches", in Daniel C. Thomas (ed.), *Making EU Foreign Policy: National Preference, European Norms and Common Policies*, Palgrave.
Wendt, Alexander [1992] "Anarchy Is What States Make of It: The Social Construction of Power Politics", *International Organization*, Vol. 46, No. 2, pp. 912-425.
Williams, Michael C. [2005] *The Realist Tradition and the Limits of International Relations*, Cambridge University Press.

足立研幾［2014］「新たな規範の伝播失敗――規範起業家と規範守護者の相互作用から」『国際政治』第176号、1-13頁。
臼井陽一郎［2007］「EUガバナンスの研究と言説構成論の試み」『新潟国際情報大学情報文化学部紀要』第10号、61-79頁。
遠藤乾［2011］「ヨーロッパ統合史のフロンティア――EUヒストリオグラフィーの構築に向けて」遠藤乾・板橋拓己編『複数のヨーロッパ――欧州統合史のフロンティア』北海道大学出版会、3-41頁。
大矢根聡［2005］「コンストラクティヴィズムの視座と分析――規範の衝突・調整の実証的分析へ」『国際政治』第143号、124-140頁。
―――― [2013]「コンストラクティヴィズムの視角――アイディアと国際規範の次元」大矢根聡編『コンストラクティヴィズムの国際関係』有斐閣、1-26頁。
鈴木一人［2009］「構成主義的政策決定過程分析としての「政策論理」」小野耕二編『構成主義的政治理論と比較政治』ミネルヴァ書房、245-275頁。
田中明彦［2009］「日本の国際政治学――「棲み分け」を超えて」『日本の国際政治学　第1巻　学としての国際政治』有斐閣、1-20頁。
塚田鉄也［2013］『ヨーロッパ統合正当化の論理――「アメリカ」と「移民」が果たした役割』ミネルヴァ書房。
中村英俊［2010］「地域機構と「戦争の不在」――E・ハースとJ・ナイの比較地域統合論」山本武彦編『国際関係論のニュー・フロンティア』成文堂、134-164頁。
ディーズ、トマス／アンツェ・ヴィーナー編［2010］『ヨーロッパ統合の理論』東野篤子訳、勁草書房。

東野篤子［2012］「対外支援」大矢根聡編『コンストラクティヴィズムの国際関係』有斐閣、101-124頁。

宮岡勲［2009］「コンストラクティビズム——実証研究の方法論的課題」『日本の国際政治学 第1巻 学としての国際政治』有斐閣、77-92頁。

森井裕一［1998］「欧州議会の直接選挙とドイツの統合政策——構成主義アプローチによる直接選挙導入過程分析」『政策科学・国際関係論集』第1号、25-61頁。

鶴岡路人［2011］「欧州統合における共通外交・安全保障・防衛政策——政府間主義とその変容」『日本EU学会年報』第31号、168-185頁。

西村めぐみ［2000］『規範と国家アイデンティティーの形成——OSCEの紛争予防・危機管理と規範をめぐる政治過程』多賀出版。

リッセ、トマス［2010］「ソーシャル・コンストラクティヴィズムとヨーロッパ統合」トマス・ディーズ／アンツェ・ヴィーナー編［2010］209-234頁。

コラム①
「デンマークでなにかが腐ってる」？

東野篤子

　コンストラクティヴィズムを用いたヨーロッパ統合研究に懐疑的なまなざしを注ぐ研究者のひとりに、リベラル政府間主義の泰斗であるモラフチーク（プリンストン大学）がいる。彼は、学術誌 *Journal of European Public Policy* のコンストラクティヴィズム特集号で、「デンマークでなにかが腐っているのか？——コンストラクティヴィズムとヨーロッパ統合」という、いささか過激なタイトルの論文において、コンストラクティヴィズムを用いたヨーロッパ統合研究のありかたを批判した（Moravcsik [1999]）。なおこのタイトルは、シェイクスピアの『ハムレット』で、父の亡霊の後を追う主人公ハムレットを見ながら番兵マーセラスがつぶやいたセリフ「デンマークでなにかが腐っているぞ」（'something is rotten in the state of Denmark'：第一幕第四場）をもじっている（この言い回しは現代英語でも「なにかが変だぞ」というニュアンスで用いられることがある）。モラフチークがこの言い回しをあえて用いているのは、デンマークでコンストラクティヴィズムを用いたヨーロッパ統合研究が特に活発であるためであろう（この特別号の編者にもデンマーク人が2名含まれている）。

　モラフチークの最大の主張とは、コンストラクティヴィズムに基づくヨーロッパ統合研究は実証的な検証・反証に堪えるものではないというものであった。彼は、コンストラクティヴィズムが重視するアイデア、言説、相互構成性などの諸要素がヨーロッパ統合においても重要であること自体は決して否定すべきではないし、コンストラクティヴィズムの視点を用いてなされたヨーロッパ研究のほとんどは「実証的に無効」とまでは言い切れないとして、一定程度の意義を認める。しかし彼は、コンストラクティヴィズム研究の多くには、検証可能な仮説がない、明確な因果メカニズムが示されていない、仮説検証の方法も確立されていない、他の理論や想定される反論を十分に検証せずにコンストラクティヴィズムの新規性や優位性を主張している、など、社会科学にとって大切な要素が欠落していると批判する。

　コンストラクティヴィストたちはこういった批判に対し、コンストラクティヴィズムはそもそも（モラフチークのような合理主義者が当然視するほどには）厳密な意味での理論であることを必ずしも志向していない、つまり「グラ

ンド・セオリー」をめざす政府間主義とは根本的な目的が異なると主張する（Risse and Wiener [2001]；リッセ [2010]）。コンストラクティヴィズムの最大の目標、そして貢献とは、ヨーロッパ統合の従来の理論が取りこぼしてきたような、認識やアイデンティティといった点をも取り込みながら、いっそうニュアンスと厚みに富んだ分析を行うことであった。極論を恐れずにいうならば、コンストラクティヴィズムの観点からすれば、理論そのものの厳密性や反証可能性などを追求しつつ他の理論に対する優位性を主張するよりも、鍵概念やアプローチを柔軟に用い、場合によっては他の理論との組み合わせも模索しながら、分析対象の多面的な理解に貢献するほうがよほど重視されたのである。そして第1章でも示したように、こうしたコンストラクティヴィズムの柔軟なあり方は、いまやヨーロッパ統合研究界で非常に大きな支持を得るに至っている。現在のヨーロッパ統合研究理論における最大の論争点を、「コンストラクティヴィズム的分析に対する合理的選択論からの抵抗」とする論者もいるほどである（Pollack [2010]、強調点は本コラム執筆者）。

　ところで、この論争には興味深い後日談がある。同ジャーナル特別号がのちに書籍として出版された際（Christiansen, Jørgensen and Wiener eds. [2001]）、件のモラフチーク論文のタイトルの前半部分が削除されていた（本文にはいっさい手が加えられていない）。いかにシェイクスピアからの引用とはいえ、さすがに「腐っている」とは挑発的すぎたのだろうか。

参考文献

Christiansen, Thomasm, Knud Erik Jørgensen and Antje Wiener (eds.) [2001] *The Social Construction of Eueope*, Sage.

Moravcsik, Andrew [1999] "Is There Something Rotten in the State of Denmark?: Constructivism and European Integration", *Journal of European Public Policy*, Vol. 6, No. 4, pp. 669-681.

Pollack, Mark A. [2010] "Theorizing EU Policy-Making", in Helen Wallace, Mark A. Pollack and Alasdair R. Yung (eds.), *Policy-Making in the European Union*, 6th edition, Oxford University Press, pp. 15-43.

Risse, Thomas and Antje Wiener [2001] "The Social Construction of Social Constructivism", in Christiansen, Jorgensen and Wiener (eds.) [2001] pp. 199-205.

リッセ、トマス [2010]「ソーシャル・コンストラクティヴィズムとヨーロッパ統合」トマス・ディーズ／アンツェ・ヴィーナー編『ヨーロッパ統合の理論』東野篤子訳、勁草書房、209-234 頁。

第2章
EUは『規範パワー』か？

東野篤子

　イアン・マナーズが2002年に世に問うた「規範パワーとしてのヨーロッパ（NPE）」論文は、EU研究史におけるひとつの"事件"であったといっても過言ではないであろう。同論文は発表と同時に大論争を巻き起こし、アメリカEU学会（EUSA）において、「過去10年で最も重要な論文5本」に挙げられるにいたった。そして、彼の提示した規範パワー論は瞬く間にEU対外関係研究における一大潮流を作り上げ、グローバルアクターとしてのEUを検証する際に最も頻繁に言及される概念となった。同概念を批判的に検証した研究や、同概念を分析枠組み（のひとつ）とした研究が次々と発表され（一例として、Bretherton and Vogler [2006]; Diez [2005]; Laïdi ed. [2008]; Sjursen [2006]；臼井 [2013]：東野 [2010]）、EU研究の代表的な学会であるEUSAやイギリス現代ヨーロッパ研究学会（UACES）では、毎年のように規範パワー論を議論する複数のパネルが立つことになった。NPEの登場から10年以上が経過した現在も、NPEはさまざまな研究者によって継承され、EUの国際的影響に関する研究は"新たな規範的転回（neo-normative turn）"を迎えたとする見解も存在するほどである（Whitman [2013]）。また、マナーズによるNPE概念後、これをしのぐインパクトや影響力を有するような概念や分析枠組みはいまだに登場していないといえる。その一方で、分析枠組みとしてのNPEの妥当性を批判的に再検証しようとする動きも顕著となってきている。

　この、ヨーロッパ統合研究に大きなインパクトを与え続けている規範パワー論（NPE）をレビューするのが本章の目的である。まずは、NPEが登場したヨ

ーロッパ統合研究上の背景と、NPE の主要な議論を再確認したうえで、NPE が EU の対外政策の研究にどのような議論を喚起したのかについて概観したい。

1．マナーズの『規範パワー論』

（1）NPE の系譜――ドゥシェーヌ、ブル、そしてマナーズへ

　NPE は、1970 年代にドゥシェーヌ、そして 80 年代にブルが論じていた「民生パワー（civilian power）」や、冷戦後の EU における共通の安全保障や防衛政策の発展を背景として取りざたされた「軍事パワー（military power）」の概念などをふまえて展開されたものである（民生パワーの概念に関しては、Bull [1982]; Duchêne [1973]; Duchêne [1973]; Maull [1990]; Twitchett ed. [1976]; Diez and Manners [2008] pp. 177-179；鶴岡 [2005]；中村 [2004] 参照。軍事パワーの概念に関しては、Sangiovanni [2003]; Smith [2000]; Stavridis [2001]; Zielonka [1998] を参照）。

　ドゥシェーヌとブルは両者とも民生パワーについて論じていたが、その主張の内容は大きく異なっていた。ドゥシェーヌが冷戦中のヨーロッパが軍事的志向を弱めていくことを歓迎する議論を展開したのに対し、ブルはヨーロッパが漸進的に軍事力を増強するよう呼びかけていたのである。しかしマナーズは、両者の間には三つの大きな共通点も存在していたとみていた。第一に、両者とも国家中心的かつ冷戦的な思考枠組みにとらわれていた。第二に、ヨーロッパが発展させるべき力としてドゥシェーヌが重視していた「経済力」も、ブルが重視していた「軍事力」も結局のところ「物質的な力（material power）」だったため、国際関係の思想上の（ideational）側面が軽視される傾向にあった。第三に、両者とも「ヨーロッパの利益」をその関心の中心においていたことであった（Manners [2002] p. 238；東野 [2010] も参照）。

　こういった、ドゥシェーヌやブルらの議論の前提は、冷戦の終焉とヨーロッパの統合の進展により、大きく変化することになった。冷戦後の EU が、それまでタブーとされていた安全保障や防衛の分野における協力を進めはじめたことで、それまで広く EC／EU の特徴とみなされていた民生パワーが失われて

いくのか、EU がたとえ"軍事パワー"となっていったとしても、それは従来の民生パワー的な特徴を損なうことにはならないのか、という議論が盛んに行われるようになったのである。

（2）NPE とはなにか

　マナーズの提示した規範パワーという概念枠組みは、冷戦後の EU がはたして民生パワーなのか、それとも軍事パワーなのかという上記の論争に一石を投じるものであった。マナーズは、冷戦体制終焉後の世界においては思想と規範の力がますます重要であるとしたうえで、民生パワーか軍事パワーかといった（やや単純な）二分法を超え、これまで十分に目が向けられてこなかった EU の規範的側面にも着目すべきと主張する。

　マナーズによれば、規範は EU の構成要素であるだけではなく、「EU が世界政治において規範的に行動する要因を形成」している（Manners［2002］p. 252）。マナーズはその一例として、世界の各地域に対する EU の死刑制度廃止の働きかけを分析し、EU がバイ（二国間）およびマルチ（多国間）の場でこの問題を取り上げることを通じて「国際社会の言語を再編成」し、国際的な規範を推進するという規範パワーとしての地位を確立しつつあると論じた。ここでマナーズのいう規範パワーとは、国際関係においてなにが「正常（normal）」であるのかを形成する能力――すなわち、規範的な推進力を持って、国際社会の現状を「変革」する能力であるという（Manners［2002］p. 239）。

　ここで確認しておくべきは、マナーズは NPE を、単に EU の現状を描写・分析するための理論枠組みとしてのみ提示しているのではないという点である。マナーズは、NPE を提唱することによってヨーロッパ人に自らの規範志向性をまずは意識させることにより、EU をこれまでよりもいっそう「規範的に行動させ」（Manners［2006c］p. 180）、それを通じて世界政治の変革を推進させようとする「知的介入」を目指していると明言している（Manners［2008b］p. 37）。このことと関連するが、NPE は規範を直接のテーマとしているためコンストラクティヴィズムと混同されやすいが（本書第1章も参照）、マナーズ自身はコンストラクティヴィズムからは距離を置き、批判的社会理論（critical social theory) の立場をとっている。批判的社会理論とは端的にいえば、学問を、より理想的な社会へと変革するための一手段とみなす考え方である。EUによる対外的規範の推進は必ずしも順調に進んでいるわけではないが（具体的事例については Manners [2008b]）、規範をめぐる議論を EU 内部で活性化させることで、EU の対外政策がつねに規範の推進をその軸におくよう働きかけることが、NPE の主眼であるとマナーズは論じたのである。

しかし後述するように、マナーズ以降の NPE 継承者らは、この批判的社会理論としての側面をほとんど受け継がず、EU の規範志向性の程度やその対外政策の帰結について論じていくことになる。

2．NPE の衝撃——受容、浸透、批判

NPE はその登場と同時に、EU 研究界に大きな衝撃を与えることになった。そのインパクトの度合いは、EU を中心とした国際関係研究で知られるふたつの学術誌である *Journal of European Public Policy* および *Cooperation and Conflict* がそれぞれ 2006 年と 2013 年に、NPE 特集号を組んだことからもうかがい知れようし、それ以外にも NPE 関連の論文が主要な EU 関連の学術誌に極めて頻繁に掲載されることになった。

NPE が EU 対外関係研究を著しく活性化したことには疑問の余地がないであろう[1]。NPE は、従来のヨーロッパ外交政策（European Foreign Policy: EFP）がほぼ実証的事例研究で埋め尽くされていた状況を大きく塗り替え（Weiler and Wessels [1998]; Øhrgaard [2004]; Carlsnaes [2006] などを参照）、規範と EU の対外関係との関係を（コンストラクティヴィズムとは異なる形で）直接的な研究対象として浮かび上がらせることに成功した[2]（Manners [2002]; Manners [2006c]）。また、EU が規範志向性を有しており、規範が EU の対外行動の少なからぬ原動力になっているというマナーズの指摘そのものを否定する研究はほとんど皆無であるといってよい[3]（この点については鶴岡 [2007] も参照）。さらに NPE は、EU がはたして国際的なアクターであるか否かという、従来の研究の多くが議論の対象としてきた点についてはもはや問わない。そうではなく、EU が国際アクターであることは大前提としたうえで、EU および加盟国が

種々の規範の拡散を通じていかに世界を変革していくのかに関心を持つ (Whitman [2013])。

ただし上記のようなNPEの立ち位置は、程度の差はあれ広く受け入れられてきた一方で、NPEの各論部分については反論も少なくない。たとえば、EUが世界でも特殊な規範的存在であるのか否か、EUが推進する規範の中身は本当に、マナーズが指摘するほどに「普遍的」で「コスモポリタン」なのか。そこにはヨーロッパ中心主義や、ヨーロッパの都合が巧みに隠されているのではないか。あるいは、規範を追求することは必然的によい結果をもたらすのか。さらに、NPE以外にも、EUの国際的位相をうまく説明できる概念枠組みがあるのではないか、などといったものである。以下では、これまでに提示されてきたNPEへの反応・反論を概観することとする。

（1）本当に"世界有数の"規範アクターか？

NPEに投げかけられた疑念のひとつに、EUの特殊性がある。すなわち、EUは世界の他のアクターと比べて、本当にNPEが主張するほどに突出して規範的なアクターであるのか否か、という点をめぐる疑問である。EUに限らず国際的なアクターが、一定の規範を持って外交政策を形成するのはむしろ当然であろうが（同様の視点については Tocci ed. [2008] を参照）、たとえばアメリカなどと比較したときに、EUの規範志向性ははたしてどの程度突出しているのかという点は、NPE発表直後から議論の対象となってきた (e.g. Diez [2005]; Scheipers and Sicurelli [2007]; Smith [2011])。このような問題関心から、中国やロシアなどのさまざまな国際アクターの規範志向性をマナーズの枠組みを用いて理論的・実証的に比較する研究もみられる (Tocci ed. [2008]; Kavalski [2013])。

また、EU内部における規範の分断状況が、結果としてEUを十分に「パワー」たらしめていないとの指摘もみられる (Diez [2013])。たとえば新制度論の立場からイギリス、フランス、ドイツなどのEU加盟国内の大国の言説と行動を分析した研究では、EUにおいてはこれら諸国がそれぞれ「お気に入りの」規範尺度を他の加盟諸国に受け入れさせようとしており、その結果EUは一枚

岩かつ強力な規範パワーではなく、「分断された」規範パワーにすぎないと指摘する（Wagnsson [2010]）。EU に限らず、国民国家などのアクター内部の規範に相違があり、それが相互に競合するという現象は、実際にはコンストラクティヴィズムの文脈では「規範の衝突」として知られ、すでに多くの研究の蓄積がある分野である。しかしマナーズの NPE ではこの点が十分に扱われていない。あるいは、EU 内部の規範の収斂を前提としすぎていた側面もある。この、EU 内部での規範の相違や衝突が、EU のパワーとしての潜在力を損ねていくのか否かという点については今後とも、実証研究を積み重ねていく余地があるように思われる。

（2）規範的なのは"善い"ことか？

また NPE が想定している EU の規範の中身についても、懐疑的なまなざしを向ける論者も多い。マナーズは EU の規範的基盤として、「平和」、「自由」、「民主主義」、「法の支配」、「人権と基本的自由の尊重」という五つの「中核的規範（core norms）」に加え、「社会的結束」、「差別の禁止」、「持続的発展」、「グッド・ガバナンス（善き統治）」という四つの「次位的規範（minor norms）」を挙げているが（Manners [2002] pp. 242-243）、それらの規範は本当に、マナーズが前提としているほどに「コスモポリタン」かつ「普遍的」なのか。それらはEU が良くも悪くも意識していない、ヨーロッパ中心的な発想の発露というだけではないのか。あるいは、EU の対外政策は本当に規範の推進そのものを動機としているのか。それらの規範はヨーロッパ外部からみて問題を含んでいる可能性はないのか。

NPE をめぐっても、そのそもそもの前提が「普遍主義的バイアス」（Wiener [2008]）に満ちているといった批判や、旧態依然としたヨーロッパ中心主義的な「モデルとしてのヨーロッパ」論にすぎない（Mayer [2008]）などといった批判がなされてきた（この観点からもっとも手厳しい批判を行う論考として、Fisher-Onar and Nicolaïdis [2013] を参照）。そもそも、外交政策における規範や道義が、むき出しの利益をカムフラージュするための道具にすぎないというのは、リアリズムによる古典的な見方のひとつである。「そもそも政治の世界で

語られる道義とは、むしろ利益を覆い隠すための自己正当化であることが多い。道義や規範から行動が導き出されるより、自分の利益に都合のよい道義や規範が作り上げられるにすぎないのではないか。そしてその利益は力によってのみ得られる」（中西・石田・田所［2013］p. 15）。このため NPE の枠組みが前提としている規範も、結局はヨーロッパの利益を美しい価値観で装飾してみせているだけではないかという疑念が呈されるのである。同様の指摘はポストモダニズムの立場からもなされる。規範は EU の政策の源泉のみならず、EU の対外的な「権力」の源泉なのではないか、さらに規範は EU が自己と他者を差別化するための道具ではないのか、という疑念である（Diez［2005］；ディーズの議論の詳細については東野［2010］も参照）。

　さらに、仮に EU の推進する規範が純粋に EU の"良心"の発露であったとしても、その規範が他者に共有されない、あるいは EU 内部でしか説得力を有しないという恐れはないのか。そうした EU の独善的な規範が、世界の他の地域に（無意識的にしろ）強要されている可能性はないのか。ハイド゠プライスが極めて直截に指摘するように「多くのヨーロッパ人が、アメリカにとって善いことは世界にとっても善いことだというブッシュ政権の主張を見通しているにもかかわらず、「ヨーロッパ」にとってよいことは世界にとってよいことだという EU の主張に対しては疑問をさしはさんでいないことは皮肉である」（Hyde-Price［2008］p. 32; Whitman［2013］p. 177）。さらなる皮肉をもって付け加えるならば、NPE の登場とその浸透・受容は、EU の外交政策をめぐるこうした内省が、EU 内部で十分に行われてこなかったことを反映した結果といえるかもしれない[4]。

（3）規範的対外政策の帰結？

　さらに、エリクセンが指摘するように、高潔な動機に基づいて行動する傾向そのものによって、その政策の規範的な質が保証されるとは限らない。よき意図に基づいて実施された政策が他者の利益や価値を無視したり、十分に配慮することを怠ったりすることは（Eriksen［2006］p. 252）、EU に限らず、どのような国際アクターにも生じうる事態であろう。仮に EU の規範思考的な対外政策

が"悪気がないだけにやっかいな"ものとして国際社会から冷めたまなざしを向けられている事例も存在するとすれば、そういった規範的意図と結果とのずれがどのようにして生じているのかを詳細に検討することも必要となってこよう。

また、規範志向の行動は、必ずしも事態の改善という結果を伴うとも限らない。とりわけマナーズのNPE発表後数年にわたって非常に盛んであったのは、EUの規範的な対外政策が問題を抱える地域に対してどのような成果を挙げているのかを、EUと一定の地域との関係に焦点を当てて検証する研究であった (Barbé and Johansson-Nogués [2008]; Brummer [2009]; Haukkala [2008]; Harpaz [2007])。興味深いことに、これらの研究成果はほぼ共通して、EUの規範パワーの有効性を肯定的にとらえていない。すなわち多くの研究が、EUは自らの規範と、そこから生み出される目標を掲げて対外政策を遂行しようとするものの、それが対象地域の現状に即していないなどの問題に直面し、十分な成果を挙げることができないという状況を明らかにしている。

さらに最近では、EUが規範志向性を有していることを自負しつつ、世界の各地で実際に生じている諸問題に関しては、実は立場をとらずに"中立"を決め込むケースが散見されるとの指摘もある。EUが仮にも規範志向性を有し、国際的なアクターとしての存在感を向上させることを目指しているのであれば、中立であることそのものに価値を見出すのではなく、EUとしての善悪の基準を提示して問題解決に寄与しようとの姿勢を示すほうがむしろ自然であるはずである。しかし実際にはEUが、たとえば東アジアにおける領土上の諸問題に対して明確に立場をとることはまれであり、多くの場合において、国際法に従った平和的・協力的な解決策を模索するよう呼びかけるに留まっている。そして東アジアの側も、そのようなEUに対し、仲介や解決への協力をほとんど期待していないとの指摘がある (Kundnani and Tsuruoka [2014])。こうした議論は、NPEそのものに対する反論として提起されたものではないものの、NPEが前提とするEUの規範の有効性を強く疑問視するものともいえるだろう。

（4）よりよい枠組みへの模索？

　NPE は、パワーの観点から EU を再検討するという作業をも著しく活性化した。理論的観点から規範パワーを再検討しつつ、規範パワーに代替する概念を提示するという作業が大きな関心を集めたのである。主なものを列挙するだけでも、「倫理パワー（ethical power）」（Aggestam [2008]）、「変革をもたらすパワー（transformative power）」（Diez, Stetter and Albert [2006]; Börzel and Risse [2009]）、「通商パワー（trade power）」（Meunier and Nicolaïdis [2011]）、「実利的パワー（pragmatic power）」（Wood [2010]）、「責任あるパワー（responsible power）」（Mayer and Vogt eds. [2006]）、「小さなパワー（small power）」（Toje [2010]）、「分断されたパワー（divided power）」（Wagnsson [2010]）など、多数に上っている。これらのパワー概念は、NPE のインパクトに（程度の差はあれ）触発されて提示されたものである。さらに、規範パワーの流行以前から存在していたものの、規範パワーの流行に伴い、対置概念として持ち出されるようになったさまざまなパワー概念（前述の「民生パワー」や「穏やかなパワーforza gentile」）（Padoa-Schioppa [2001]）など）を加えると、EU の対外行動の検討は、EU が「どのようなパワーか」という問題の検討とほぼ同一視されるようになったといっても過言ではない[5]。

（5）批判的社会理論なき NPE？

　その一方で、当初のマナーズの意図とは裏腹に、マナーズ後の NPE にほとんど継承されてこなかった点があることも指摘しなければならない。それはマナーズが極めて重視していたはずの、批判的社会理論としての側面である。繰り返しになるが、マナーズは NPE を、学問を通じた社会への介入であるとみていた。ヨーロッパ人に EU の規範をまずは自覚させることで、EU の規範志向性をますます強めるよう促すことが、NPE の明確なねらいであった。しかしマナーズ後の NPE 研究では、最も重要であるはずの批判的社会理論がほとんど継承されなかった。マナーズ後になされた NPE 研究のほとんどが、NPE がどの程度の適用可能性を有しているのか検証することに注力しており、そこ

では現実変革のための道具としてのNPEという側面には注意が払われてこなかったのである。

　さらにマナーズは、NPEに対して向けられたさまざまな批判に応える一方（Manners [2006c]）、NPEによる実証分析の対象をいかに広げていくのかという作業に対しては、さほど熱心に取り組んでこなかった。むしろ、EUの規範尺度の定義とその精緻化という理論的作業が、マナーズの関心の中心となっていったように見受けられる（Manners [2008a]; Manners [2013]）。その一方で、この精緻化作業が、NPE継承者たちから大きな注目を集めることはあまりなかったのである。

3．「新たな規範的転回」か？

　マナーズとともに何度も共同研究を行い、自身もNPEの発展に寄与してきたホイットマンは、現在のNPE研究はその「第三の波」を迎えていると指摘する。すなわち、EC／EUの国際的な役割について、規範を中心に検討しはじめたドゥシェーヌやガルトゥングなどによる研究をEUの規範パワーの研究の第一の波とすると、マナーズによるNPEと、その後約10年続いたNPE運用の試みが第二の波と考えられるという。そして、NPEから10年を経て新たに生じつつある第三の波のNPE研究には、「国際関係の構造変化を経たNPEの再検討」、「NPEに対する存在論的・認識論的な異議申し立て」、「NPEのヨーロッパ中心性に対する異議申し立て」の三つの特徴があると総括している（Whitman [2013]）。

　ホイットマンの指摘するとおり、ひとくちにNPE研究といっても、時期によってさまざまに異なる重点や傾向が存在していたことは事実であろう。しかし、ホイットマンのいう第二世代と第三世代との間にどの程度の質的な相違があるかについては、見解の分かれるところであろう。むしろ本章で概観してきたとおり、NPEに対する本質的な批判や反論のポイントは、マナーズのNPE発表以降、大きく変わっていないともいえそうである。そして、仮にそうなのであれば、NPEの妥当性をめぐる議論や、NPEの実証研究への適用可能性についての検討はすでに一定の議論を尽くし、一段落を迎えているのかもしれな

第 2 章　EU は『規範パワー』か？

い。
　このことは、われわれが規範と EU との関係を今後考察していく際にも少なからぬインプリケーションを与えうる。EU の規範と対外行動をめぐる考察が、NPE の登場により、コンストラクティヴィズムとはまた異なるかたちで深められたことは紛れもない事実であろう。しかし、NPE 発表後から 10 年以上が経過し、それをめぐる議論が一段落しようとしている現段階においては、NPE の適用を試みたところで得られる成果は限定的であるかもしれない。むしろ、EU とその規範というテーマを、よりニュアンスに富んだかたちで明らかにしうるのは結局のところ、本書に掲載されているさまざまな論文が取り組んでいるように、EU がどのように規範を生産・再生産し、操作し、逆にその規範に束縛されてきたのかという事例を地道に積み上げ、検証していくこと以外にないのではないか。
　一方で、NPE の登場とその大流行は、日本のように EU 外部から EU 研究のあり方を観察する存在にとっても、大きな示唆を与えるものであることは指摘しておくべきであろう。すなわち NPE は、分析枠組みである以上に、EU の自己認識や心理状態（state of mind）を EU の外部者が理解するうえでの、絶好の材料を提供していると言える。NPE のような議論がかくも大きなインパクトを EU 研究に及ぼしたということそのものが、EU がどのような存在であるのかを理解し、EU との付き合い方を考察していくうえで、研究・実践の双方で大きなヒントになりうるのである。

注
1）この一方で、NPE が EU の政体そのものの分析に用いられるケースは非常に少なかった（数少ない貴重な例外のひとつとして、臼井［2013］第 5 章を参照）。
2）NPE がヨーロッパにおいてかくも大きな反響を得るにいたった背景を考察したものとして、東野［2010］を参照。
3）ただし、規範と外交政策との間に直接的な因果関係を確立することは非常に難しいという観点から、NPE の枠組みを実際の外交政策に適用することに対して慎重な見解も存在する（Jørgensen［2006］）。
4）またそもそも、規範を対外政策の中心に据えることは望ましいことなのか、規範より優先すべきものがあるのではないかという、根本的な問いも存在する。とりわけリアリズムの立場からすれば、EU の対外政策に倫理的側面が存在することそのものを否定はしないものの、EU は規範よりも、「共通利益についての冷徹な計算」を優先すべきであり、EU

にとっての「死活的利益」がかかっていない場合においてのみ、EUの対外政策において倫理的考慮が役割を果たす余地があるとの指摘が可能である（Hyde-Price [2006]; Hyde-Price [2008]）。これは、EUは規範的に対外政策を実施しており、今後もいっそうその方向性を強めていくべきであるとする、NPEのまさに中核的な主張に対する直接的な反論である。

5）これに加え、パワーという用語を直接的には使わないながらも、規範パワーの代替を強く意識して提示されてきた概念として「ヨーロッパのグローバルな「責任」（Europe's global responsibility）」（Mayer [2008]）、「多様性認識能力（diversity awareness capability）」（Wiener [2008]）、「ヘゲモンとしてのヨーロッパ（Europe as hegemon）」（Diez [2013]）なども見落としてはならないだろう。

参考文献

Aggestam, Lisbeth [2008] "Introduction: Ethical Power Europe?", *International Affairs*, Vol. 84, No. 1, pp. 1-12.

Barbé, Esther and Elisabeth Johansson-Nogués [2008] "The EU as a Modest 'Force for Good': The European Neighbourhood Policy", *International Affairs*, Vol. 84, No. 1, pp. 81-96.

Birchfield, Vicki [2013] "A Normative Power Europe Framework of Transnational Policy Formation", *Journal of European Public Policy*, Vol. 20, No. 6.

Börzel, Tanja A. and Thomas Risse [2009] "The Transformative Power of Europe: The European Union and the Diffusion of Ideas", KFG Working Paper Series, No. 1, May.

Bretherton, Charotte and J. Vogler [2006] *The European Union as a Global Actor*, 2nd edition, Routledge.

Bull, Hedley [1982] "Civilian Power Europe: A Contradiction in Terms?", *Journal of Common Market Studies*, Vol. 21, No. 2, pp. 149-164.

Brummer, Klaus [2009] "Imposing Sanctions: The Not So 'Normative Power Europe'", *European Foreign Affairs Review*, Vol. 14, No. 2, pp. 191-207.

Carlsnaes, Walter [2006] "European Foreign Policy", in Knud Eric Jørgensen, Mark A. Pollack and Ben Rosamond (eds.), *Handbook of European Union Politics*, Sage.

Christiansen, Thomas, Knud Eric Jørgensen and Antje Wiener (eds.) [2001] *The Social Construction of Europe*, Sage.

Dandashly, Assem [2012] "European Integration Revisited: From the Founding Fathers to the Normative Power Europe", *Journal of European Integration*, Vol. 34, No. 4, pp. 419-426.

De Zutter, Elisabeth [2010] "Normative Power Spotting: An Ontological and Methodological Appraisal", *Journal of European Public Policy*, Vol. 17, No. 8, pp. 1106-1127.

Diez, Thomas [2005] "Constructing the Self and Changing Others: Reconsidering 'Normative Power Europe'", *Millennium: Journal of International Studies*, Vol. 33, No. 3, pp. 613-636.

――― [2013] "Normative Power as Hegemony", *Cooperation and Conflict*, Vol. 48, No. 2,

pp. 194-210.
Diez, Thomas and Ian Manners [2008] "Reflecting on Normative Power Europe", in Felix Berenskoetter and Michael J. Williams (eds.), *Power in World Politics*, Routledge.
Diez, Thomas and Michelle Pace [2011] "Normative Power Europe and Conflict Transformation", in Richard G. Whitman (eds.) [2011] pp. 210-225.
Diez, Thomas, Stephan Stetter and Mathias Albert [2006] "The European Union and Border Conflicts: The Transformative Power of Integration Reviewed Work(s)", *International Organization*, Vol. 60, No. 3, pp. 563-593.
Duchêne, François [1973] "The European Community and the Uncertainties of Interdependence", in Max Kohnstamm, *et al.* (eds.), *A Nation Writ Large?: Foreign Policy Problems before the European Community*, Macmillan, pp. 1-21.
Eriksen, Erik O. [2006] "The EU-A Cosmopolitan Polity?", *Journal of European public Policy*, Vol. 13, No. 2, pp. 252-269.
Fisher-Onar, Nora and Kalypso Nicolaïdis [2013] "The Decentering Agenda: Europe as a Post-Colonial Power", *Conflict and Cooperation*, Vol. 48, No. 2, pp. 283-303.
Harpaz, Guy [2007] "Normative Power Europe and the Problem of a Legitimacy Deficit: An Israeli Perspective", *European Foreign Affairs Review*, Vol. 12, pp. 89-109.
Haukkala, Hiski [2008] "The European Union as a Regional Normative Hegemon: The Case of European Neighbourhood Policy", *Europe-Asia Studies*, Vol. 60, No. 9, pp. 1601-1622.
Hill, Christopher [1990] [1993] "The Capability-expectations Gap", *Journal of Common Market Studies*, Vol. 31, No. 3, pp. 305-328.
―――― [2001] "The EU's Capacity for Conflict Prevention", *European Foreign Affairs Review*, Vol. 6, No. 3, pp. 315-334.
Hyde-Price, Adrian [2006] "'Normative' Power Europe: A Realist Critique", *Journal of European Public Policy*, Vol. 13, No. 2, pp. 217-234.
―――― [2008] "A 'Tragic Actor?': A Realist Perspective on 'Ethical Power Europe'", *International Affairs*, Vol. 84, No. 1, pp. 29-44.
Jørgensen, Knud Eric [2006] "Theoretical Perspectives on the Role of Values, Images and Principles in Foreign Policy", in Sonia Lucarelli and Ian Manners (eds.), *Values and Principles in European Union Foreign Policy*, Routledge, pp. 42-58.
Kagan, Robert [2003] *Of Paradise and Power: America and Europe in the New World Order*, Knopf.
Kavalski, Emillian [2013] The Struggle for Recognition of Normative Powers: Normative Power Europe and Normative Power China in Context, *Cooperation and Conflict*, Vol. 48, No. 2, pp. 247-267.
Kundnani, Hans and Michito Tsuruoka [2014] "The Illusion of European 'Neutrality' in Asia", *European Geostrategy*, 28 September. (http://www.europeangeostrategy.org/2014/09/illusion-european-neutrality-asia/)
Kupchan, Charles [2002] *The End of the American Era: US Foreign Policy and the*

Geopolitics of the Twenty-First Century, Alfred A. Knopf.
Laïdi, Zaki (ed.) [2008] *EU Foreign Policy in a Globalized World: Normative Power and Social Preferences*, Routledge.
Leonard, Mark [2005] *Why Europe Will Run the 21st Century*, Public Affairs.
Lerch, Manika and Guido Schwellnus [2006] "Normative by Nature?: The Role of Coherence in Justifyingthe EU's External Human Rights Policy", *Journal of European Public Policy*, Vol. 13, No. 2, pp. 304-321.
Lightfoot, Simon and J. Burchell [2005] "The European Union and the World Summit on Sustainable Development: Normative Power Europe in Action?", *Journal of Common Market Studies*, Vol. 43, No. 1, pp. 75-95.
Linklater, Andrew [2006] "A European Civilising Process?", in Christopher Hill and Michael Smith (eds.), *International Relations and the European Union*, Oxford University Press, pp. 365-387.
Lucarelli, Sonia and Ian Manners (eds.) [2006] *Values and Principles in European Union Foreign Policy*, Routledge.
Manners, Ian [2002] "Normative Power Europe: A Contradiction in Terms?", *Journal of Common Market Studies*, Vol. 40, No. 2, pp. 235-258.
─── [2006a] "The Constitutive Nature of Values, Images and Principles in the European Union", in Sonia Lucarelli and Ian Manners (eds.), *Values and Principles in European Union Foreign Policy*, Routeledge, pp. 19-41.
─── [2006b] "Normative Power Europe Reconsidered: Beyond the Crossroad", *Journal of European Public Policy*, Vol. 13, No. 2, pp. 182-199.
─── [2006c] "The European Union as a Normative Power: A Response to Thomas Diez", *Millennium-Journal of International Studies*, Vol. 35, No. 1, pp. 167-180.
─── [2006d] "European Union 'Normative Power' and Security Challenges", *European Security*, Vol. 15, No. 4, pp. 405-421.
─── [2008a] "The Normative Ethics of the European Union", *International Affairs*, Vol. 84, No. 1, pp. 45-60.
─── [2008b] "The Normative Power of the European Union in a Globalised World", in Zaki Laïdi (ed.) [2008] pp. 23-37.
─── [2013] "The European Union's Normative Power in a More Global Era", 『日本EU学会年報』第33号、33-55頁。
Maull, Hans [1990] "Germany and Japan: The New Civilian Powers", *Foreign Affairs*, Vol. 69, No. 5, pp. 91-106.
Mayall, James [2005] "The Shadow of Empire: The EU and the Former Colonial World", in Christopher Hill and Michael Smith (eds.), *International Relations and the European Union*, Oxford University Press, pp. 292-316.
Mayer, Hartmut [2008] "Is It Still Called 'Chinese Whispers'?: The EU's Rhetoric and Actions as a Responsible Global Institution", *International Affairs*, Vol. 84, No. 1, pp. 61-80.

Mayer, Hartmut and Henri Vogt (eds.) [2006] *A Responsible Europe? Ethical Foundation of EU External Affairs*, Palgrave.

Meunier, Sophie and Kalypso Nicolaïdis [2011] "The EU as a Trade Power", in Christoper Hill and Michael Smith (eds.), *International Relations and the European Union*, 2nd edition, Oxford University Press, pp. 367-387.

Mouritzen, Hans and Anders Wivel (eds.) [2005] *The Geopolitics of Euro-Atlantic Integration*, Routledge.

Nicolaïdis, Kalypso [2004] "The Power of the Superpowerless", in Tod Lindberg (ed.), *Beyond Paradise and Power*, Routledge, pp. 93-120.

Nicolaïdis, Kalypso and Robert L. Howse [2002] "'This is My EUtopia...': Narrative as Power", *Journal of Common Market Studies*, Vol. 40, pp. 767-792.

Nye, Joseph S., Jr. [2004] *Soft Power*, Public Affairs.

─────── [2008] "Notes on a Soft-Power Research Agenda", in Felix Berenskoetter and Michael J. Williams (eds.), *Power in World Politics*, Routledge, pp. 25-25.

Øhrgaard, Jacob C. [2004] "International Relations or European Integration: Is the CFSP *sui generis*?", in Ben Tonra and Thomas Christiansen (eds.), *Rethinking European Foreign Policy*, Oxford University Press, pp. 26-44.

Pace, Michelle [2007] The Construction of EU Normative Power, *Journal of Common Market Studies*, Vol. 45, No. 5, pp. 1041-1064.

Padoa-Schioppa, Tommaso [2001] *Europa, forza gentile*, Il Mulino.

Postel-Vinay, Karoline [2008] "The Historicity of European Normative Power", in Zaki Laïdi (ed.) [2008] pp. 38-48.

Reid, Tom [2004] *The United States of Europe: The New Superpower and the End of American Supremacy*, Penguin Press.

Sangiovanni, Mette E. [2003] "Why a Common Security and Defence Policy Is Bad for Europe", *Survival*, Vol. 45, No. 3, pp. 193-206.

Scheipers, Sibylle and Daniela Sicurelli [2007] "Normative Power Europe: A Credible Utopia?", *Journal of Common Market Studies*, Vol. 45, No. 2, pp. 435-457

Sjursen, Helene [2006] "What Kind of Power?: European Foreign Policy in Perspective", *Journal of European Public Policy*, Vol. 13, No. 2, pp. 169-171.

Sjursen, Helene, [2006] "The EU as a 'Normative' Power: How Can This Be?", *Journal of European Public Policy*, Vol. 13, No. 2, pp. 235-251.

Smith, Karen [2000] "The End of Civilian Power EU: A Welcome Demise or Cause for Concern?", *International Spectator*, Vol. 23, No. 2, pp. 11-28.

Smith, Michael [2011] "The European Union and the United States and Global Public Goods: Competing Models of Two Sides of the Same Coin?", in Whitman (ed.) [2011].

Stavridis, Stelios [2001] "'Militarising' the EU: The Concept of Civilian Europe Revisited", *The International Spectator*, Vol. 34, No. 4, pp. 43-50.

Tocci, Nathalie (ed.) [2008] *Who Is a Normative Foreign Policy Actor?: The European Union and Its Global Partners*, Centre for European Policy Studies.

Toje, Asle [2010] *The European Union as a Small Power: After the Post-Cold War*, Palgrave MacMillan.
Twitchett, Kenneth (ed.) [1976] *Europe and the World: The External Relations of the Common Market*, St. Martin's Press.
Wagnsson, Charlotte [2010] "Divided Power Europe: Normative Divergences among the EU 'Big Three'", *Journal of European Public Policy*, Vol. 17, No. 8, pp. 1089-1105
Weiler, Joseph and Wolfgang Wessels [1998] "EPC and the Challenge of Theory", in Alfred Pijpers, Elfriede Regelsberger and Wolfgang Wessels (eds.), *European Political Cooperation in the 1980's: A Common Foreign Policy for Western Europe?*, Martinus Nijhoff, pp. 229-258.
Wiener Antje [2007] "Contested Meanings of Norms: The Challenge of Democratic Governance beyond the State", *Comparative European Politics*, Vol. 5, No. 1 (Special issue), pp. 1-17.
Wiener, Antje [2008] "European Response to International Terrorism: Diversity Awareness as a New Capability?", *Journal of Common Market Studies*, Vol. 46, No. 1, pp. 195-218.
Whitman, Richard G. (ed.) [2011] *Normative Power Europe: Empirical and Theoretical Perspectives*, Palgrave.
―――― [2013] "The Neo-Normative Turn in Theorising the EU's International Presence", *Cooperation and Conflict*, Vol. 48, No. 2, pp. 171-193.
Wood, Steve [2010] "Pragmatic Power Europe", *Cooperation and Conflict*, Vol. 46, No. 2, pp. 242-261.
Youngs, Richard [2004] "Normative Dynamics and Strategic Interests in the EU's External Identity', *Journal of Common Market Studies*, Vol. 42, No. 2, pp. 415-35.
Zielonka, Jan [1998] *Explaining Euro-Paralysis: Why Europe Is Unable to Act in International Politics*, Macmillan.
Zimmermann, Hubert [2007] "Realist Power Europe?: The EU in the Negotiations about China's and Russia's WTO Accession", *Journal of Common Market Studies*, Vol. 45, No. 4, pp. 813-832.

臼井陽一郎［2013］『環境のEU、規範の政治』ナカニシヤ出版。
鶴岡路人［2005］「国際政治におけるパワーとしてのEU――欧州安全保障戦略と米欧関係」『国際政治』第142号、127-144頁。
鶴岡路人［2007］「EUの変容とEU研究の新しい課題――日本からの視点」田中俊郎・小久保康之・鶴岡路人編『EUの国際政治――域内政治秩序と対外関係の動態』慶應義塾大学出版会、323-344頁。
中西寛・石田淳・田所昌幸［2013］『国際政治学』有斐閣。
中村英俊［2004］「「民生パワー」概念の再検討――EUの対イラク政策を事例として」『日本EU学会年報』第24号、207-228頁。
東野篤子［2010］「「規範的パワー」としてのEUをめぐる研究動向についての一考察」森井裕一編『地域統合とグローバル秩序――ヨーロッパと日本・アジア』信山社、69-98頁。

コラム②
死刑廃止の"世界的潮流"

小松﨑利明

　第13章で論じられる国際刑事裁判所（ICC）規程の交渉過程では、戦争犯罪に対する極刑として死刑を採用するか否かが主要な争点のひとつであった。対象犯罪の重大性に鑑みて死刑の採用を訴える声があるなか、EU 各加盟国の代表はもとより、オブザーバー資格で出席した欧州委員会委員のエマ・ボニーノも明確に反対の立場を表明した。結局、反対の声が優勢となり、ジェノサイド、人道に対する罪、交戦法規・慣例違反、侵略罪といった国際社会がもっとも関心を抱く重大犯罪に対しても死刑は適用されないということが示された。

　EU は、加盟国内にとどまらず対外的にも死刑廃止を推し進めている。たとえば、2014年8月29日、日本政府が2人の死刑囚に刑を執行したことに対して、EU の報道官は深い遺憾の意を表明し、「世界的潮流に沿って」死刑廃止に向けた国民的論議を進めるよう要請した。現在日本は、アメリカとともに EU から死刑廃止を強く働きかけられており、のちにみる欧州審議会のオブザーバー資格停止の可能性まで示唆されている状況である。しかし、重大な犯罪に対してであっても死刑を課すべきではないという規範意識が法的に文書化され"世界的潮流"になったのは、それほど遠い昔のことではない。現在の人権規範の基礎となっている「世界人権宣言」（1948年）では、生命に対する権利や非人道的な刑罰の禁止を謳っているものの、死刑そのものは禁止されていない。

国連

　死刑廃止が"世界的潮流"として国際社会に登場するのは、世界人権宣言の理念を法的拘束力のある条約の形にした国際人権規約のひとつである「市民的及び政治的権利に関する国際規約（自由権規約）」（1966年署名、1976年発効）からである。同規約は、すべての人間の生命に対する権利（第6条1項）を確認したうえで、「死刑を廃止していない国においては、死刑は、犯罪が行われたときに効力を有しており、かつ〔……〕最も重大な犯罪についてのみ科することができる」（同2項）と定めた。この規定自体は死刑を禁止するどころか、法律の定めるところに従えば死刑を執行することを認めるものである。ただし、同条は「この条のいかなる規定も、この規約の締約国により死刑の廃止を遅らせ

又は妨げるために援用されてはならない」(同6項) とも定めており、自由権規約全体としては死刑廃止を推進する意思が示唆されているといえよう。

そうした意思が条約として形を与えられたのが、1989年の「自由権規約第二選択議定書」(1991年発効、当事国81ヵ国、日本は未署名) である。同議定書は、通称「死刑廃止議定書」と呼ばれることからもわかるように、「この議定書の締約国の管轄内にある者は、何人も死刑を執行されない」(第1条1項) と定めるとともに、締約国に対して死刑廃止のための「あらゆる必要な措置」(同2項) をとるように求めており、死刑の完全な廃止を目指している。

さらに国連総会は、2007年以降2014年までの間、死刑執行停止 (モラトリアム) 決議を4回採択し、回を重ねるごとに賛成票が増加している (2014年の決議では、賛成117、反対37、棄権34)。この決議は、死刑存置国に対して、死刑囚の権利を国際基準で保証すること、死刑執行数や死刑囚の人数に関する情報を公開すること、死刑執行を着実に制限し、死刑判決を課されるような犯罪を抑止すること、そして死刑廃止を視野に入れてその執行を停止することなどを求めている。

このように、国連の枠組みに関するかぎり、国際社会が死刑廃止に向かって動き出したのは過去半世紀ほどのことであり、それも、明確に死刑の禁止・廃止を打ち出したのは、1989年になってからであった。

欧州審議会

では、この間ヨーロッパではどうであったか。現在、アムネスティ・インターナショナルやヒューマンライツ・ウォッチなどの NGO も巻き込んであらゆるレベルで死刑廃止運動の旗ふり役となり、死刑廃止が普遍的規範であると位置づけている感のある EU であるが、EU として死刑制度の完全廃止を法的に打ち出したのは、2000年に公布された「EU 基本権憲章」における「何人も、死刑を宣告されまたは執行されない」(同2項) という規定からである。ただし、それ以前も、欧州審議会 (Council of Europe) の枠組みを通じて、死刑制度廃止に関わっていた。

欧州審議会は、民主主義の基盤となる個人の自由や法の支配といった共通の価値実現のための緊密な協力を目的に (欧州審議会規程前文、第1条) 1949年に設立されたヨーロッパ諸国からなる国際機構である。現在の加盟国数は47ヵ国、EU 諸国はすべて加盟しており、「欧州人権条約」(1950年署名、1953年発効) を

はじめとして、条約作成を通じた人権保障の枠組みを加盟国の間に構築してきた。EU はリスボン条約によってこの条約の当事国となることを決めている（EU 条約第 6 条）が、それ以前から人権政策において欧州審議会と歩調をあわせており、死刑制度に対する欧州審議会の姿勢はほぼ EU の政策と一致しているとみて差し支えないであろう。

当初は欧州人権条約でも死刑が禁止されていたわけではなかった。「すべての者の生命に対する権利は、法律によって保護される。何人も、故意にその生命を奪われない」としつつ、「ただし、法律で死刑を定める犯罪について有罪の判決の後に裁判所の刑の言い渡しを執行する場合は、この限りではない」として、死刑を認めていたのである（第 1 条）。その後、1983 年に欧州人権条約第 6 議定書（1985 年発効、当事国 46、ロシアは署名のみ）が締結され、死刑廃止が加盟国の「一般的傾向」を示しているとして（前文）、死刑を廃止することを定めた（第 1 条）。ただし、戦時下の行為については死刑を認めていた（第 2 条）。

この議定書の作成からおよそ 20 年後の 2002 年、死刑に関する新たな議定書（第 13 議定書、2003 年発効）が締結され、いかなる場合においても死刑を行わないための「最後の措置」をとるとして（前文）、「死刑は廃止する。何人も、死刑を宣告されまたは執行されない」（第 1 条）と定めた。この議定書には現在 44 ヵ国が当事国となっており（アルメニアは署名のみ、アゼルバイジャンとロシアは未加入）、EU 加盟国はすべて批准済み、また EU 加盟候補国 5 ヵ国のなかではマケドニア以外が当事国となっている。

つまり、〈死刑制度容認→戦時下の死刑容認→死刑の完全廃止〉と、段階的に死刑廃止に向かってきた流れが確認できる。現在では、欧州審議会の閣僚委員会が「世界死刑廃止デー」にあわせて 10 月 10 日を「欧州死刑廃止デー」とすることを決定し、EU もこれに加わって毎年共同宣言を出しているが、先にみた国連の枠組みでの規範生成と比較して、ヨーロッパ、特に EU が世界に先駆けて死刑廃止の普遍的規範を構築してきたとは言い切れないだろう。

死刑廃止に関する EU の対日姿勢

しかし現在では、EU は死刑廃止運動の先導的役割を担っているといえる。それは、市民社会への支援のみならず、対外政策のあらゆる局面で死刑廃止への強い意志が示されているからである。たとえば、アメリカと日本に対しては、EU 基本権憲章第 19 条 2 項の、「死刑、拷問、その他の非人道的もしくは品位

を傷つけるような取り扱いもしくは刑罰を受ける深刻な危険がある国」に対する追放や引き渡しを禁じた規定に基づき、「引き渡し協定」や「刑事共助協定」において死刑制度の存在が引き渡しもしくは共助の拒否事由となっている。また 2005 年には、死刑に使用されうる機器の輸出入を禁止する規則 1236/2005 を採択するなど、死刑廃止規範を域外へ投射する政策を多分野で展開している。

　EU の閣僚理事会は、2012 年 6 月「人権および民主主義に関する EU 戦略的枠組みおよび行動計画」を採択した。「死刑および拷問は、人権と人間の尊厳に対する重大な侵害」であるとしたうえで、人権に関する EU の優先実施課題として、①国連総会第 67 会期における「死刑モラトリアム決議」採択へのロビー活動推進、②存置国に対する働きかけの強化、そして③ 2013 年の「死刑廃止世界会議」(World Congress against the Death Penalty) への資源投入を確保するとした。すなわち、国連、マルチ（多国間）、バイ（二国間）、また市民社会のレベルで死刑廃止を推進することが EU の人権政策にとって優先課題であることが示されたのである。とりわけ市民社会のレベルについては、2007 年から 2013 年の間に、民主主義と人権に関する欧州基金（European Instrument for Democracy and Human Rights: EIDHR）を通じて 11 億ユーロを 100 ヵ国以上、1200 あまりのプロジェクトに拠出している。

　他方、2013 年 4 月にコレペール（常駐代表委員会）が策定した「死刑に関するガイドライン」では、国連、マルチ、バイ、市民社会とあらゆる局面で死刑廃止を働きかけていく方針が示されると同時に、死刑存置国に対して、死刑は「極めて重大で計画的な犯罪にのみ適用されること」「可能な限り最小限の苦痛を伴う方法で執行されること」など、15 項目の「最低基準」に従うよう求める「現実的な」姿勢もとっている。

　以上みてきたように、過去半世紀の間、死刑廃止規範は徐々にその強度を増してきている。とくに、2000 年代以降は EU が"世界的潮流"としてその規範を通じた対外政策を展開している。しかし、自由権規約第二選択議定書の当事国数や死刑執行停止決議の賛成票と反対・棄権票の割合をみても、死刑廃止が疑いなく普遍的な規範となっているとは言い切れない。そうしたなか、EU は"世界的潮流"として死刑廃止を交渉相手に受け入れさせる規範政治を行っている。

第3章
域外からみたパワーとしてのEU
―― その研究方法の再検討

福井英次郎

　EUの規範政治を実際に分析してみようと考えたとき、どのような方法があるだろうか。最初に浮かぶのは、政策形成に関する過程ではないだろうか。実際のEUの規範をめぐる研究の中心も同様であり、各政策分野でEUがどのような規範を形成し、それを政策としているのかという政策形成過程の分析や、その分野の政策をめぐるEU域外国との交渉や国際連合などの場での多国間の交渉の過程に焦点が当てられてきた。そしてその過程でEUの進める規範が受け入れられたり、修正されたり、拒絶されたりすることが明らかにされてきた。このように、これまではEUの動向が記述的に研究されてきた。

　それらの研究をふまえたうえで、EUの規範について考えるとき、EUの規範をEU域外から観察する視点に立つことも重要である。そしてEUの規範パワー（normative power）の行使先であるEU域外の市民がEUおよびEUの規範をどのように認識しているのかということは重要な研究課題となる[1]。なぜなら、仮にEUの規範が普遍的ではないとみなされており、EUは自身の利益になるような価値観だけを熱心に普及させようとしているとみなされているならば、規範パワーはEU域外では文字通り「名辞矛盾[2]（a contradiction in terms）」とみなされるからである。

　そこで本章では、EU域外でEUがどのようにみられているのかを研究するEU認識研究の視点からEUの規範を考察する。第一に規範パワーを再検討する。規範パワーが他者との関係を視野に入れる関係性のパワーであることを確認したあとで、規範パワーの分析枠組みに市民を含める必要性を考える。そし

65

て対外政策や国内政治の観点から規範パワーの意義を考察する。第二に、市民におけるEU認識を明らかにするための研究方法について検討する。本章では、これまで中心的であった記述的分析ではなく数量的分析の有用性を指摘する。数量的な分析では、実験を用いた方法、いうなれば実験国際政治学の可能性にもふれる。

1．規範パワーの再検討

（1）EU 認識研究

この節では、域外からEUはどのようにみられているのかというEU認識の観点から規範パワーを再検討する[3]。最初にEU認識研究について説明する。EU認識研究は、EUがどのように認識されているのかを明らかにすることを目的としている。規範パワーとしてのEUの研究とは直接結びつくわけではないが、本章全体を通してEU域外のEU認識が規範パワーの分析に重要であることを示していくことになる。

EU認識研究は、ニュージーランドのカンタベリー大学に設置されている国立欧州研究センター（National Centre for Research on Europe、以下NCRE）のプロジェクトであるアジア太平洋認識プロジェクト（Asia-Pacific Perception Project）として本格的に開始された。このプロジェクトの目的は、オーストラリア・ニュージーランド・タイ・韓国の4ヵ国を対象とし、メディア上のEU像を明らかにする内容分析、エリートへのインタビュー調査の分析、市民への世論調査の分析の三つを通じて、対象国での包括的なEU像を明らかにすることにあった（福井［2008］pp. 115-118）。

その後、このプロジェクトは、メディア・エリート・市民の三つを軸とすることは維持しつつ対象国を拡大していき、現在では世界32ヵ国が対象となっており、多くの研究成果が発表されている[4]（Holland, Ryan, Nowak and Chaban eds. ［2007］; Chaban and Holland eds. ［2008］; Chaban, Holland and Ryan eds. ［2009］）。現在ではEU像を明らかにすることに加えて、規範の面からEU像を検討するプロジェクトも開始されている[5]。日本は、NCREによって2005年から始まっ

たアジアの眼から見た EU（The EU through the Eyes of Asia）プロジェクトから参加し、それ以降に多くの成果を残している（福井［2008］；福井［2009］；Bacon and Kato［2013］）。

（2）関係性のパワーとしての規範パワー

　次に、規範パワーについて考えてみよう[6]。イアン・マナーズは、軍事パワー（military power）・民生パワー（civilian power）と比較しつつ、規範パワーを提唱している（Manners［2002］）。そのため規範パワーはパワーのひとつとして分析する必要がある。

　ところでパワーとは何であろうか。パワーの概念には古典的にはふたつの考え方がある。ひとつはパワーの源泉そのものに焦点を当てた考え方で、軍事力や富を多く持っているほどパワーがあると考えるものである。もうひとつは他者の行為を変化させる（もしくは変化させない）ことに注目する考え方で、影響力と考えるとわかりやすい。パワーの源泉だけでなく他者との関係でパワーを規定するため、ここでは関係性のパワーと呼ぶ[7]。マナーズの定義によると、規範パワーは現状維持的ではなく、ある規範に向けて世界を変えていく（Manners［2002］pp. 244-245）ため、規範パワーとしての EU は自己完結的ではなく他者を必要としている。そのため、規範パワーは関係性のパワーとして把握しなければならない。

（3）対外政策と市民

　それでは規範パワーは誰の行為を変化させるのだろうか。これまでの主な研究は国際交渉に注目してきた。そのような交渉の場に参加しているアクター、主に国際機関、交渉参加国の政府、専門家や NGO などに焦点を当て、どのように規範が形成され、それがどのように広がっていくのかを明らかにしてきた[8]。このようなアプローチは国際政治を分析するうえで、もっとも基礎的かつ重要な方法であり、記述的な分析といえる。

　これに加えて、さらに市民へと分析レベルを広げることが必要である。なぜ

ならば対外政策の置かれている状況が変化しているからである[9]。もともと対外政策は、外交官が宮廷を中心に華々しく活躍する政策分野であった。国王を中心とした一部の人々の利益の調整を中心とした時代である。18世紀末以降、市民権の拡充を目指す自由主義と人々に国民意識を植え付けるナショナリズムが勃興するようになると、対外関係は一部の人々だけで決定することはできなくなり、市民に対する責任が伴うようになっていった。

このような長期的趨勢に加えて、冷戦末期の1980年代以降、IT技術に裏打ちされ、ヒト・モノ・カネ・サービスが国境を越えて活発に行き交うグローバリゼーション時代が到来した。このような状況のなかでは、対外政策で扱われる分野は外交や安全保障に限定されず、市民の生活に直接関係するような分野にまで拡大している。そのため市民は対外政策に直接的な利益を見出すようになっている。加えて、情報化が進んでいる結果、市民は外国のことであっても、多くの詳細な情報を安価に獲得できるようになった。例えばEUの公式サイトである「Europa」を訪問すると、EUの公式文書は網羅されており、欧州委員会や欧州議会などの予定や決定事項なども確認することができる。情報を持つ市民は政策形成過程に注目し、問題があれば指摘するようになる。このように、対外関係の形成は一部の政策担当者だけに独占されなくなってきており、市民を研究の外に置くことは妥当ではなくなってきている。

（4）政策分野からみた規範パワーの特徴

次に、規範パワーで扱われる政策分野の観点から、市民に焦点を当てることの重要性を確認したい。規範パワーの議論の特徴として、第一に市民生活に近い分野が多く扱われていることがわかる。対外政策は伝統的には外交や安全保障を中心に扱われてきた。これらは重要であっても一般的な市民生活では意識されず、空気のような存在である。それに対して規範パワーで扱われる分野は、外交や安全保障といった伝統的な対外政策分野に加えて、市民が自分たちの生活に関係があると認識する分野、すなわち文化・慣習・価値観に関係する分野にまで広がっている[10]。

第二の特徴は、第一の特徴とも関係するが、決定に急を要したり交渉内容を

公開できなかったりする分野だけではなく、交渉が繰り返されその内容がある程度まで公表できる分野であるということである[11]。外交や安全保障の政策決定過程では非公開で速やかに決断し実行に移さなければならないことが多く、政策当事者は結果の責任がもっとも求められる。しかし規範パワーで扱われる分野のなかには、環境の基準作成プロセスや動物福祉などのように、決定までに多少の時間的な余裕が与えられる分野も含まれる。時間的な余裕は、その分野の政策決定において、市民への情報提供や市民による態度決定を可能とする。市民の支持を得ることはその政策の正統性を増すだけでなく、その対外政策を国内で実行するコストが低くなることにつながるという利点もある。このように考えると、規範パワーの研究では、市民を視野に入れることに妥当性がある。

（5） 2レベルゲームと規範パワー

ところで規範パワーはEU研究外ではどのような意義があるのだろうか。まず対外政策の観点から規範パワーの意義を考えてみよう。ここでは外交交渉と国内政治のふたつの視点から対外政策をとらえたロバート・パットナムの2レベルゲームから考察する（Putnam [1988]）。パットナムは、国際舞台で合意できる条件と国内で批准するために必要な多数派を得ることができる条件の両方が満たされるとき、国際交渉が成立するとした。そのうえで、パットナムは両方の条件が満たされている範囲が狭いほど、交渉が頓挫するリスクが大きくなるとした（Putnam [1988] p.438）。

規範パワーを2レベルゲームで考えよう。国際舞台では、EUは交渉相手国政府代表をEUの進める規範のなかで妥結できるように交渉に励む。それと同時に（もしくは交渉以前に）、交渉相手国国内の市民社会に対してEUの進める規範の受け入れを促していく。その結果、市民によって選出される国内議会での批准はEUの規範に同意する範囲でなされていくことになる。規範パワーとは、国際交渉だけでなく、交渉相手国国内社会の規範をEUの規範に近づけ、最終的にはEUの規範に沿って国内批准手続きを可能とするパワーとしてとらえることができる

（6）政治的社会化と規範パワー

　それでは政治学の視点からはどのような意義があるのだろうか。人は生得的に政治的な知識や立場を持っているわけではない。個人が政治について意見を持つようになったり、政治的価値観を習得したり、政治的行動を習得していったりすることを「政治的社会化（political socialization）」（ドーソン／プルウィット／ドーソン［1989］pp.63-64）という。個人は政治的社会化を経て、その社会で政治的に生活できるようになるのである。

　政治的社会化は国際政治に関するものも含みうるし、グローバル化の進む現代では、国際政治に関する政治的社会化の重要性は大きくなっているといってよい。グローバル化時代においては国外から多くの情報がもたらされ、これまであまり知らなかった多くの価値観を知ることになる。それらをどのように取り込んでいくのか（取り込んでいかないのか）という過程を明らかにすることは、政治的社会化の重要な課題である。そのなかでEU認識を明らかにすることは、国際政治のなかでも特にEUに関する政治的社会化の過程を明らかにすることになる。

　規範パワーの場合、国際政治における政治的社会化について議論する意義は、単にEU認識を明らかにするよりも大きい。これまでの政治的社会化の議論は、ひとつの社会（もしくはひとつの国）を対象とし、その内部の動向に焦点を当ててきた。一方で、規範パワーの論理の特徴は普遍的価値に向かって現状を変革させていくということにある。政治的社会化の視点から規範パワーを考えると、EUの規範に沿って、国境を越えて政治的社会化を促すということになる。国際規範は、例えば人権や環境などのように、前世紀にはそれほど顧みられなかったものの現在では広く受け入れられているものも多い。そう考えるとEUの先進的な規範が国際規範化する可能性はあり、まさに現在進行形の状況を観察することこそ規範パワーの研究のひとつとして位置づけられなければならない。

　他方で、政治的社会化の視点から考えると、規範パワーに内在する国際倫理的な問題も明らかになる。例えば、そのような同一の方向に世界が進むことがよいことなのだろうか。またEUの規範に沿う場合、その規範が正しいことは

どのように証明できるのだろうか。加えて EU の規範は、それ以外の国・国際機構の規範よりもどの程度優れているのだろうか。これらは規範パワーを分析するうえで、考慮し続けねばならない課題である。

2．研究方法の考察

（1）規範の分類

　本節では、EU 認識の視点に立ち規範パワーを分析する方法を考察していく。最初に分析しやすいように、規範パワーを規範により分類してみよう。EU が勧めたい規範は世界で一様に広がることはなく、おそらくある地域では受け入れられやすく、別の地域では受け入れられにくいはずである。またある規範は受け入れられやすく、別の規範は受け入れられにくいはずである。そのため規範パワーの域外での影響を実証的に明らかにする場合、一様に考えるのではなく、分類して考察する必要がある。ここでは対象国の区分と政策分野の区分のふたつに分けてみる。

　第一に対象国の区分は、EU 加盟候補国、EU 近隣諸国や開発援助対象国、それ以外の国々の三つに分けることができる。EU の影響力を受けやすい国は順番に、EU 加盟候補国、EU 近隣諸国や開発援助対象国、それ以外の国々となることが予想される[12]。EU 加盟候補国は EU 加盟交渉時に、EU の法体系を受け入れないといけないため、もっとも影響を受けるはずである。EU の近隣諸国や開発援助対象国は、EU から特別な地位を与えられているため、EU からの影響を受けやすい構造となっているともいえる。それ以外の国々は EU の影響を一方的には受けない国となる。

　第二に政策分野の区分である。EU の規範を受容するかどうかは、政策の分野によっても大きく異なることが予想される。例えば日本にとって経済活動に関する規範は EU の市場にアクセスするためにある程度は受け入れ可能であろう。しかし現時点では死刑制度廃止という規範を即座に受け入れられる状況にはない。このように EU の規範それぞれについての反応の違いを考慮する必要がある。

市民の EU 認識を考えるときには、例えば縦に国を、横に政策分野を配置した表を作り、それぞれのマスについて影響を観察していくことが必要になる。どの地域にどのような規範が受け入れられやすいのか（もしくは受け入れられにくいのか）考察していくことが可能となる。

（2）EU 認識の形成

EU に対する認識はどのように形成されるのだろうか。言い換えると、EU 認識にはどのような要因が作用しているのだろうか。市民意識を分析する場合、最初に社会的属性を扱うことが多い。社会的属性とは、性別、年齢、出身地、学歴、職歴などを指す。次に、実際の経験によって、EU に関する認識が形成される場合が考えられる。経験には、自分自身が直接的に経験した旅行・生活・留学などと、家族や知人が旅行したりした結果を聞くという間接的な経験がある。最後に、EU の情報を得て、EU の認識が形成されることが考えられる。EU の情報を得る主な方法は、新聞やラジオ、テレビといったメディアの利用であろう[13]。また本やインターネットなども情報獲得の重要手段であり、これらもメディアと位置づけられる。これらからの影響の結果として、EU 認識が形成されていると考えることができる。

図1はこれまで言及した要因の位置関係を示したものである。矢印の方向は原因と結果の関係を示す。社会的属性については、そのまま EU 認識の要因になる場合もあるだろうし、社会的属性によって経験やメディアへの接触が変化する可能性もある。そのため EU 認識に加えて経験とメディアにも矢印をつけてある。

（3）世論調査の分析とメディアの分析

市民の EU 認識を明らかにするために、もっとも有力な手段は世論調査分析だろう。世論調査を用いた研究の多くは、統計学を用いて量的に分析する[14]。国内政治に関して、世論調査とその研究は非常に活発であり、政治意識や選挙などの研究の中心を占めている。それに対して、国際政治に関する世論調査と

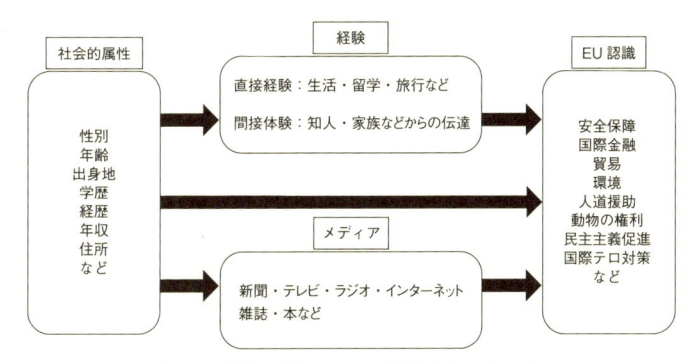

第 3 章　域外からみた規範パワーとしての EU

図1　規範に関する EU 認識形成の考え方

　その研究は極端に少ない[15]。この理由として、世論調査といった大規模な調査には多額の予算と多数の人員が必要になるという事情がある。また日本における国際政治学は質的分析が中心を占めており、量的分析の数は少ないため、結果として国際政治に関する調査も少ない。

　国際政治に関する世論調査の事例としては、内閣府が毎年実施している「外交に関する世論調査」があげられる。この調査は、日本の国民に各国との親近感や関係、国際社会での日本の役割などを質問し、その集計結果を公表するというものである。例えば 2013 年 10 月に実施され 11 月に公表された平成 25 年度の調査では、ヨーロッパとの関係について質問している（内閣府大臣官房政府広報室［2013］）。これによると、ヨーロッパ諸国に親しみを感じるかという質問に、全体の 66.5 パーセントが「親しみを感じる」「どちらかというと親しみを感じる」と答えており、「どちらかというと親しみを感じない」「親しみを感じない」の 30.2 パーセントを大きく上回っている。40 年近く続くこの調査は興味深いが、集計結果は公表されているものの、データそのものは公表されていない。そのためさらなる詳細な分析はできない。

　次に焦点を当てるのはメディアである。メディアでどのように EU が報道されているのかを明らかにするのである。図 1 では、EU 認識の要因としてメディアをとらえている。この場合には、メディアの報道内容が EU 認識にどのような効果を与えたのかということを観察することになる。ただこの効果に焦点を当てる前に、メディアの内容を分析するだけでも重要性がある。なぜならば、

73

メディアが取り上げるニュースというものは、その社会で需要があるニュースであったり、現在は需要はなくとも今後は重要になるとメディアが判断していたりするニュースだからである。世界中で日々多くの出来事が起きているが、テレビニュースの時間や新聞の紙面には制約があるため、採用されるのはごく一部である。あるニュースが報道されたときに、その出来事が選ばれた理由やどのように報道されたのかという報道の切り口に着目することで、その社会の眼差しが明らかになる。メディアでのEUに関する報道を分析し、メディアで構築されたEU像を探ることは、その社会のEUに対する認識の一部を明らかにすることになる（本書のコラム③「日本のメディアのEU認識」は日本に注目した事例であり、コラム④「日本・韓国・中国におけるEUのノーベル平和賞受賞の報道」は日韓中の比較の事例である）。

（4）世論と対外関係

　これまで提示してきた手法は規範パワーを分析する場合には問題を抱えている。その問題を考えるために、世論と外交をつなげる分野である広報外交（パブリック・ディプロマシー）の分析枠組みに焦点を当ててみる[16]。北野充によると、広報外交とは「自国の対外的な利益という目的の達成に資するべく、自国のプレゼンスを高め、イメージを向上させ、自国についての利益を深めるよう、また、自国の重視する価値の普及を進めるよう、海外の個人及び組織と関係を構築し、対話を持ち、交流するなどの形で関わったり、多様なメディアを通じて情報を発信したりする活動」であるという（北野［2014］p.27）。広報外交は、対象国の「理解」、どのように人と人とをつなぐかという手段を考える「関与」、価値のある提案をする「情報提供」、最終目標である「説得」の四つの段階からなる（北野［2014］pp.64-71）。広報外交の成功とは対象国の市民を説得できたときとなろう。

　しかし「説得」を含めたメカニズムを明らかにすることは現実的にはほぼ不可能である。なぜならば、仮に対象国が広報外交の実施国の主張に沿った方向に反応したとしても、それが本当に広報外交の効果なのか明らかにすることは難しいからである。他の要因によって態度が変化しただけであり、広報外交と

は無関係であることも考えられる。逆に反応が起こらなかったとしても、広報外交の効果がなかった場合と、広報外交の効果はあったものの、それを打ち消す効果を生む出来事が起きていた場合とがあり、それらの区別が必要になる。このように、実際の社会は複雑であり、広報外交と最終的な「説得」の間のメカニズムを明らかにすることは容易ではない。そのため広報外交に関する研究は、広報外交を実施する主体に焦点を当て、「理解」「関与」「情報提供」の局面を検討する傾向にある[17]。EU 域外市民の EU 認識に関する研究も、広報外交の研究と同じ問題を抱えている。

（5）因果関係

そこで再度、規範パワーを観察する観点から、EU 認識の形成を考えてみよう。最初に、因果関係を確認したい。社会科学の基礎的な方法論を示した高根正昭は、因果関係が成立する条件として、①原因が結果に時間的に先行している、②原因と結果の間に共変関係がある、③他の重要な原因が変化しない場合でも共変関係がある、という3点を示している[18]（高根［1979］pp. 82-84）。図1で示された EU 認識の形成の考え方は、調査時点の EU 認識を明らかにしている。しかし規範パワーは他者の意見や行動を変化させるパワーである。そのため規範パワーを厳密に観察するためには、EU 域外市民が EU の規範パワーに接触する前と後でどのような変化があったのかを明らかにしなければならない（図2）。

世論調査には、同じ調査対象者に繰り返し調査をするパネル調査という手法がある。この手法を用いると、事後の認識と事前の認識の変化量を明らかにすることができるので、その間に実行された規範パワーの効果を観察することができる。しかし世論調査を数回実施するということは、コストの面から難しい。変化量を観察したい場合であっても数回の調査はできないことに加えて、EU 認識を明らかにする研究自体があまりない。そこで、そのための第一歩として、図1で示したように、「EU が現在、どのように認識されているのか」を明らかにしようとするのである（本書のコラム⑤「日本の大学生の EU 認識」は、この事例である）。

第Ⅰ部　規範政治の基礎論

（6）実験国際政治学

　それでは規範パワーの観察は不可能なのだろうか。たしかに対象を設定し、その対象がどのようになっているのかを明らかにしようとする方法では難しい。それならば実験をしてみるというのはどうだろうか。実験に基づく研究はこれまでも心理学や社会心理学では一般的であったが、政治学や国際政治学、また政治学と隣接する経済学でもそれほど活発ではなかった。2000年代に入り少しずつ研究数は増加しつつあり（河野・西條編［2007］）、2014年に公刊された『選挙研究』第30巻第1号[19]では実験政治学の特集が組まれるまでになっている。一方で、国際政治学では実験に基づく手法はいまだ発達していない。そこで実験国際政治学の確立を視野に入れて、EUの規範を実験で分析する手法を検討したい。

　まず、社会科学における実験とは何だろうか。谷口尚子によると、社会科学における実験とは「人為的に作り出した一定の条件下で理論や仮説をテストする方法」（谷口［2014］p.6）であるという。より簡潔に述べると、社会科学における実験とは、条件を同一にしたなかで、ある条件を意図的に与えた実験群と、与えなかった統制群とを比較し、その効果を測定する手法であるといえる。前述した世論調査は、対象を設定し、その対象がどのようになっているのかを明らかにしようとしているにすぎない。

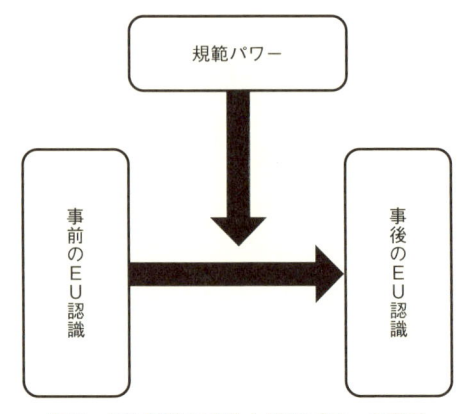

図2　EU認識の変化と規範パワーの関係

それでは EU の規範に関する実験について考えてみよう。EU は動物福祉を発展させようと努めてきた。そこで動物福祉における EU の規範について実験してみる。実験の前に、EU 認識を質問する。実験では、グループ A には動物福祉の記事を含む複数の記事を読ませ（実験群）、グループ B には動物福祉の記事を含まない複数の記事を読ませる（統制群）。実験後に、事前と同様の EU 認識を質問し、実験群においてのみ事前と事後の変化が認められれば、この実験により、EU 認識の変化が明らかになることになる。

（7）規範パワー研究の今後

これまでみてきたように、本章では EU の規範政治を検討する場合に、EU を EU 域外からの視点で分析する重要性を指摘した。特にこれまではあまり注目されてこなかった市民を分析する必要性について強調した。また規範パワーの既存研究の多くは記述的な質的研究であるが、本章では量的な研究の可能性を提示し、実際の方法についても検討してきた。この分野はまだ始まったばかりであり、さらに多くの研究が望まれている。

注
1) 本章では、EU 規範という研究対象が、政策決定過程に関わる政策エリートだけでは完結しないことを強調したいために、市民の EU 認識を中心に据えて議論を進めていく。この場合の市民とは、市民社会論で取り上げられるような NGO・NPO 関係者というのではなく、世論調査で対象となるようなその社会の一般的な市民である。しかし市民意識の形成を考えるうえで、メディアに携わっている者や実際に政策に関わっている者などは無関係ではなく、市民の意見の先導役となる可能性もある。そのため市民を中心にするとしても、メディア関係者や政策実務者をも包摂していく必要がある。
2) イアン・マナーズが 2002 年に発表し、「規範パワー（normative power）」の火付け役となった論文のタイトルは、「規範パワーとしての EU――名辞矛盾？（Normative Power Europe: A Contradiction in Terms?）」であった（Manners [2002]）。
3) 規範パワーと EU 認識研究の関係については福井 [2009] が包括的に論じている。
4) NCRE とは別に、ヨーロッパ内ではウォーリック大学のグループを中心に研究がなされた（Lucarelli and Fioramonti eds. [2010]）。
5) 例えば 2012 年からは「EU の域外イメージ――規範エネルギープレイヤーとしての EU のイメージ（External Images of the EU (EXIE): Images of the EU as Normative Energy Player）というプロジェクトが開始されている。詳細は NCRE の公式ウェブサイトの

EXIEの項目を参照。http://www.euperceptions.canterbury.ac.nz/exie/（2014年8月31日アクセス）。

6）規範パワーの議論の整理については、東野［2010］が詳しい。

7）権力を関係性から把握する考え方は米国の政治学者ロバート・ダールによって提示された（Dahl［1957］）。

8）例えばWhitman ed.［2011］に所収されている各論考を参照。規範パワーと同じ概念ではないが、似た概念である「規制力」を用いた日本語で読める研究として、遠藤・鈴木編［2012］に所収されている各論考も参考になる。

9）現在までを視野に入れた対外政策の歴史的な変化については細谷［2007］を参照。

10）マナーズが2002年の論文で事例として取り上げたのは死刑制度廃止であった（Manners［2002］）。死刑制度廃止は国際政治ではなく国内政治で扱われることが一般的であろう。

11）政策形成の研究における漸進主義（incrementalism）が念頭にある。漸進主義については、（リンドブロム／ウッドハウス［2004］pp. 31-47）を参照。

12）本章では市民のEU認識を中心とするので詳細に述べることはできないが、単にパワーを用いて、EUの規範を受け入れさせたとしても、規範パワーといえるのかという点は議論の余地がある。EUだけでなく他の国でも規範的な外交政策が成立するかを考察したトッチは、外交政策の手段と目的の両方が規範に沿っている場合を「規範の外交政策（normative foreign policy）」であるとし、目的が規範に沿っていても手段が規範に沿っていない「帝国の外交政策（imperial foreign policy）」と区別している（Tocci［2008］p. 12）。

13）メディアと対外意識の関係に関する研究は、河野［2005］が参考になる。

14）量的な政治学分析については、増山・山田［2004］が詳しい。

15）政治文化の国際比較研究は活発であり、例えばブロンデル／猪口［2008］などがある。

16）EUの広報外交については、Michalski［2007］を参照。

17）広報外交に関しては金子・北野編［2014］に所収されている論文を参照。

18）政治学における分析手法については、久米［2013］や加藤・境家・山本編［2014］、キング／コヘイン／ヴァーバ［2004］が詳しい。

19）実験政治学の具体的な方法については同誌収論文を参考のこと。

参考文献

Bacon, Paul and Emi Kato [2013] "Potential Still Untapped: Japanese Perceptions of the European Union as an Economic and Normative Power", *Baltic Journal of European Studies*, Vol. 3, No. 3, pp. 59-84.

Chaban, Natalia and Martin Holland (eds.) [2008] *The European Union and the Asia-Pacific: Media, Public and Elite Perceptions of the EU*, Routledge.

Chaban, Natalia, Martin Holland and Peter Ryan (eds.) [2009] *The EU through the Eyes of Asia: New Cases, New Findings*, World Scientific.

Dahl, Robert A. [1957] "The Concept of Power", *Behavioral Science*, Vol. 2, No. 3, pp. 201-215.

Holland, Martin, Peter Ryan, Alojzy Nowak and Natalia Chaban (eds.) [2007] *The EU through the Eyes of Asia: Media, Public and Elite Perceptions in China, Japan,*

Korea, Singapore and Thailand, University of Warsaw.
Manners, Ian [2002] "Normative Power Europe: A Contradiction in Terms?", *Journal of Common Market Studies*, Vol. 40, No. 2, pp. 235-258.
Michalski, Anna [2007] "The EU as a Soft Power", in Jan Melissen (ed.), *New Public Diplomacy: Soft Power in International Relations*, Palgrave Macmillan pp. 124-144.
Lucarelli, Sonia and Lorenzo Fioramonti (eds.) [2010] *External Perceptions of the European Union as a Global Actor*, Routledge.
Putnam, Robert D. [1988] "Diplomacy and Domestic Politics: The Logic of Two-Level Games", *International Organization*, Vol. 42, No. 3, pp. 427-460.
Tocci, Nathalie [2008] "Profiling Normative Foreign Policy: The European Union and Its Global Partners", in Nathalie Tocci (ed.), *Who Is a Normative Foreign Policy Actor?: The European Union and Its Global Partners*, Centre for European Policy Studies, pp. 1-23.
Whitman, Richard G. (ed.) [2011] *Normative Power Europe: Empirical and Theoretical Perspectives*, Palgrave Macmillan.

遠藤乾・鈴木一人編［2012］『EU の規制力』日本経済評論社。
加藤淳子・境家史郎・山本健太郎編［2014］『政治学の方法』有斐閣。
金子将史・北野充編［2014］『パブリック・ディプロマシー戦略――イメージを競う国家間ゲームにいかに勝利するか』PHP 研究所。
北野充［2014］「パブリック・ディプロマシーとは何か」金子・北野編［2014］15-53 頁。
キング、G／R・O・コヘイン／S・ヴァーバ［2004］『社会科学のリサーチ・デザイン――定性的研究における科学的推論』真渕勝訳、勁草書房。
久米郁男［2013］『原因を推論する――政治分析方法論のすゝめ』有斐閣。
河野勝・西條辰義編［2007］『社会科学の実験アプローチ』勁草書房。
河野武司［2005］「国民の対外意識に及ぼすマスメディアの影響――テレビニュースの内容分析とパネル調査から」『年報政治学』第 2 号、69-86 頁。
高根正昭［1979］『創造の方法学』講談社現代新書、講談社。
谷口尚子［2014］「政治学における実験――概要と展望」『選挙研究』第 30 巻 1 号、5-15 頁。
ドーソン、R／K・プルウィット／K・ドーソン［1989］『政治的社会化――市民形成と政治教育』加藤秀治郎・中村昭雄・青木英実・永山博之訳、芦書房。
内閣府大臣官房政府広報室［2013］『外交に関する世論調査（平成 25 年 10 月調査）』http://www8.cao.go.jp/survey/h25/h25-gaiko/zh/h13-1.csv（2014 年 8 月 31 日アクセス）。
東野篤子［2010］「「規範的パワー」としての EU をめぐる研究動向についての一考察」森井裕一編『地域統合とグローバル秩序――ヨーロッパと日本・アジア』信山社、69-98 頁。
福井英次郎［2008］「EU 認識研究に関する一考察――日本のエリート調査を事例として」『日本 EU 学会年報』第 28 号、113-131 頁。
―――［2009］「世論調査から見たアジアにおける EU 認識――規範的パワー論の批判的考察」『法学政治学論究（慶應義塾大学大学院法学研究科）』第 82 号、37-67 頁。
ブロンデル、ジャン／猪口孝［2008］『アジアとヨーロッパの政治文化――市民・国家・社会

価値についての比較分析』猪口孝訳、岩波書店。
細谷雄一［2007］『外交——多文明時代の対話と交渉』有斐閣。
増山幹高・山田真裕［2004］『計量政治分析入門』東京大学出版会。
リンドブロム、チャールズ・E／エドワード・J・ウッドハウス［2004］『政策形成の過程——民主主義と公共性』藪野祐三・案浦明子訳、東京大学出版会。
日本選挙学会編『選挙研究』第30巻1号（特集実験政治学）、2014年。

コラム③
日本のメディアの EU 認識

福井英次郎

　このコラムでは、日本のメディアにおける EU 像に焦点をあてる。ここでは日本のなかで販売部数の上位 2 社の『読売新聞』と『朝日新聞』の社説を取り上げ、そのなかで EU がどのように描かれているのかをみてみよう。社説を取り上げる理由は、社説が新聞の中心的主張を掲載する紙面であり、単なる情報以上に、新聞社が持つ視角が明らかになりやすいからである。また『読売新聞』と『朝日新聞』を選んだ理由は、販売部数上位 2 社というだけでなく、一般的に保守の『読売新聞』、革新の『朝日新聞』と政治的立場が異なると考えられているからである。もし両紙の間で EU 像が大きく異なるのであれば、政治的立場が EU 像を規定する要因となっている可能性もある。

　用いる手法は、量的にテキストデータを分析する計量テキスト分析である。この手法はテキスト（文章）を人が読んで分析するのではなく、機械的に分析する。例えばシャンプーのメーカーが自社製品の使用感についてのアンケート調査をしたとき、自由に感想を書く回答があったとする。この自由回答の分析は、これまでは多くの場合、テキスト（回答）を人が読み、内容を把握し、理由をつけて分類していた。これでは大きな手間がかかってしまう。それに対して計量テキスト分析では例えば、単語の出現頻度や単語 A と単語 B が一緒に使われやすいということを機械的に抽出していくことで、テキスト全体の傾向を把握しようとするものである。計量テキスト分析を実施するために、ここではフリー・ソフトウェアである KH Coder を用いた。計量テキスト分析の意義や方法、このソフトウェアの使用方法については、参考文献を参考にしてほしい。

　分析対象とするのは、すべての社説のなかで、「欧州連合」や「EU」という単語が含まれた社説である。これを EU 社説と呼ぼう。EU 社説は記事のどこかで EU にふれていることになるが、EU を中心として扱っていない社説も含まれる。扱う期間は 1991 年 1 月から 2014 年 7 月までであり、社説数は『読売新聞』613、『朝日新聞』553 であった。

　ここでは EU 社説のなかで、主要な単語がどのような関係性をもって使われているのかを計量テキスト分析によって示していく。具体的には、EU 社説の段落内で、主要な単語のなかで同時に使われる頻度の高い単語が同じグループ

第Ⅰ部　規範政治の基礎論

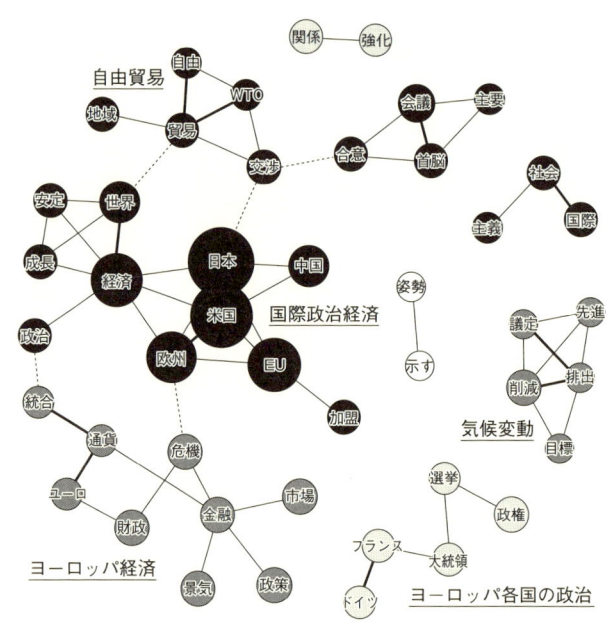

図1　『読売新聞』のEU社説における共起ネットワーク

となって表れる共起ネットワークという分析手法を用いる。それぞれの図では、丸の大きさは頻出数の多さを表し、大きいほどその単語が多く使われたことを意味する。丸の網掛けの濃さは、単語のグループを示し、同じ濃さの丸の単語は同じグループということになる（ただし直線がつながっていない場合には同じ濃さでも異なるグループである）。直線の太さは単語間のつながりの強さを表し、太いほど関係が強いことになる。なお丸の位置が近くても、直線が結ばれていない場合、関係性は薄いことになる。

最初に、両紙のEU社説の全体の状況をみてみよう。図1は『読売新聞』のすべてのEU社説のなかで、主要な単語の関係を示したものである。『読売新聞』のEU社説は、丸の濃さと線の有無を基準にいくつかのグループに分かれていることがわかる。そこで単語から推測される特徴から5グループを、「国際政治経済」、「ヨーロッパ経済」、「ヨーロッパ各国の政治」、「気候変動」、「自由貿易」と名づけた。その他の四つのグループ（「関係」・「強化」、「姿勢」・「示す」、「国際」・「社会」・「主義」、「主要」・「首脳」・「会議」・「合意」）は、これだけでは意

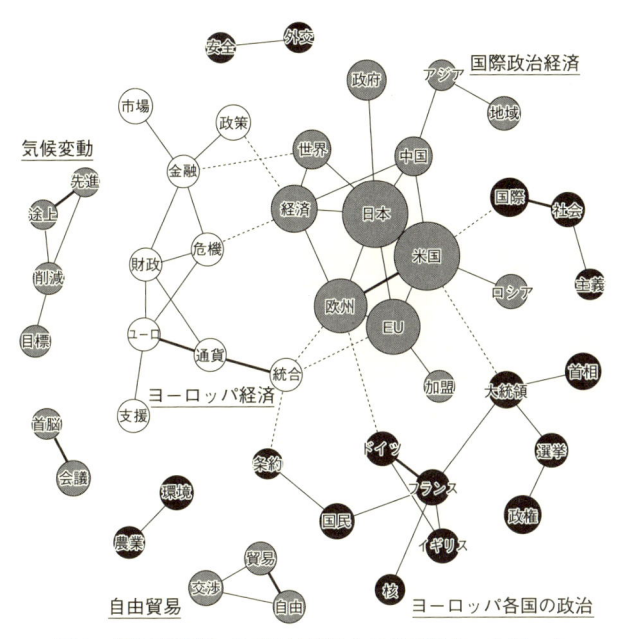

図2 『朝日新聞』のEU社説における共起ネットワーク

味の把握は難しく、内容を分析する必要がある。このなかで、「EU」という単語は「国際政治経済」に含まれている。この分析ではEUを中心として扱っていない社説もEU社説として扱っているため、「国際政治経済」のグループは特に「EU」という単語が現れる部分となり、それ以外のグループは「EU」という単語との関連が相対的に薄いといえる。

EUに関するグループは後述するので、EUとつながっていない4グループをみてみよう。「ヨーロッパ経済」は、通貨統合の結果としてのユーロ誕生と2000年代後半からのヨーロッパの経済危機に関する社説であろう。「ヨーロッパ各国の政治」は、ドイツやフランスの選挙といったヨーロッパ各国の政治に関する分野と考えられる。「気候変動」は、国連の気候変動枠組条約締約国会議についてだろう。「自由貿易」は自由貿易体制であるWTOの交渉に関する分野であることが推測される。相対的に関連が薄いもののこれらの分野でEUという言葉は現れることになる。

『朝日新聞』のEU社説で同じように分析した結果が図2である。5グルー

第I部　規範政治の基礎論

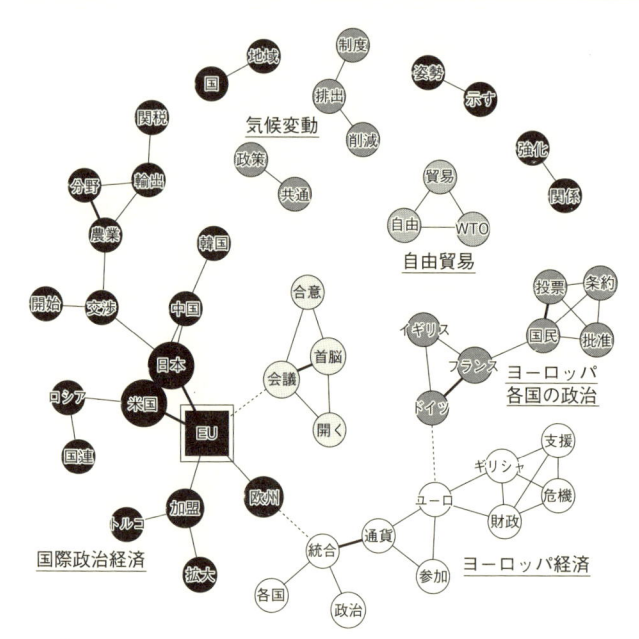

図3　『読売新聞』のEU社説におけるEUに関連する共起ネットワーク

プを「国際政治経済」、「ヨーロッパ経済」、「ヨーロッパ各国の政治」、「気候変動」、「自由貿易」と名づけた。その他の4つのグループ（「安全」・「外交」、「国際」「社会」「主義」、「首脳」・「会議」、「環境」・「農業」）はこれだけでは判別しづらく、さらに内容を検討していく必要がある。

『読売新聞』と『朝日新聞』の結果を比較すると、EUが登場する社説の内容は、図のなかに出てくる単語の構成が多少異なるものの、全体としては同一の傾向を持つことがわかる。どちらもEUが含まれる「国際政治経済」があり、ほかには「ヨーロッパ経済」、「ヨーロッパ各国の政治」、「気候変動」、「自由貿易」の4グループが存在している。

次に、EUに焦点を当て、より詳細にみてみよう。「EU」という単語を中心に据えて、どのような単語が「EU」とより関連しているのかを明らかにする。図3は『読売新聞』の分析結果である。単語から推測して、明確に特徴がわかるのは、「国際政治経済」、「ヨーロッパ経済」、「ヨーロッパ各国の政治」、「気候変動」、「自由貿易」の五つのグループである。

84

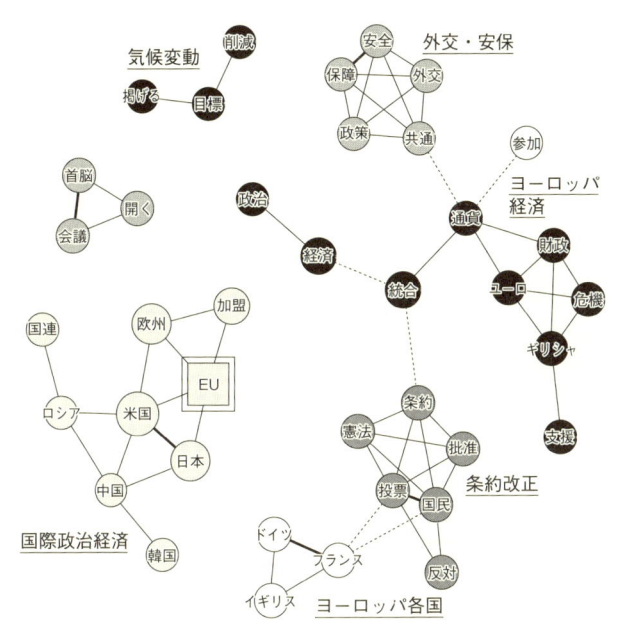

図4　『朝日新聞』のEU社説におけるEUに関連する共起ネットワーク

　同じように、『朝日新聞』で「EU」という単語との関連を分析した結果が図4である。単語から推測できるのは、「国際政治経済」、「ヨーロッパ経済」、「ヨーロッパ各国」、「条約改正」、「気候変動」、「外交・安保」の六つのグループである。
　図3と図4を比較してみよう。最初に、傾向の似ている点を確認したい。まず両紙ともに見つけることができるグループは「ヨーロッパ経済」と「気候変動」である。また『朝日新聞』の「ヨーロッパ各国」と「条約改正」は点線でつながっていることもあり、同じグループと考えると、『読売新聞』の「ヨーロッパ各国の政治」に相当する。この三つのグループは両紙で見つけることができる。またグループではないが、フランス・ドイツ・イギリスの三角形があり、英独間や英仏間の線よりも独仏間の線が太いことも共通点である。
　次に、相違点をみてみよう。『読売新聞』には「自由貿易」があるものの、『朝日新聞』にはない。これはさらに、両紙に共通する「国際政治経済」の単語の構成が異なることとも関連づけられるかもしれない。なぜならば、『朝日新

聞』の場合、「国際政治経済」のグループは、EU の対外関係と EU 加盟だけが抽出されている。しかし『読売新聞』の場合、それらに加えて、「関税」・「輸出」・「農業」・「分野」・「交渉」・「開始」といった単語があるが、これは明らかに自由貿易交渉に関係するものである。これらから『読売新聞』は『朝日新聞』よりも強く、EU を自由貿易とその交渉に位置づけているのがわかる。

　逆に、『朝日新聞』にある「外交・安保」は『読売新聞』にはない。『読売新聞』にはかわりに「政策」・「共通」があるので、両紙は似ているというべきかもしれない。しかし EU が外交や安全保障で一定の役割を担うように EU の諸制度を変更することは、簡単ではなく、一歩一歩進んできた歴史がある。この点を考えると、外交や安全保障の分野で EU の顔を示した『朝日新聞』は『読売新聞』とは EU の描き方が異なっている可能性がある。もし異なっていた場合、EU の外交や安全保障を良いものとして描いているのかといった点はさらなる研究課題につながっていくだろう。

　このコラムでは、計量テキスト分析を用いてメディアの EU 像を明らかにし、今後の研究につながる手がかりを示した。このような方法は、読者がこれまで知っていた EU 研究の手法とは大きく異なっていたのではないだろうか。もちろん今回の手法がこれまでの EU 研究の手法よりも優れているというのではなく、これまでの手法と今回の手法とを相互補完的に組み合わせることが重要なのである。質的な研究の蓄積という予備知識があることで、量的な分析の結果を読み解くことができる。質的な研究は量的な研究の成果を用いて裏づけることができる。加えて計量テキスト分析の可能性の大きさは、今回の新聞の社説を外交文書や議会文書に置き換えれば、おのずから明らかになるだろう。

参考文献
樋口耕一［2014］『社会調査のための計量テキスト分析――内容分析の継承と発展を目指して』ナカニシヤ出版.

コラム④
日本・韓国・中国における
EU のノーベル平和賞受賞の報道

福井英次郎

　2012 年 10 月 12 日に発表された EU のノーベル平和賞受賞は、ヨーロッパ統合の功罪に一度に焦点があたった貴重な瞬間となった。ヨーロッパ統合の功の面は受賞理由でも明らかであるように、仏独和解を基礎として不戦共同体を確立するとともに、その後の経済の発展や人権の促進に対する貢献があげられる。しかし同時に受賞に対する疑問も生じさせた。たしかに、冷戦終焉期の 1990 年代初頭や、旧東側共産国をメンバーに迎え入れた EU の第 5 次拡大の 2000 年代ならば、時期的にも納得できたであろう。しかしなぜ 2012 年に受賞するのだろうか。

　思い出してみると、2012 年はヨーロッパでは金融・債務を中心に経済問題が深刻化し、ヨーロッパ危機といえる状況であった。経済面で混乱を極めたギリシャなどの南欧諸国とドイツなどの国々の間では対立が激化していた。受賞直前の 10 月 9 日にドイツ首相メルケルがギリシャの首都アテネを訪問した際、数万人規模のギリシャ市民が議会周辺の広場に集結し、ドイツの課す緊縮財政措置を強く批判した。デモ隊は警官隊と衝突し、多数の拘束者も出る結果となった。2012 年のヨーロッパは協調・統合よりも対立・分裂を語るべき状況にあった。ここからノーベル平和賞が政治化しているという批判が、授与団体であるノルウェーのノーベル委員会に対して向けられることになった。

　このコラムでは、日本・韓国・中国での EU の受賞の報道を概観してみる。3 ヵ国で比較することで、各国メディアの EU への評価の相違を明らかにできよう。資料のアクセスの観点から新聞報道に焦点をあてた。また紙媒体だけでは限界があるので、インターネット上のウェブ版や各紙のデータベースも参考にしている。対象期間は 2012 年 10 月 12 日から 2012 年 12 月末までである。

　日本では、『読売新聞』、『朝日新聞』、『日本経済新聞』、『毎日新聞』の 4 紙の朝刊を扱った。「EU」および「ノーベル（平和）賞」が含まれ、内容の伴ったものを EU のノーベル平和賞受賞記事と定義すると、記事数は『読売』11、『朝日』24、『日経』18、『毎日』21 となっていた。『朝日』・『毎日』は多く、『読売』は少ない。

もっとも重要な記事ともいえる社説に目を向けてみよう。社説は新聞の顔ともいうべき重要な紙面で、その新聞の主張を端的に示す部分である。そのため社説での扱われ方を確認することは重要である。EUのノーベル平和賞受賞を中心に据えた社説は、『朝日』（10月13日）と『毎日』（10月17日）であったが、『読売』・『日経』にはなかった。『読売』は10月22日にEUを取り上げ受賞にふれたものの、焦点はこのときに開催されていた欧州首脳理事会にあてられた。『日経』は社説のなかでEUの受賞にすら言及していない。『読売』・『日経』ともに2009年（中国の劉暁波が受賞）と2010年（バラク・オバマ米国大統領が受賞）にはノーベル平和賞を社説で扱っていることから、ノーベル平和賞自体というよりもEUのノーベル平和賞受賞に重きを置いていないといえる。ただし両紙ともに海外特派員や編集委員によるコラムや特集などで、受賞の歴史的意義などについて論じていることは指摘しておく。
　これらより、『朝日』・『毎日』はEUの受賞の報道に関して、『読売』・『日経』よりも重視していることがわかるが、それでは切り口はどうだろうか。日本におけるEUのノーベル平和賞受賞の報道は、ヨーロッパの不戦化への歴史といったEUの肯定的評価、現在の経済危機における否定的評価、ノルウェーのノーベル委員会が平和賞を政治化しているという批判、東アジアの視点の有無という四つの観点から形成されていた。日本の4紙の記事はこれまでの貢献と現在の問題点を指摘するという落ち着いた論調となっている。4紙の最大の違いは、東アジアの視点の有無である。『朝日』・『毎日』では、社説が典型であるが、東アジアの視点から地域統合体としてのEUを肯定的に論じているのに対して、『読売』はヨーロッパ統合と東アジアを直接的に関連づけてはいない。このようにEUに関する報道は、EUそれ自体への関心だけでなく、EUをどのように日本の文脈で位置づけるのかによっても規定されることがわかる。
　次に韓国をみてみよう。韓国については新聞のデータベースを中心に記事を収集した。対象は『朝鮮日報』、『東亜日報』、『毎日経済新聞』、『韓国経済新聞』の4紙である。韓国の新聞でのEUの受賞報道の特徴は、記事が非常に少ないことである。受章の事実関係を伝えるストレートニュースや寄稿記事を除くと、『朝鮮日報』が2（10月13日と12月11日）、『東亜日報』が1（10月13日）、『毎日経済新聞』が1（10月14日）、『韓国経済新聞』が1（10月13日）となった。
　受賞に焦点をあてた10月の記事をみると、貢献という肯定的評価には言及しているものの、現状のヨーロッパの危機的状況から受賞には批判的論調が多

く、またノーベル平和賞の政治化を問題視する構成となっていた。日本と比べると、功罪の両面というよりも、問題点が強調されていた。また日本では一部にみられた東アジアを視野に入れた議論はなかった。当時の李明博大統領が歴代大統領として初めて竹島を訪問したのが2012年8月だったことを考えると、東アジアの地域統合などに言及する時期ではなかったといえよう。

4紙のなかで、社説で扱ったのは『韓国経済新聞』だけであった。2012年10月14日の同紙の社説は「ノーベル賞を政治手段とする平和賞委員会」という題であり、ノーベル平和賞の政治化を問題視した。そして「ノーベル平和賞は政治に汚染された賞」であり「EUの受賞も政治的文脈から解釈されるだけである」と述べた。このような強い批判的な論じ方は日本の新聞にはみられない。ノーベル平和賞への批判的姿勢は2000年に受賞した金大中韓国大統領の存在が影響しているのかもしれない。たしかに金大中は南北朝鮮の和解の象徴としてノーベル平和賞を受賞したが、その後の北朝鮮の核問題もあり、朝鮮半島の問題は未解決のままである。

最後に、中国での報道についてみてみる。中国は日本や韓国と異なり、報道の完全な自由はなく、主要マスメディアは政府系となっており、中国政府の意向が影響を与えている。そこで政府系メディアに焦点をあて、どのような報道であったのかをさぐる。ここで扱ったのは『人民日報』（中国共産党中央委員会の機関紙）、『環球時報』（人民日報の国際版）、『新華社通信』（国営通信社）、『中国新聞社』（国営通信社）、『解放軍報』（中国共産党中央軍事委員会の機関紙）などであり、資料アクセスの観点からウェブ版を中心にみていくことにする。

最初に報道内容を確認すると、『人民日報』ではEUのノーベル平和賞受賞への言及はなかった。2012年にノーベル文学賞を受賞した莫言について報道しているため、ノーベル賞自体の報道がないというのではなく、平和賞が無視された形といえる。それ以外の各紙は、『新華社通信』と『中国新聞社』という二つの国営通信社の配信記事がもとになっており、独自取材ではなかった。報道内容は事実関係を伝えることが多く、EUに対する批判的な報道は、クラウス・チェコ大統領の声明などの具体的な事例を用いてなされているものの、紙面として評価は下していなかった。そのかわりにノルウェーのノーベル委員会への批判は強かった。

これらから中国の報道の特徴として以下の2点を指摘できる。第一に、中国におけるノーベル平和賞の独自性である。中国は劉暁波の平和賞受章（2010

年）を、内政干渉とまで主張し批判した。そのため平和賞には繊細な扱いが要求されるのである。この結果、『人民日報』では報道されず、それ以外の新聞各紙は配信記事に基づく記事のみとなったといえよう。

　第二に、中国とノルウェーとの関係である。ノーベル平和賞の授与母体がノルウェーのノーベル委員会であり、メンバーにはノルウェー政府に近い人物が名を連ねていた。ノルウェー政府は中国の人権問題を批判しており、中国政府にとっては喜ばしい相手ではなかった。その一方で、2012年時点で中国はEUとの間に特に深刻な問題を抱えていなかった。これらより、EUやEUの受賞に対する批判はなく、統合の歴史への言及と現在の問題点を伝えたが、平和賞の政治化に対しては強い批判となったと考えられる。

　なお東アジアへの視点に関する内容はなかった。2012年9月に日本政府による尖閣諸島国有化があり、その後の日中関係は極度に緊張していった。このような時期に東アジアの協調に言及することは考えにくかったといえよう。

　以上、日本・韓国・中国におけるEUのノーベル平和賞受賞の新聞報道を見てきた。3ヵ国それぞれで、何をどのように報道するのかは一致せず、むしろ異なっている部分も多かった。EU報道の相違によって、読者のEUに対する視点にも相違が生まれる可能性もあり、今後の検討課題である。最後に、国際報道で切り口が異なるということは、同じ出来事を議論していても、その基礎となる情報が異なっている可能性があることを意味する。今後は日本社会に育った人だけでなく、外国社会で育った人との交流も増えるだろう。このとき、議論の前に、依って立つ情報自体にずれがある可能性も視野に入れて、交流を深めるとよいのかもしれない。

　＊このコラムの執筆のための資料収集と翻訳に関して、韓国については石田智範さん（慶應義塾大学大学院）・金本亜弓さん（ハーバード大学ケネディ行政大学院研究員）、中国については衛藤安奈さん（フェリス女学院大学非常勤講師）にご協力頂いた。なお本稿の責任は全て執筆者にある。

コラム⑤
日本の大学生の EU 認識

福井英次郎

　書店で EU 研究に関係する本棚に行くと、外交などの分野では、政策形成や対外交渉の過程に着目した記述的な研究が目に入ってくることが多い。このような定性的な質的分析だけでなく、例えば EU の影響力の度合いを数値でとらえようとするような定量的な量的分析でも、EU を研究することができる。このコラムでは量的な EU 研究を検討してみたい。

　さて、読者の多くを占めると思われる日本の大学生は EU の国際的な影響力をどのようにみているのだろうか。これを明らかにするため、2014 年 4 月 7 日から 5 月 2 日まで、全国 17 大学（関東 9、中部 2、関西 2、中国 2、九州 2）でアンケート調査を実施した。18 歳から 25 歳までの日本の大学生を対象とした。有効回答数は 1314 人（男 759 人、女 552 人）である。

　最初に、EU の国際的な影響力について、「環境」「貿易」「国際金融」「安全保障」「人道援助」「動物の権利」「非民主主義諸国への民主主義の促進」「国際テロの対策」の 8 分野で、EU は国際的な影響があると思うか、「非常にそう思う」（5）から「全然そうは思わない」（1）の 5 段階で質問した。

　回答結果は表 1 のようになった。分布をみると、ほとんどの項目で「まあそう思う」と「非常にそう思う」をあわせた割合が最も大きい。大学生は 8 分野

表 1　8 分野の影響に関する回答

	全然思わない	あまりそうは思わない	どちらとも言えない	まあそう思う	非常にそう思う
環境	2%	9%	20%	40%	29%
貿易	1%	4%	13%	47%	35%
国際金融	1%	4%	13%	39%	43%
安全保障	2%	10%	33%	39%	16%
人道援助	2%	12%	33%	37%	16%
動物の権利	4%	16%	39%	26%	15%
民主主義の促進	4%	15%	39%	32%	10%
国際テロ対策	2%	13%	32%	37%	16%

a）最も多い回答を濃い網掛け、それ以外の 30% 以上の回答を薄い網掛けとした

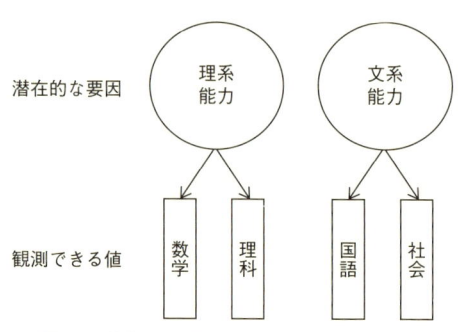

図1 潜在的な要因と観測できる値の関係

すべてで「EUは国際的な影響がある」と考えているといえよう。「非常にそう思う」の割合が大きい国際金融と貿易の分野では、特に影響があるとみなしている。

次の分析に進む前に、中学校の試験を思い出してもらいたい。科目ごとに試験があったと思うが、数学が得意な生徒は理科も得意である傾向はなかっただろうか。逆に、国語が得意な生徒は社会が得意だったりもしただろう。前者は理系能力に優れ、後者は文系能力に優れていると考えられる。このとき、試験の点数によって数学と理科が得意であることは計測することができるが、統計的分析を用いて、その背後にある潜在的な要因としての理系能力を抽出することができる（図1）。この分析手法を因子分析という。因子分析は観測できる値（試験）の背後にある潜在的な要因（理系能力）を明らかにすることができる。

そこで因子分析を用いて、8分野の回答の背後にあるEUに対する潜在的な態度を明らかにしてみよう。結果は表2で示されたとおりで、2つの潜在的な態度が抽出された。なお数字が大きいほど各項目と潜在的な態度との関係が深いことを示している。

この結果から、EUの国際的な影響力に対する態度はEUの影響力のあり方に関するふたつの潜在的な態度から成り立っていることがわかる。ひとつめの潜在的な態度は、「人道援助」「非民主主義諸国への民主主義の促進」「動物の権利」「国際テロの対策」の分野と関係が深く、「環境」分野とは関係がやや深い。これらの分野は、安全保障や経済といった伝統的に国際政治学が対象としてきた分野ではなく、新しい分野であり、本書で扱っているEUが推進する規範に関係する分野である。これを「新しい影響力」と名付けよう。日本の大学生は

表2　8分野の因子分析

	新しい影響力	経済的影響力	共通性
	第1因子	第2因子	
人道援助	0.66	0.21	0.47
民主主義の促進	0.63	0.07	0.40
動物の権利	0.61	0.06	0.37
国際テロ対策	0.52	0.24	0.33
安全保障	0.43	0.36	0.31
環境	0.38	0.27	0.22
国際金融	0.12	0.72	0.54
貿易	0.17	0.69	0.51
因子寄与	1.84	1.31	3.15
寄与率（％）	22.97	16.41	39.38

a）主因子法（バリマックス回転）
b）0.5以上の負荷量を濃い網掛け、0.3以上の負荷量を薄い網掛けとした

EUの「新しい影響力」をもっとも強く認識している。ふたつめの潜在的な態度は「国際金融」「貿易」の分野との関係が深い。このふたつの分野は国際経済に関係するので、「経済的影響力」と名付けよう。EUは前身のECの時代から経済的影響力があるとみなされてきており、その認識が示されたといえる。また「安全保障」はふたつのどちらにも関係しているが、数値は他の項目と比べるとそれほど高くはない。このため、安全保障分野の影響の裏打ちがあってこその「新しい影響力」と「経済的影響力」と理解することもできる。この関係を図示したのが図2である。

最後に、EUに対するこのふたつの潜在的な態度、つまり「新しい影響力」と「経済的影響力」はどのような要因によって規定されているのだろうか。そこでふたつの影響力はどのような項目と関係が深いかを重回帰分析という手法で分析した。重回帰分析は因果関係を想定したうえで、複数の原因が結果に与える効果の大きさを明らかにすることができる。例えばサッカーの試合の得点数という結果には、シュート練習の多さや筋力トレーニングの多さ、戦術の有無などの複数の原因が想定できる。重回帰分析はそのなかで統計的に意味のある原因をさぐる分析手法である。

ここでは「新しい影響力」と「経済的影響力」を、「性別」、「学年」、「入学難

図2　因子分析によって明らかになった態度
注) 0.5 以上の負荷量を実線、0.3 以上の負荷量を点線で表している。

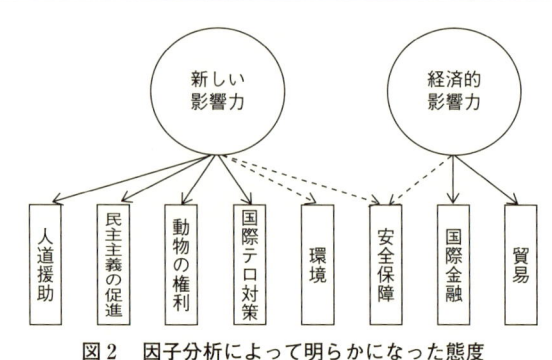

易度」(回答者の大学学部を三つに分類した)、「文系」(学部が文系であるか否か)、「EU 加盟国旅行経験」、「EU 加盟国滞在経験」、「国際知識」、「メディア接触」(外国ニュースとの接触度)、「EU 講義」(アンケートを実施した講義が EU やヨーロッパに関する内容か否か) で説明する。

結果は表3のとおりである。数値は効果の大きさを表し、アスタリスク (*) がついている項目は統計的に意味があることを示す。まず「新しい影響力」をみると、「国際知識」と「メディア接触」にアスタリスクがついている。係数が正なので、「国際知識」と「メディア接触」が多いほど、「EU は「新しい影響力」を持っている」と考えていることになる。「メディア接触」の数値は「国際知識」のものより大きいので、国際知識を持っているよりも、メディアで国際ニュースをみているほうが、「EU は「新しい影響力」を持っている」とみなしているといえる。

次に「経済的影響力」に目を向けると、「学年」「入学難易度」「文系」「EU 加盟国旅行経験」「メディア接触」にアスタリスクがついている。入学時に難易度の高い大学ほど、文系学部ほど、EU 加盟国に旅行経験があるほど、メディアで外国ニュースと接触するほど、「EU に「経済的影響力」がある」と感じていることになる。一方で「学年」だけ係数が負なので、学年が上がるほど経済的影響力がないと認識している。これは大学で学ぶほど、EU のことをより知ることになり、EU には経済的影響力がないと認識するようになるのかもしれない。

いかがであろうか。紙面の都合上、詳細な分析は紹介できなかったが、EU

表3　ふたつの影響力の規定要因

	新しい影響力	経済的影響力
性別	−0.03	−0.02
学年	0.05	−0.07*
入学難易度	−0.06	0.10**
文系	0.04	0.12**
EU旅行経験	0.03	0.08**
EU滞在経験	0.05	−0.02
国際知識	0.08**	0.02
メディア接触	0.14**	0.10**
EU講義	0.04	−0.02
Adj R^2	0.04	0.06
N	1227	1227

a) 数字は標準化係数
b) *p<.05　**p<.01
c) Adj R^2 の数値が十分に高くないことから、これらの項目だけで規定要因を説明するのは不十分ともいえ、今後のさらなる分析が求められる

研究でこのような手法はあまり目にしたことがなかったのではないだろうか。規範や影響力といった抽象的な概念には質的分析で取り組むこともできるが、同時に量的分析で検証することもできる。これを機会にぜひ量的分析にもトライしてほしい。

第Ⅱ部
規範政治の域内基盤

第4章
初代EU〈大統領〉ファンロンパイの合意型リーダーシップとその変容
―― 大海に飛び出した井の中の蛙

松尾秀哉

　リスボン条約を各国が批准したのち、欧州首脳理事会が常設の機関となり、その初代常任議長になる人物は「EU大統領」であると呼ばれて注目された。イギリスの元首相トニー・ブレアなどの名前も挙がったが、実際に選出されたのは、小国ベルギーの首相であったヘルマン・ファンロンパイ[1]だった。国際的には「無名」「期待外れ」「カリスマ」「謎の人」と呼ばれた。まさにベルギーという小さな"井の中"だけで知られた"蛙"であった。

　しかし、彼は早速直面した一連のユーロ危機において、一定の結果を出したといってもいいだろう。本章では、EUの意思決定構造と課題とを、初代欧州首脳理事会常任議長であるヘルマン・ファンロンパイのリーダーシップに注目して、明らかにする。

　政治的リーダーシップとは、マキアヴェッリやホッブズに遡れば、政治学におけるもっとも古典的な課題のひとつである。ジーン・ブロンデルによれば、「政治的リーダーシップ」は、典型的に「合意形成」型と「賦課（強制）」型に分かれる（Blondel [1987]）。またその分析方法は、リーダー自身の幼少期の体験や、彼・彼女が培ってきたキャリアによって形成される「個性」に注目する手法、もしくはリーダーの地位にあるときの対フォロワー関係などを含めた「状況」に注目する方法がとられるが、フレッド・フィードラーの統合理論以降、「個性」と「状況」の双方に注目することが主流である（Fiedler [1971]；チェマーズ [1999]）。本章でもこの視点を踏襲したい。

　以下、リスボン条約において定められた"欧州首脳理事会常任議長"の公式

の役割について説明し、ファンロンパイのリーダーシップをめぐる先行研究を概観する。その後、ファンロンパイの"個性"を検討し、ユーロ危機という"状況"における初代欧州首脳理事会常任議長としての彼のリーダーシップを探り、その帰結を論じる。

最後に、こうした彼のリーダーシップや、そしてそれを支える EU の構造や理念が、EU の"規範政治"を作り上げるための、何らかの土台となっているのかどうかという問題を考察したい。

1. リスボン条約における"顔"の創設

EU の政治統合を進める欧州憲法条約が、2005 年にオランダとフランスの国民投票で頓挫し、2007 年以降、新条約の枠組みづくりが進められた。"EU 旗"や"EU 歌"の設置はとりやめとなり、国家創設的な色彩が薄められる形で修正された新条約は、2007 年 12 月にリスボンで署名され、2009 年 12 月 1 日に発効した。その目玉のひとつが「欧州首脳理事会常任議長」の設置であった。

(1) 欧州首脳理事会の強化

まず、リスボン条約において、「欧州首脳理事会」が EU の正式の統治機関のひとつとして強化されることになった。欧州首脳理事会はその起源を 1961 年に行われた加盟国指導者による非公式会合にもつ。当時、ヨーロッパ統合が超国家主義的方向へ向かおうとしていたことに対抗した集まりであったとされる[2]。

やがて欧州首脳理事会は欧州共同体（EC）に協力的な会合へと性格を変えていった。単一欧州議定書の策定（1986 年）、マーストリヒト条約署名（1992 年）など、統合推進の重要な役割を果たすこともあった。しかし、それはこのリスボン条約においてはじめて、正式に EU の統治機構制度に組み込まれ、その役割が明確化されたのである。

その役割は、EU に対し、その発展に必要な刺激を与え、そのために一般的政治的目標および優先順位を定めるものとされ、また欧州首脳理事会は法律を

定めないとされた。従来からの役割が大きく変わったわけではない。また構成も、加盟国の国家・政府首脳ならびに欧州首脳理事会議長および委員会委員長によって構成される（EU条約第15条1項〜2項）（小林訳［2009］pp. 17-19）とされた。これも変化はない。ただし、変化は「議長」の位置づけにあった。

（2）欧州首脳理事会議長の創設

　従来、欧州首脳理事会の議長は、閣僚理事会の議長国首脳が担ってきた。しかし、リスボン条約では、常設機関化にともない、「欧州首脳理事会常任議長」[3]が創設されることがうたわれた（EU条約第15条5項）。その選出、任期については、「欧州首脳理事会は、その議長を、二年半の任期で、特定多数決をもって選出する。議長は、一度再任されることができる。故障または重大な過失のある場合には、欧州首脳理事会は、議長を同一の手続きに従って解任することができる」と定められた。

　さらにその役割について、（a）欧州首脳理事会の活動に際して議長を務め、その活動に刺激を与え、（b）欧州委員会委員長と協力し、総務閣僚理事会の活動を基礎として、欧州首脳理事会の活動の準備および継続性のために尽力し、（c）欧州首脳理事会における結束およびコンセンサスが促されることを目指して活動し、（d）欧州議会に対して、欧州首脳理事会の各会議の後に報告書を提出する（EU条約第15条6項）（小林訳［2009］p. 19）とされた。条約批准が進む頃は、これを"EUの顔"として"EU大統領"と呼ぶ声も多かった。

（3）ファンロンパイの選出

　その"顔"として実際に選出されたのは、国際的にはなじみのないベルギーの当時の首相であったファンロンパイであった。この選出は密室で行われ、いまなお彼が選出された理由は明らかになっていないが、話し合いにおいては、「おのおの加盟国の立場がどれだけ離れているかが明らかになった」（*Spiegel*, Nov. 20. 2009）。そして第一に、ジョゼ・バローゾや欧州議会で多数を占めていた保守派が、当初有力視されていた、労働党を基盤とするブレアを警戒してい

たこと（Barber［2010］, p.55；富川［2011］）、イラク戦争に加担したブレアに対する反発が仏独にあったこと（Dinan［2013］）を理由に、候補から除外された。

　第二に、ファンロンパイが、加盟国の大半を占める小国出身であること、ヨーロッパの中心に位置する国から初代が選ばれることが望ましいと考えられていたことを理由に、選出された（Baker［2011］p.2）。つまり当時のEU内部における対大国、対イギリス、対社民という複雑な対立構造のなかでの、妥協による選出だったといえるだろう。その個性、資質はのちにみることとして、次に選出直後の評価と、ここまでの欧州首脳理事会常任議長としてのファンロンパイに関する評価について概観しよう。

（4）選出直後の評価と先行研究

　選出直後、彼に対する評価、期待は決して高いものではなかった。もちろんベルギー国内においては、「ベルギーでうまく首相が勤められたのだから、EUでもうまくやれる」（*Wall Street Journal*, Nov.18, 2009）などと期待されていたとみられる。またヨーロッパレベルでも「出しゃばらず、権力への意欲を欠いたファンロンパイは、EUを実質化していくのには最適」（*EurActive*, Nov.11.2009）や、「各国首脳のなかで、最も正直な仲介者を選んだ」というアメリカ外交官の報告（Baker［2011］p.1）など肯定的なものもあった。

　しかし、たとえばドイツでは、「ブリュッセルはいつもピークを過ぎた政治家や、もう国内で期待されない政治家の休憩所。今回の〔ファンロンパイとアシュトンを選んだ〕決定も同じことで、……ふたりはヨーロッパに追い出された政治家」、「ふたりの課題は、まず知名度を上げること」（*Spiegel*, Nov.20.2009）と酷評されていた。また「〔ブレアではなく〕頭のはげかかった、眼鏡をかけた、ヘルマン・ファンロンパイというベルギー人を選出した。……彼は自己顕示欲がない。それは彼の「髪」と題された俳句に反映されている。「風はある　残念ながら　髪はない」」（*Wall Street Journal, op. cit.*）と、小馬鹿にした論調も多かった。

　組織を問わず、重要ポストの人選について賛否両論が沸き上がるのは世の常である。しかし、その後の先行研究においても、「彼自身に投票権もない、ただ

第4章　初代EU〈大統領〉ファンロンパイの合意型リーダーシップとその変容

の議長」(Dinan [2013])、「静かなリーダーシップ (Calm Resolve)」(Van Assche [2009])、「〔欧州議会議長、欧州委員会委員長と並ぶ〕3人のプレジデント」のひとり（にすぎない）(Sain ley Berry [2007]; Mix [2010])など、おそらく"EU大統領"という俗称からイメージされる"強いリーダー像"を払拭しようとする意図のもとで記された、彼（とポスト）を重視しない論調が多くあった。

　だが、そもそも欧州首脳理事会は"コンセンサス"を前提とする機関である。ブロンデルのいう強制型のリーダーは求められていない。また、前述のとおりファンロンパイが選ばれたのは「おのおの加盟国の立場がどれだけ離れているかが明らかになった」ときだった。換言すれば合意形成が当時のEUの最大の課題であり、そこで選ばれたのがファンロンパイであった。

　つまり選ばれし者が強いリーダーでないことは当然のことであった。ゆえに、単に"EU大統領"という強いリーダーのイメージを否定する言説だけでは、彼のリーダーシップを見誤ることになりかねないだろう。本章執筆時点でさえ評価を下すことは時期尚早だが、彼のリーダーシップは「後任に影響する」(Closa [2010])。つまり今後の欧州首脳理事会ひいてはEUのあり方に影響することを考慮して、暫定的だが、ファンロンパイの政治的リーダーシップを検討してみよう。

2．ベルギー時代のファンロンパイ

（1）個性

生い立ちと学歴、信仰

　まずは経歴から彼の"個性"を検討しよう。ファンロンパイは、1947年にベルギーの首都ブリュッセルにあるエテルビーク地区で生まれた。ブリュッセルは、多言語国家であるベルギーにおいて、首都として伝統的にフランス語話者が多勢を占める都市であるが、エテルビーク地区はオランダ語話者が比較的多い。ベルギーは1830年の独立以来、言語対立で苦しんできた[4]が、ファンロンパイはまさにその"境界"で育った。

　"境界"で育ったことだけでは彼の個性を定義できない。言語対立を目の当

103

たりにして、過激な言語主義に加担していく場合もあるだろう。ところが彼は、ルーヴェン・カトリック大学で哲学を専攻後、1971年に応用経済学の修士号を得る。彼によれば、経済学よりも、むしろ学部時代に哲学を専攻してラテン語、ギリシア語を修得し、さらに思想・人文学に根を生やしたことが「いまの私にとって、決定的に重要なこと」であった。なぜなら、交渉の間、「話されていること」だけではなく、その背後にある「話されていないこと」、つまり人の本心に注意を向けるようになったからである（Baker [2011] pp. 2-3）。

　さらに重要な点はキリスト教信仰である。彼はカトリック信仰に篤く、現在でも年に数日はベネディクト男子修道院に籠もり、リトリート（修養会。もとは「退却」の意。静かに祈りのときをもつ）を行う。彼につきそった修道士によれば、「教会の環境に自然とあう人」、「ほぼ修道士のような人物」、「静かに降臨してきたような人」である。つまり祈りの人であり、祈りながら時が経つことを"待つ"ことができる人なのである。

　彼は言語対立の最前線で育ったが、学びと信仰によって、それに流されず、和解へ導くことを静かに祈り求めていく人となった。その彼の個性が端的に表現されているのは、彼の俳句である。

俳句好き

　選出当初、彼は「俳句好き」として日本でも紹介された。すでに句集も2冊刊行されている。それによれば、「紛争、妬みや虚栄心のない世界への憧れ」、「平和と和解、結合への憧れ」が、彼を俳句の世界に導いたのである。まさしく哲学を学んだことから得た「話されていないこと」への洞察、そしてカトリック信仰が彼に与えた「和解」への憧れが、ここに表現されている。

　たとえば、「誰かとともに」と題された句は、「地球には　日当りあるも　我ら蔭に居り」（Van Rompuy [2013a]）と詠う。彼は「蔭」にいることができる人でもある。つまり、争いの矢面に立ち、声高に他者を批判して功を急ぐような矮小な功名心を持たず、「蔭」で静かに祈りつつ、状況を達観して来たるべき時を"待つ"ことができる人なのである。深い信仰と教養に裏打ちされた人物を「ただの議長」と一蹴する人びとのほうが軽薄なのかもしれない。

第4章　初代EU〈大統領〉ファンロンパイの合意型リーダーシップとその変容

（2）政治的キャリア

党首の頃

　彼は1972年からベルギー国立銀行の国際部で働く。また翌73年からキリスト教人民党（当時のフランデレンのカトリック政党）青年部副代表に選出され、1978年から国政に進出するようになる。「蔭」の人が国政に進出することは意外である。

　しかし、ちょうどその頃、ベルギーは第二次国家改革（分権化）をめぐり混乱していた。ベルギーが連邦国家へ向かう分水嶺となった時期であり、しかも政治家の間では世代交代が進んでいた。派閥抗争で短命政権が続いた（松尾［2014］）。このような混乱のときだからこそ、彼のような教養と信仰に裏打ちされた人を、人びとは望んだのかもしれない。以下では、彼がベルギー政治の表舞台に立っていた時期のキャリアを簡単に説明しておこう。

　ファンロンパイは、1990年代のキリスト教人民党の党改革において、党首として主導的役割を果たした（ただし、それは功を奏することなく、99年に党は野党に転落する）。また2007年選挙後の（半年間成立しなかった）政権形成交渉において、対立するフランデレン諸政党とワロン諸政党の調停役を担ったことがある。このときのファンロンパイの姿勢を簡単にまとめるならば、彼は、対立する両陣営の間でひたすら忍耐強く"待ち"の姿勢をとった。

　たとえば党改革のとき、党大会でファンロンパイ（党首）を問いつめる扇動者に対して、彼はJa（はい）ともNee（いいえ）とも答えなかった。返答がないから、扇動者は激怒するのだが、彼はさらに静かに「待つ」。これで事態が進展するわけではない。しかし話し合いの場を破壊しかねない扇動者はやがて静かになっていった（ベルギーの政権交渉については松尾［2011］）。祈り「待つ」人の手腕である。

首相時

　2008年秋、リーマン・ショック後、オランダ系金融機関のフォルティス銀行が経営破綻した際、当時のイヴ・ルテルム首相は、同銀行を大部分国有化した。しかし、それに反対した一部株主が起こした訴訟に、司法介入したことの責を

問われ、彼は辞職する。

　その後、事態の収拾を急ぐ国王アルベール二世は、ファンロンパイ（当時下院議長）に「次の首相に」と打診した。しかし、彼はすぐには引き受けず、固辞し続けた。結局国王の説得によって就任した（Baker [2011] p.2）が、ちょうどルテルムが2007年の選挙以降いわゆる「分裂危機」を招いた後でもあり、選挙を行えば混乱は避けられなかった。やはり、不穏なときだからこそ彼が必要とされたのである。

　首相に就任したとき、当時の閣僚たちから「自分と対立する人たちが、交渉のなかで、本当は何を欲しているのか、何を手に入れる必要があるのかを知っているのだろう」、「彼〔ファンロンパイ〕は、自分が何を手に入れる必要があるかを瞬時にわかる人だった。しかし、近道することは決してなかった」といわれていた（Baker [2011] p.1）。やはり彼は、自分から能動的に事態を動かそうとはしない。よって当時のベルギーが抱えていた最大の課題だった分権化改革に何も答えを出してはいない。彼は"待つ"人であった。

　また、あるイギリス選出の欧州議会議員は、彼について「彼はたしかに聡明で頭脳明晰です。会議で彼をみかけるし、彼は人々と面と向かって話してはいますが、彼は実は舞台裏の人なのです」と告白している（Baker [2011] p.2）。ここにもうひとつの彼の資質を見いだすことができる。彼は「舞台裏」、「根回し」の人でもある[5]。これは、彼が「話されていない」ことを見抜く、哲学から得た知恵が影響しているだろう。公の場における議論では語ることのできなかった相手の本心を見抜き、それを大切にしたのである。

　要するに、彼の合意型リーダーシップの核には、「当事者たちが根をあげるまで徹底して待つこと」、そして「根回し」にあった。その端緒は、彼の生まれ育った環境、大学での学び、さらに禁欲的な信仰にみられ、それがベルギーでの政治的キャリアによって育まれた。

　では、こうした彼が欧州首脳理事会をどう率いたのであろうか。特に彼は着任早々にリーマン・ショック以降のヨーロッパの金融破綻とギリシアを発端とする各国の財政破綻（以下、ユーロ危機）に直面した。以下、その要点を探る。

第4章　初代EU〈大統領〉ファンロンパイの合意型リーダーシップとその変容

3．EU時代のファンロンパイ

（1）着任時のファンロンパイ

　着任後、ファンロンパイは「私は、私自身が重要な人物ではないことのゆえに、重要な任務を担った」と述べている。彼自身はユーロ危機における自らの役割を、「EUが直面した問題ついて、〔常任議長に〕電話一本かければ、すべて解決できるなどという幻想を抱いてはなりません。そうではなく、リスボン条約はひとりの常任の対話者を任命したのです」と述べていた。自身の役割を「傍観者でもなく、独裁者でもなく、ファシリテイター（対話と合意形成を促す人）」（Baker［2011］p.2）とみなした。
　同時に彼は、「あなた〔インタビュアー〕はとても忍耐強くあってください。なぜならすべての人に敬意を払わなくてはならないからです」、「敬意を払うとは聞くことであり、聞くためには時間が必要です」と答えている。時を待つことは、彼がベルギー時代から続けてきたことである。
　さらに、バローゾ欧州委員会委員長、シュルツ欧州議会議長、閣僚理事会議長国首脳との対談、さらに最も影響力を有していた当時のフランス大統領サルコジ、ドイツ首相メルケルとの会談を定例化した。「根回し」の道筋を作ったといえよう。こうして彼はベルギーで身につけたリーダーシップにしたがって"大海"、EUを渡ろうとした。以下、具体的にユーロ危機への対応をみよう。特に注目すべきは、ギリシア支援問題である。

（2）ユーロ危機という"状況"におけるリーダーシップ

　リーマン・ショックの後、ヨーロッパの主要銀行の経営難が高まり、2008年8月以降[6]、銀行に対する公的支援が始まった[7]。比較的順調だったドイツ経済に牽引され、大手金融機関はいったん回復の兆しを見せていた。
　しかしギリシアのみならずポルトガル、イタリア、アイルランド、スペイン（各国の頭文字を並べ、さらに「豚野郎」の意をこめた PIIGS）の財政破綻が広

107

く知れ渡るようになると、イタリア債、ギリシア債エクスポージャーに対する疑念が市場を支配し、ヨーロッパの金融機関は、株価が暴落し、経営破綻の危機に追い込まれた（松尾［2015］）。このときギリシアに対する財政支援策をバローゾが呼びかけたが、サルコジと、ドイツ世論を背景に支援に反対するメルケルの意見は対立し対応は定まらなかった。この両巨頭が対立した"状況"でファンロンパイは常任議長として着任したのである。

当時のことをファンロンパイは「まるで見知らぬ国に入ったようだった」、「そのとき、この先に何が起こるのかを過小評価していた」（Baker［2011］p. 3）と回顧している。その後の事態の悪化を考えると、受動的な「待ち」の人であるがゆえに彼は失敗したと評価してもいいかもしれない。

しかし第一次支援策に限れば、ファンロンパイはバローゾさえ手を焼いていたふたりの大物——メルケルとサルコジ——を和解させることに成功したといえるだろう。ファンロンパイは2010年2月には緊急サミットを開催し、会議の直前にふたりを自室に呼びだし、話し合いの席につかせた。そしてふたりの提案を待った。

ファンロンパイによれば「私はフランスの大統領がこのオフィスに入ってくるのがみえた。それからドイツの首相〔が来た〕。ふたりは何の解決策ももってこなかった……。袋小路に入ってしまった」。

ファンロンパイは時間いっぱいまで待った。もう手詰まりと思われたとき、自らの妥協案を示し、さらにそこにギリシア首相であるパパンドレウを呼びだした。

「私はそれ〔妥協案〕をテーブルにおいた。サルコジはすぐ「賛成です」と答えた。ドイツ側は少し修正を要求したが、それでうまく事が進んだ」。

そして、3名が合意した直後、（本会議前に）他のメンバーに合意案を伝え、了承を得た。すなわち根回しした（Baker［2011］p. 3）。

この第一次支援策が合意された背景には、ユーロ崩壊に対する恐怖心が彼らのなかに共有されていたことがあるといわれている。彼自身は

　イデオロギーやアイデアが世界を支配しているわけではない。事実が支配している。時に事実はとても強烈で、そのために以前の考え方やイデオロ

ギー的立場、そして洗練されたアイデアだったとしても、それらをすべて捨てなければならない。なぜなら、事実に直面したのだから。そして再び忍耐する。そうすれば事実が動いていく。

(Baker [2011] p. 3) と述べている。

つまり"待つ"ことにより"危機"が拡大したが、それによって当事者たちが危機感を募らせ、"事実"が"合意形成"へと動き出した。まさに対立する"境界"で間に入り、"待つ"ことと"根回し"とで"和解"へと導いたのである。彼がベルギーで身につけた手法がEUでも発揮されたのである。

(3) ファンロンパイの変化？

ファシリテイターからの脱却？

しかし危機後のファンロンパイの行動には変化が生じているように映る。たとえば「ユーロ圏全般における財政を安定化するために、断固とした、しかし調和した行動をとる」(Council of the European Union [2010a]) と発言し、加盟国リーダーたちの自覚を促すと同時に、自らの役割を「常任議長の役割とは共同の方向感覚を高めること」(Council of the European Union [2010b]) と再定義した。つまり単に対話を促進させる役割から、一定の方向へEUのあり方を導こうとしているように映るのである。

具体的にみていこう。常任議長再任が決定した2012年、欧州首脳理事会は「真の経済通貨同盟へ[8]（Towards A Genuine Economic And Monetary Union）」を発表（10月）したが、ここでは「政治統合」中心路線から「経済連合」路線への転換を訴えている。これはファンロンパイの主導で作成され（Kunstein and Wolfgang [2013]）、ローラ・ヴェンツラーによれば、政府間主義を基調に、EUを、主権国家の存在を前提とした連邦制へ舵を切る宣言（Ventura [2013]）とみなされている。またこうした動きがメルケルから批判されたという（富川 [2011]）。つまり、危機を経て、ファンロンパイはEUの改革を主導していると映るのである。静かな"待つ"人であった彼の変化はなぜだろうか。

第Ⅱ部　規範政治の域内基盤

なぜ独自路線？

　2012年6月に行われた、常任議長再任受諾時のスピーチで、ファンロンパイは、

> ご存知のように、私が着任してすぐに起きた金融危機が始まりでした。これが私の仕事を作り、役割を作りました。……危機は、勢いも規模も、想定外でした。嵐のなかで私たちは船を修理しなくてはなりませんでした。ドラスティックな決断に迫られました。……この過程で、私たちはある教訓を得ました。それは「経済ガバナンスのためのタスク・フォース」〔が必要だということ〕です。……強い経済基盤がなければ、私たちの社会モデルや福祉国家は危機に陥り、私たちは世界で役割を果たすことができないのです。(European Council [2012a])

と訴えた。
　さらに、2013年に行われた「ドイツ統一24周年記念講演」では、

> 経済危機はEUに新しい役割を与えました。多くのヨーロッパの人びとは、ヨーロッパが自分たちを弱くしたと感じたからです。……批判はもちろんありました……。(Van Rompuy [2013a])

と告白している。また、当時、たとえば『ユーロバロメーター』(2010, no. 75, Spring) は、回答したヨーロッパの市民の47パーセントがEUを信頼できないと答えていると報告した。
　このようにEUのあり方に対する疑義が高まるなかで、近年「どういう類の政治連合を目指すのか (What Kind of Political Union?)」という新しい「統合論」があらためて議論されつつある (Dullien and Torreblanca [2012])。
　ヴェンツラーによれば、「主権国家の経済危機によって、加盟国とEUは、統合を深化させ、再びヨーロッパが危機に陥らないように、いっそう維持可能で安定した枠組みを作るよう動き始めた」(Ventura [2012])。しかし「各国首脳および政府のビジョンは、……大きく異なって」いる (Ventura [2013])。たとえ

第4章　初代EU〈大統領〉ファンロンパイの合意型リーダーシップとその変容

ば2012年9月にバローゾは「国民国家の連邦制」を主張した（Ventura [2012]）。他方、メルケルは「強い統合」論を訴えている（Dullien and Torreblanca [2012]）。同様に欧州委員会委員長と欧州首脳理事会常任議長を統合し、真の「EU大統領」を設置せよとの声も挙がっている（Ventura [2013]）。新しい条約に向けた動きが加速するかもしれない。

つまりユーロ危機の経験は、EUのあり方に対する疑義を喚起し、各国リーダーたちの間の見解の相違を露呈した。こうした対立が顕在化するなかで、彼は危機の反省から「強いリーダー」であろうとした可能性もある[9]。そして彼は任期を終えていくこととなった。

ここまでの知見をまとめつつ、では、この変化がもたらすものは何かという問いを考察して本章を終えることとしたい。

4. 結論——多様性の中の強いリーダーへ？

ファンロンパイのリーダーシップとは、本質的に静かに"待つ"ことで合意形成を促すリーダーシップだった。では、彼のリーダーシップ、そしてそれを要請したEUの意思決定構造は、EUが対外的に作り出す"規範"に、何らかの影響を及ぼしているだろうか。

彼自身は、「とりわけ私たちのEUは妥協の文化にもとづいている」（Van Rompuy [2014] p.103）と述べている。つまり、EUが対外的にみせる"規範"は、複雑な利害の交錯を乗り越えて育まれた"妥協の文化"を土台とする。逆にいえば、妥協、合意によって包含されないものはEUの"規範"にはなりえないはずである。彼がリーダーであれたことが、端的にそれを示している。

他方で、危機を経て、リーダーシップ像が変化しつつあるようにも映る。実際にウクライナ問題のなかで変化を期待する声もある（Keohane [2013] p.5）。危機のなかで、EUのリーダーシップは彷徨う。しかし、多様な構成主体によって形成されるEUのリーダーは、時に仏独間で意見に亀裂が生じるなど、多様で複雑なクリーヴィッジ（亀裂）の交差点に立つ。ゆえに誰であろうとも基本的に合意形成型のリーダーにならざるをえない。

"危機"という特殊な"状況"がファンロンパイを"強いリーダー"へと志向

111

第Ⅱ部　規範政治の域内基盤

させた。危機を恐れるあまりに"強いリーダー"が定着してしまうのであれば、逆にEU内部の亀裂を露呈させてしまうだけかもしれない。再びギリシアやウクライナをめぐって、EUは揺れ始めたように映る。次のリーダーは何を受け継ぐのだろうか。そして今後のEUに、どのような影響を及ぼすのか。注目したい。

　本章は、特にユーロ危機の部分については、科学研究費補助金（基盤B　海外学術調査）「マルチレベル・ガバナンス化するヨーロッパの民主的構造変化の研究」（研究代表者　小川有美　分担者として臼井陽一郎、松尾秀哉）、およびベルギー政治の部分については、科学研究費補助金（基盤C）「ベルギー連邦化改革の「意図せざる結果」」の成果の一部である。

注
1) 駐日EU代表部HPは、2010年頃まで「ヴァンロンプイ」と表記してきたが、近年は「ファンロンパイ」と表記している。
2) 歴史的な経緯と役割については多様な議論がある。たとえばde Schoutheete [2012]。
3) 正確には「欧州首脳理事会議長」であるが、本章では以前の議長と差異化するため「常任」の語を付す。
4) 詳しくは松尾 [2014] を参照のこと。
5) レイプハルトのいう多極共存型民主主義のリーダーの行動様式から考えると、実にこれは「多極共存型」リーダーの動き方である。つまり典型的、（このところ少し減ってしまった）古典的なベルギーのリーダーである（松尾 [2010]）。
6) 当時はまだ彼は議長に就いていない。
7) ベルギーについていえば、リーマン・ブラザーズ経営破綻の2週間後、ベルギー（当時ルテルム政権）は、オランダ系金融機関フォルティス銀行に112億ユーロを投資することを決定した。その2日後、フランス系最大手金融機関であるデクシアにベルギー、フランス、ルクセンブルク政府が64億ユーロを投資する。さらにフォルティス銀行を国有化し、その保有株の75パーセントをBNPパリバに売却する方針を打ち出す。その後、エシアス、KBC保険に対して資金注入がなされていった。2008年だけで計約200億ユーロものベルギーの公的資金が投入された。
8) 加盟各国の予算決定権限への関与の強化と債務の共通化からなる「財政同盟」、域内の金融監督、預金保険、金融危機管理基金を共通化する「銀行同盟」、域内で経済政策調整を一段と進める「経済同盟」、欧州議会の権限や加盟各国議会の連携を強化することで、政策に民意が反映されるようにする「政治同盟」を提示した（European Council, 26 June 2012）。さらに2013年6月27〜28日サミットにて「安定、協調および統治に関する条約（Treaty on Stability, Coordination and Governance = TSCG）」（ユーロ圏の財政規律と経済政策協調の強化を目的として、各国に、発効から1年以内に、財政均衡目標を自国の憲法または予算審議過程で担保される国内法に盛り込むことを義務づけた）を発表した。これには、金融機関の監督責任の所在をEUレベルに引き上げ、各国およびEU全体で健全

第4章　初代EU〈大統領〉ファンロンパイの合意型リーダーシップとその変容

な財政政策の策定が確実に行われるよう、意思決定の協調、合同が謳われ、共通の債券発行に向けた施策の提案など金融管理が徹底されている。
9）彼が「強いリーダー」へと変化した理由として、状況的に当時のフランス大統領サルコジの辞任を挙げる見方もある（Dinan［2013］）。

参考文献
新聞・オンラインジャーナル
Baker, Luke［2011］"Europe's man in the middle", *Reuters*.（http://www.reuters.com/article/2011/12/07/us-europe-vanrompuy-idUSTRE7B615M20111207）
Closa, Carlos［2010］"Institutional Innovation in the EU: The Presidency of the European Council（ARI）", The Elcano Royal Institute.（http://www.realinstitutoelcano.org/wps/portal/web/rielcano_en/contenido?WCM_GLOBAL_CONTEXT=/elcano/elcano_in/zonas_in/europe/ari47-2010#.U4Be7saIw9c）
EurActiv［2009］"Van Rompuy's Low-Key Leadership 'Well-Suited for EU'".（http://www.euractiv.com/future-eu/van-rompuy-low-key-leadership-su-news-223030）
Miller, John W.［2000］"Tony Blair May Covet EU Presidency, but He's No Belgian Haiku Master", *Wall Street Journal on line*, Nov. 18.（http://online.wsj.com/news/articles/SB125841934715251439）
Sain Ley Berry, Peter［2007］"The New EU President: Standard Bear or Shaker?",（euobservercom./opinion/25161）
Volkery, Carsten［2009］"New President and Foreign Minister: Europe Chooses Nobodies", *Spiegel on line*, Nov. 20.（http://www.spiegel.de/international/europe/new-eu-president-and-foreign-minister-europe-chooses-nobodies-a-662357.html）

議会資料類
Council of the Europe Union［2010a］"Statemant by the Heads of State or Government of the European Union", Brussels, 11 Feb.
─────［2010b］"Speech by Herman Van Rompuy at the European Parliament", Brussels, 24 Feb.
Dullien, Sebastian and José Ignacio Torreblanca［2012］"What is Political Union?", European Council on Foreign Relations/70.（www.ecfr.eu）
European Coucil［2012a］"Acceptance Speech by President of the European Council Herman Van Rompuy", Report by President of the European Council Herman Van Rompuy, 1 March, Brussels.（http://www.consilium.europa.eu/uedocs/cms_data/docs/pressdata/en/ec/128419.pdf）
─────［2012b］"Towards a Genuine Economic and Monetary Union", Report by President of the European Council Herman Van Rompuy, 26 June, Brussels.（http://www.european-council.europa.eu/the-president.aspx）
Van Rompuy, Herman［2013a］"The State of Europe ─ Die Europa-Rede: Post-Wall Germany", Konrad-Adenauer-Stiftung, Berlin, Nov. 9.（http://www.kas.de/wf/doc/

113

第Ⅱ部　規範政治の域内基盤

kas_11187-1442-1-30.pdf?131109083738）
――――［2013b］*Haiku 2*, Poeziecentrum.
――――［2014］*L'Europe dans la tempête: Leçons et defies*, Racine.

二次文献

Barber, Tony [2010] "The Appointments of Herman van Rompuy and Catherine Ashton", *Journal of Common Market Studiues*, Vol. 48, Annual Review, pp. 55-67.
Beyers, Jan and Hans Vollaard [2011] "The Europeanization of Consensus Politics in the Low Countries", paper to be presented at the Biennial Conference of the European Union Studies Association.
Blondel, Jean [1987] *Political Leadership: Towards a General Analysis*, Sage.
de Schoutheete, Philippe [2012] "Visions of Europe: The European Council and the Community Method", *Notre Europe*. （www.notre-europe.eu/media/europeancouncil_ph.deschoutheete_ne_july2012_01.pdf?pdf=ok）
Dinan, Desmond [2013] "Confusion, Complementarity and Competition: The European Council and the Council of the EU", paper for the 13th Biennial Conference of the European Union Studies Association, May 9-11, Baltimore.
Fiedler, Fred E. [1971] *Leadership*, General Learning Press.
Keohane, Daniel [2013] "Fresh Start or More of the Same?: Defence Policy at the December EU Summit", *Policy Brief*, No. 171. （fride.org/download/PB_171_Fresh_start_or_more_of_the_same.pdf）
Kunstein, Tobias and Wolfgang Wessels [2013] "The New Governance of Economic and Monetary Union: Adapted Institutions and Innovative Instruments", Instituto Affari Internazionali Working Paper, 13 | 02.
Mix, Derek E. [2010] "The European Union: Leadership Change Resulting from the Lisbon Treaty", CRS Report for Congress. （fpc.state.governments/organization/139234.pdf）
Van Assche, Tobias [2009] "Herman Van Rompuy: Calm Resolve in the European Union", *Media, Mouvement and Poltics*. （uahost.uantwerpen.be/m2p/index.php?page=publications&id=121）
Ventura, Laura [2012] "Which Future for the EU: Political Union, Directoire or Differentiated Integration?", THESEUS Conference Background Paper, Dec. 6-7, Brusels. （http://theseus.uni-koeln.de/fileadmin/Background_Paper_Future_of_the_EU_and_political_Union.pdf）
Ventura, Laura [2013] "A Vision For Post-Crisis Europe: Towards What Kind of Political Union," Theuses Conference Background Paper, Vienna 17/10-18/10/2013. （http://theseus.uni-koeln.de/fileadmin/Files/Konferenz_2013/Background_Paper_Political_Union_by_Laura_Ventura.pdf）

小林勝訳［2009］『リスボン条約』御茶の水書房。
チェマーズ、マーティン・M［1999］『リーダシップの統合理論』白樫三四郎訳、北大路書房。

第 4 章　初代 EU〈大統領〉ファンロンパイの合意型リーダーシップとその変容

富川尚［2011］「リスボン条約と欧州理事会常任議長の誕生——議長以上大統領以下の初代「President」ファンロンパイの選出」福田耕治編『多元化する EU ガバナンス』早稲田大学出版部、121-141 頁。
松尾秀哉［2010］『ベルギー分裂危機——その政治的起源』明石書店。
―――［2011］「ベルギー分裂危機と合意型民主主義」田村哲樹・堀江孝司編『模索する政治——代表制民主主義と福祉国家のゆくえ』ナカニシヤ出版、186-205 頁。
―――［2013］「冷戦とベルギー・キリスト教民主主義政党——分裂危機を念頭に」聖学院大学総合研究所編『聖学院大学総合研究所紀要』第 54 号、199-241 頁。
―――［2013］「脱柱状化のなかの再柱状化？——ベルギーの事例から」日本比較政治学会研究大会分科会 A 報告ペーパー（6 月 23 日）。
―――［2014］『物語ベルギーの歴史』中公新書、中央公論新社。
―――［2015 予定］「欧州危機下のベルギー分権化改革——二人の「架空のリーダーシップ」」山田徹編『経済危機下の分権改革——8 か国の現状分析』公人舎。

第5章
ユーロ政党とEUの価値規範

スティーブン・デイ（臼井陽一郎訳）

　ユーロ政党はEU政治の知られざる担い手である。EU研究の文献全般にいえることだが、EUの諸問題に既成の主流派ユーロ政党が果たしてきた役割は、これまで見過ごされがちであった。このギャップを埋める手助けをすることが、本章の目的になる。EUの価値規範を守り抜くことを求められながらも、そのEUなるアリーナで自分たちのイデオロギーや政治信念を伝え広めようとしてきたユーロ政党は、ある重要な局面において、たしかに、EUの規範進化に意義あるインパクトを与えてきた。基本となるイデオロギーを共有する各国の政党をメンバーとしながら、過去10年の間に着実な発展をみせているのが、本章で取り上げる主流派ユーロ政党である。ただし、ユーロ政党はEUがまさにそうであるように、自らの本質が何であるかという実存の問いに直面し苦しんでいる。

1．ふたつの政治イベント

　本章では、ユーロ政党の最近の発展についてごく簡単に概観したうえで、ふたつの政治イベントに光をあてる。それによって、過剰な評価は慎みつつも、力なく認知度も低いユーロ政党が達成できたことを、明らかにしておきたい。
　ひとつはポスト1989の中東欧体制変革に際してユーロ政党が果たした役割である。まずはここにアンダーラインを引いておく。それは中東欧諸国がEUに加盟する政治的条件とされるプロセスの一環であった。中東欧諸国に続々と

誕生する新党の多くにとって、ユーロ政党はまさにかがり火であった。フルメンバーになることを希望する新党に対して、ユーロ政党は加盟に先立って自ら定めた特定の価値規範にそくしていくよう求めたのである。

もうひとつは"筆頭候補（Spitzenkandidat）制"である〔最大得票数を獲得したユーロ政党が事前に候補にしていた者を欧州委員会委員長にするという制度で、2014年の欧州議会選挙で実施された〕。これはユーロ政党のイニシアティブによるものであった。有名になったこのドイツ語、英語だとleading candidateとなる。この制度は、欧州議会選挙の民主的クオリティを向上させ投票率も上げなければならないとする規範的信念から導入されたものであり、2014年の欧州議会選挙ではまさに選挙キャンペーンの目玉となった。

本章では、以上ふたつの政治イベント〔中東欧体制の変革と欧州委員会委員長選出方法の改革〕を読者にナビゲートしていく。これを通じて、読者にはもうひとつ、特定の状況のもとで政治アクターの行動を駆り立てるものが何であるのかについて、考えてみてもらいたい。

2．規範の意義について

規範とは、行動を変えるよう求める指示であり、変わらなければならないときに実際に変えることのできる力をもった理念である。もちろん、規範が瞬時に作られ、根づき、確固たるものになるということなど、ない。そうなるには時間がかかる。このプロセスを前に進める主体の役割も重要だ。これをわかりやすく巧みに要約したのが、フィネモアとシキンクであった（Finnemore and Sikkink [1998] p. 895）。彼女たちは、規範の「ライフサイクル」というアイデアを導入する。それによると、まず「規範の出現」は「規範起業家」によりもたらされるが、その規範への一定数の同調者が出ることで、「規範の受容／カスケード（雪崩的拡散）」が生じる。これが"突破点"であり、規範起業家はこの突破を引き起こすだけの同調者を集めようとする。これに成功すると、「規範の内面化」が起こり、規範は「守られて当然なもの（a taken-for-granted quality）」になるという。規範についてはもうひとつ、ファレルによる有益な洞察がある。彼は次のように強調していう。

規範とは「……社会や自然といったこの世界について人々が共有しあった信念（inter-subjective beliefs）であり、誰の、どんな状況での、どういった行為なら許されるのかを定義するところのものである。つまり、規範は社会での実際の行為に根ざした信念であり、その社会的な実践を通じて再生産される。この意味において、規範とは相互主観的なものである。(Farrell [2002] p. 49)

規範について説明するこうしたふたつの視点から主流派ユーロ政党の役割にフォーカスをあてると、次のような基本図式がみえてこよう。

第一に、ユーロ政党の行動を束ねひとつにして導く、接着剤のようなものがふたつある。①各政党それぞれのイデオロギー。これが規範の正しさに信念をあたえ、それにそくして世界の"あるべき姿"が見いだされる。②国家の枠を越えた共通規範への執着。EU がリスボン条約（EU 条約）第 2 条に込めた自らの立脚点たる基本の価値がそれにあたる。その第 2 条は次のようにいう。

EU は、人間の尊厳の尊重、自由、デモクラシー、平等、法の支配、マイノリティ集団の権利を含めた人権の尊重といった価値によって基礎づけられる。こうした価値は、多元主義、反差別、寛容、正義、連帯、男女平等が浸透した EU 加盟国共通のものでもある。

第二に、ユーロ政党は「規範起業家」としてみることができる。それはユーロ政党自身のイデオロギーと EU 全体で共有する規範の双方を拡散・伝播させるトランスミッション・ベルトもしくは仲立ち人の役割を果たしている。ユーロ政党は本来的に主観的な価値観を媒介するという性質（inter-subjective nature）をもつのである。

第三に、この伝達は、ユーロ政党の拠って立つ価値規範を社会に根づかせる試みである。これを確実なものにすることが、その伝達の絶対的な目的となる。これがうまくいくことで、社会学習／社会化の過程がはじまり、規範が伝播され、その規範がやがて社会に埋め込まれ／内面化されるようになる（Schimmelfennig [2003] p. 73）。そしてこれにより、ユーロ政党が望んだような

形で、態度や行動やアイデンティティの変化が生じるようになる（あくまで希望として、であるが）。仮にこれが実現すれば、新しい現実が生じる。それはいっさい議論の余地なく受け入れられていく現実である。

　もちろん、アクションさえ開始すれば、その成功裏の完遂が保証されるわけではない。主流派ユーロ政党のアクションをそのようにいえば、偽りである。例を挙げよう。ユーロ政党は各国政党からなるファミリーとして自らの政治の価値を追求するのであるが、そのファミリーのメンバーになりたいと望んでいたかつての EU 加盟候補国の政党は、実は当初想定されていたほどには、政党ファミリーの価値に自らをあわせようとはしてこなかった。また筆頭候補制についても、一度切りのプロセスに終わるか、先例となって"社会に根づくか"、いまだ定かではないとみる向きもある。

　これに加えてもうひとつ、本章の図式にそくして、"行為者の動機"についても問うておく必要がある。マーチとオルセンの研究から次の点を指摘しておきたい。

　行動を駆り立てるものとしては、まずは手段選択のコスト／ベネフィット計算があげられるが、これは「権力政治」もしくは「自分たちに得になるかどうか」しか考えないというメンタリティに焦点をあてたものである。マーチとオルセンはこれに「期待された結果の論理」というラベルを貼る。それは次のようなものである。

> ……行為者は自分個人のまたは集団の目的にとってどのような帰結が生じうるかを計算することによって、自らの行動を決定する。その決定に際しては、他の行為者も自分と同じように計算して行動を決定するはずだと想定している。(March and Olsen [1998] p. 949)

　行動を駆り立てるものとしてもうひとつ、特定の状況における組織の規範と「正しい行い」への信念がある。マーチとオルセンはこれを「適切性の論理」と呼ぶ。この論理によれば、

> ルールが遵守されるのは、そのルールが、当然で、正しく、期待された、

正統なものであるとみなされるからである。行為者が求めるのは義務を遂行することであり、その遂行を通じて、政治共同体や政治グループ内の役割、アイデンティティ、メンバーシップを体現することであり、その組織に期待されるエートス、慣行、期待を充たすことである。行為者は必ずや何らかの社会集団のうちに存在しているのであり、そのような存在として行為者はある特定の状況にあって自らが適切であるとみなしたことがらをなすのである。(March and Olsen [2004] p. 3)

ユーロ政党はどちらの論理でもって行動してきたのだろうか。とくにEU拡大過程でみられた中東欧の加盟候補政党との関係では、どうであったか。それは自らの利益を戦略的に追求するものであり、EUも加盟候補政党も道具としかみなさないような行動であったのだろうか。それとも、「適切性の論理」にそくしてEUのまたユーロ政党自身の規範を広め定着させ、すべての当事者の利益を考慮するような行動であったのだろうか。本章ではマーチとオルセンの次のような立場をとる。

　……政治の担い手が結果の論理もしくは適切性の論理のいずれかだけで行動するとはまず考えられない。いかなる行動もいずれかの要素を必ずや含んでいると推定することができる。(March and Olsen [1998] p. 952)

さて、このあたりでユーロ政党の紹介に移りたいと思う。ユーロ政党の存在を確立し進化させようとするのは、次のような信念によるものである。EUレベルの代表デモクラシーが効果的なものになるには、EUレベルの政党が強くならなければならない（たとえばEuropean Commission [2012]; Day [2014] を参照のこと）。

3. 主流派ユーロ政党

　欧州石炭鉄鋼共同体（ECSC）の共同総会（Common Assembly）が1953年に創設されて以来、選抜された政治代表たちが国ごとに場所を占めて座るような

第 5 章　ユーロ政党と EU の価値規範

ことはなかった。代表たちは国を横断し、イデオロギーをともにする者たちで一緒になって同じ場所に席を占めた。1970 年代初期に議会（the Parliament）への直接選挙手続きが定められてからは（実際にこの手続きが使われたのは 1979 年のことであったが）、議会の外にも広がるユーロ政党の創設に拍車がかかった。そこには、加盟国で国民政党が市民を代表するのと同じように、ヨーロッパ市民を代表する政党が必要だとする信念があった。ユーロ政党が最初に姿を現したのは、1970 年代中葉であった。この時期、三つのイデオロギーにそくして、キリスト教民主（Christian Democrat）、リベラル（Liberals）、社会民主（Social Democrats）という三大政治ファミリーが形成される。そして 10 年たってこれに緑の党（the Greens）と進歩派ナショナリスト（progressive nationalist）勢力が加わった。

　ヤンセンとファン・ヘッケが指摘するように、ユーロ政党は

　　欧州議会の議会内グループに出自を持つ。それゆえそもそもの最初から、この議会内グループは自らの子孫にあたるユーロ政党に強い影響力を持っていた。(Jansen and Van Hecke [2011] p. 220)

だが、その一方で、ユーロ政党はそうした議会内グループにとどまらない目的も意識していた。政党はなんといっても、選挙に勝つためにキャンペーンを繰り広げなければならないのである（Tsatsos Report 1996）。

　ユーロ政党はいくつものさまざまな政党から成り立つ。その組織は諸政党の集合体であり、まさに"政党ファミリー"である。組織のなかでもっとも力を持つのはやはりなんといってもそれぞれに党首を擁する加盟国内の政党であるが、国際事務スタッフもまた、ユーロ政党を支えている。ユーロ政党の政治に方向性を与えるのはこの事務スタッフである。ユーロ政党を構成する加盟国政党の党首は、その国の首脳がつとめる場合もある。その場合、時に欧州首脳理事会の会合に先立って、首脳たちがユーロ政党に集い席を同じくするということもよくみられる（とくに EPP や PES および ALDE の場合。各政党について表 1 を参照）。これはユーロ政党がその傘下に諸政党を擁する傘組織であることによるが、そうした集まりは一定のイデオロギー方向へ行動を調整し、閣僚理事

121

表1　主流派ユーロ政党オリジナル・ファイブ (1974〜84)

イデオロギー	元の名称と創立年	変更された名称	現政党
キリスト教民主主義	欧州人民党―欧州共同体キリスト教民主主義政党連盟。1976年創立。		欧州人民党 (EPP)。1976年より。
社会主義／社会民主主義	欧州共同体社会主義政党連合。1974年創立。		欧州社会党 (PES)。1992年より。
リベラル（社会リベラル／経済リベラル）	欧州共同体自由民主主義連盟。1976年。	欧州自由民主改革党 (ELDR)。1993年。	欧州政党のための自由民主同盟 (ALDE)。2013年より。
グリーン／エコロジー	欧州緑の党協力。1984年。	欧州緑の党連盟 (EFGP)。1993年。	欧州緑の党 (EGP)。2004年より。
進歩派国民主義者・地域主義者	欧州自由同盟（連盟）(EFA)。1981年。		欧州自由同盟。2004年より。

資料：筆者作成

会で発言力を増すためのよい機会となる。ユーロ政党の日常的な運営に尽力しているのは、政党の事務スタッフとさまざまな関連団体である。たとえばユース・学生・女性のグループがあり、2008年以降は系列の（シンクタンク的役割を果たす）政治サポート団体 (political foundations) が活動している。もうひとつ、各ユーロ政党にそれぞれ一対一対応する欧州議会内グループ (EPGs) がキーになる。2004年までは運営や資金でユーロ政党が直接支援していた。この支援が打ち切りになったあとも、議会内グループは政党ファミリーの重要なメンバーでありつづけている。なお、ユーロ政党が近年は個人会員の拡大に努めていることにも注意しておきたい。

こうしたユーロ政党を支えるグループには、ユーロ政党の将来的な発展方向について、それぞれに主張するところがある。その主張にそくして分類していくことで、各グループについてさらに理解を深めていくことができる（とくにDay [2005] を参照）。各国内政党の党首たちは、ユーロ政党が独自のイニシアティブで行動をはじめることに懐疑的なのが一般的であるが、その党首たちも時には、ユーロ政党に特別な任務を認めることがある。事務スタッフは、この任務をうまく実現することによって将来的により大きな責任を担えるようになるかもしれないとする希望を、まさに公然と示している。ユーロ政党が"政党の

ように"発展していくために重要な役割を果たしているのが、この事務スタッフである。ただプリーストリィが指摘するように、ユーロ政党が弛みなき発展を遂げていくかどうかは、国内政党の党首が「若干のリスクをとる準備をしたうえで」ユーロ政党を自党や選挙区、国内選挙民全体に紹介し、国内政治のヨーロッパ的側面を広く意識させていくようつとめるかどうかにかかっている (Priestly [2008] p. 208)。

ユーロ政党が基本条約によって認知されるようになるのは、マーストリヒト条約 (1993年) からである (そこでは、ヨーロッパ・レベルの政党が EU による統合を促進する重要なファクターであり、ヨーロッパ意識の形成と EU 市民の政治意思の表明に寄与するものと認識されている)。その後、2004年にユーロ政党規則が定められる (これはニース条約での言及と欧州委員会のサポートも得たユーロ政党自身のキャンペーンによるものであった)。この規則によって、ユーロ政党の法的地位と EU からの支援金について規程が定められた。特筆すべきは欧州委員会のサポートである。欧州委員会がこの政党規則の制定に乗り出したのは、中東欧諸国の民主化過程でユーロ政党が果たした役割を評価したからであった。2001年のユーロ政党規則提案で欧州委員会は次のように記している。

> 本規則によって、ユーロ政党が EU 加盟申請国のデモクラシーを促進していくために必要な資金を支援していくようにしなければならない。
> (European Commission [2001] Preamble para. 3)

ユーロ政党として公式に認知されるために必要な条件は、同規則第3条が規定する。これにより法的、地理的、組織的条件が定められ、とくに EU 条約第2条の基本的価値へのコミットメントが強調される。2007年には同規則が改正され、シンクタンクとしてユーロ政党を支える欧州政治サポート団体 (European political foundations) に対する資金援助も規定された。この団体、ユーロ政党と公式な関係を持ち、政策に助言を与えるとされる。同規則の改正でもっとも重要なのは、ユーロ政党が欧州議会選挙キャンペーンに EU の助成金を使用できるようになったことである。緑の党の欧州議会議員フォッゲンフ

ーバーは、この変更について次のようにいう。

> （この一連の改正は）ヨーロッパの真にヨーロッパ的政治の光景を創り出すものである。ヨーロッパの政治はもはや国内利益対立に大きく引きずられることはない。これは真正ヨーロッパ・デモクラシーへの、そしてヨーロッパ公論への、決定的な一歩である。(EurActiv [2007] より引用)

ただ目下のところ、こうした希望的楽観主義は、まさに純粋に希望的楽観主義のままである。

　この 2004 年ユーロ政党規則制定以前には五つのユーロ政党が存在するだけであった。それが本規則以降に 13 へ増大する。この増大は、イデオロギーを極左から極右まで拡張するものでもあった。2009 年以降に登場した新しいユーロ政党の多くがこれまでとは異なった政治経験の蓄積から生まれている。そうしたユーロ政党は、反 EU 規範のプロパガンダを掲げ、ヨーロッパ統合を後退させ、ヨーロッパ・プロジェクトを損なうために EU の政党助成金を使うことができるわけで、まさにユーロ政党規則の存在意義が問われている。

4．ユーロ政党の拡大[1]

　次にユーロ政党の拡大に移りたい。過去 20 年以上にわたってユーロ政党の問題をカバーしてきたプリダムは、最近の論文で次のように指摘している。

> ユーロ政党がポスト共産主義ヨーロッパで進めたこの活動（新規加盟国の政党をユーロ政党のメンバーに加えていくための活動）が、かつてないほど印象的な達成であったとする見方は、もはや確固たる共通見解だといえよう。(Pridham [2014] p. 31)

ポスト 1989 に中東欧諸国を横断して生じた共産主義の崩壊ののち、この地の新生民主主義国の外交政策の優先的な取り組みは、EU 加盟を実現することになっていった。1993 年 6 月には、EU 加盟の基本手続きが定められる。これ

がやがてコペンハーゲン基準として知られるようになる。それによると、

> EU 加盟は、経済と政治の条件を満して EU 加盟後に発生する義務を引き受ける準備ができしだい、達成される。（European Council［1993］p. 13）

政治の条件について加盟候補国に期待されたのは、「デモクラシー、法の支配、人権、マイノリティ保護を担保する制度的安定の達成」であった。当時の支配的なナラティブは（EU の価値規範を広めることを通じた）「デモクラシーの促進」と、「デモクラシーおよび政治の条件」（候補国が EU 加盟を達成するために充たさなければならない条件）を強調していた。国家が EU 加盟のために一定の価値規範や法的要件を整えなければならなかったのと同様に、そうした加盟候補国の政党もまた、ユーロ政党にフルメンバーとして加盟するためには、一定の条件を充たすことが期待されていた。

　国内の規範を国外のそれと一致させようとすれば、通常はその内と外の規範の間の適合性という問題が生じるはずなのだが、ことこの拡大の場合には、加盟候補国は西側の交渉相手の規範にしたがっていくことに汲々としていた。1990 年代半ば、中東欧地域はあきらかに、"ヨーロッパへの回帰" を象徴とする規範の実現を自らの野心として示していた。しかしこれは同時に、目的と手段の間の合理性を計算するものでもあった。プリダムは次のようにいう。

> 1990 年代後半からは、トランスナショナルな政党間協力はますます EU の東方拡大を進める非公式のチャネルであり、また政党政治のネットワークを作り上げるための手段としてみなされるようになっていった。（Pridham［2014］p. 41）

これに加えて、ユーロ政党が新メンバーを求めていたということも、やはり規範と手段の二重性からみることができる。第一に、この状況において（つまり、中東欧諸国の人々が共産主義体制を打倒し、民主化プロセスを進めているいま、われわれには力のかぎり支援していく道徳的義務がある、とされた状況で）、なすべき正しいこと、適切なことを行っているとする信念や感情がたし

かに広く蔓延していた。しかしそうした信念には、自らのイデオロギーを地域全体に広めていこうとの想いが付随していた。自分たちがこれをなさねばライバルがこの地でプレゼンスを獲得してしまうとする恐怖感があった。これはあきらかに結果の論理の要素であり、それは欧州人民党（EPP）と欧州社会党（PES）という二大欧州政党の間で明白なことであった。

　1993年以降、問題は中東欧地域のどの政党をユーロ政党のフルメンバーに選ぶかにあった。ここでもまた、行動を駆り立てるものはふたつあった。規範を普及させるとともに正しい行いをなしているとする信念がひとつ。もうひとつが手段として利用しようとする計算である。この地の政党がユーロ政党のメンバーになるための接近は、ユーロ政党自身との直接的なコンタクトにとどまらなかった。この点に注目しておきたい。EU加盟国内の政党やその（シンクタンク的）政治支援組織（party foundations）——とくにドイツの政党や組織——がすでにこの地で積極的に活動していた。そうした組織とのバイラテラルな（一対一の直接的な）つながりが重要であった。さらに加えて、欧州議会内グループもまたジグソーパズルを完成させるのになくてはならないピースであった。欧州議会内グループは拡大直後の欧州議会選挙を視野に、自らのグループの議席数をつねに考えていた。ユーロ政党は当初、少なくともかつてこの地で活動していた歴史的経緯のある政党と（亡命先からの帰還を遂げたものも含め）関係を結ぼうとしていた。そうした政党はかつて共産主義体制下で闘っていたがゆえに、正しい血統と道徳的な正当性を手にしていた。しかし多くの場合——チェコの社会民主党（Czech Social Democrats）という特筆すべき例外を除いてであるが——選挙の準備はまったくもってできていなかった。

　欧州社会党（PES）の場合、一段と難しいものがあった。〔同党がアプローチしたイデオロギー的に同系列の諸政党である〕歴史ある社会民主主義政党は、かつての共産党の後継政党であるとともに、新たに生まれ変わった社会民主主義の政党でもあった。ポーランドを例にあげよう。（主要日刊紙の編集をつとめていた）ミフニクは、1993年にこの国を引き継いだ政党が欧州社会党に難しい場面を強いていったとみる。彼は欧州社会党を"ノアの箱舟"と呼ぶ。それは

　　決して自らの過ちを認めない強硬な共産主義者が、物事を都合よく割り切

り資本主義のために最善を尽くそうと決意した社会民主主義者と、調和的に共存しようとするようなものなのである。(Vinton [1993] p.7)

　欧州社会党は最終的にはよくある素人芝居じみたやり口で、共産主義時代からの社会民主主義政党に対して、改革派のポスト共産主義政党と合併するよう、うながしていった。
　加えて、ポスト共産主義時代の初期は、国内政治シーンもまた流動的であった。党内抗争や分裂が頻繁に生じており、どのユーロ政党にとっても、自分たちが時間と労力をかけてサポートした政党が次期選挙で議席獲得に失敗すれば、それは大きな損失を意味した。欧州人民党（EPP）がとくにこの種の困難にぶち当たった。1996年、欧州人民党の党首たちは次のように決定する。欧州人民党のサポートを受けるには、過去2回の選挙で10％の得票率を獲得し、大きな分裂なく2度の選挙を乗り切らなければならない（党職員とのインタビュー、2002年7月）。政治的プレゼンスを確保する必要性について、ティムシュのコメントを引いておこう。

　　欧州人民党が中東欧で傘下の政党をリクルートする戦略／アプローチの重要な特徴は、たとえイデオロギーの純度が薄まってしまうとしても、国内で確たる地位を得ている政党を引き込んでいこうとしている点にある。(Timuş [2014] p.54；欧州人民党についてより詳細にはJansen and Van Hecke [2011] pp.67-83参照)

　同志となるパートナーを選んでいく手続きは、通常は加盟の意思を問うレターの送付と事前訪問からはじまる。訪問の目的は、党幹部の言動を確認し、そのイデオロギー上の理想とこれから加盟することになる政党ファミリーでの活動の抱負を質すことにある。加盟申請政党がその評価に関してポジティブな反応を獲得すれば、その政党への関心はレベルがひとつ上がりより深くより包括的になる。焦点となったのは、その政党がどこまで社会に根づいているかであった。
　加盟を申請する中東欧諸国の政党にとって、ユーロ政党への加盟は（まずは

準メンバーの地位にすぎないにしても)、多様な便益を受け取れるようになることを意味する。党首会議へのアクセスが可能になり、著名な西側政党リーダーたちと同じ写真に収まることもできる。こうしたことが国内有権者に向けて国際的に正統化されているというイメージを作り出すことになる。加盟を申請した政党のリーダーたちは、国際的に認められることによって、国内で特別な政治空間にその位置を占めることができるようになると考えていた。つまり、「われわれは国際的に認知されたリベラル政党であり、保守政党であり、社会民主主義政党である」といった言明が可能になる。これが計り知れない象徴的価値を持った。とくに、かつての旧体制側、共産党系の政党が、自分たちは社会民主主義の政党へ変容を遂げる過程にあるのだと有権者に説得を試みる際に、そうした象徴的価値は巨大なものとなった。ユーロ政党の側からすると、こうしたことを通じて、支援先に選んだ政党幹部に適切な価値規範が植え込まれているかどうかを、確認することができたのである。

5．2014年欧州議会選挙

1979年の第一回直接選挙以来、欧州議会選挙につきまとうのが、"セカンドクラスの選挙"という見立てであった。ユーロ政党支持者によれば、この関心の欠如の理由のひとつは、真のヨーロッパ大選挙の不在にある。この見方からすれば、EUレベルの政治にとってユーロ政党の役割はますます重要になる。プリーストリィはこのシフトが必要であることを次のように強調する。

> 政党どうしの協働が欧州議会の影響力を増大させ、EUを前進させてきたのであるが、いまやそれこそが政治に息を吞むような活力を取り戻し、ヨーロッパの政治家とヨーロッパの市民を一気に結びつけていくのである。
> (Priestley [2008] p.207)

この難問に対して主流派ユーロ政党が出した解答が、"筆頭候補制"プロセスであった。

このアイデアは、欧州人民党(EPP)、欧州社会党(PES)、欧州自由民主連

表3　リスボン条約の関連条文

第14条第1項	欧州議会は閣僚理事会とともに立法および予算に関与する。欧州議会は本条約の規定に則して政治的統制ならびに協議の役割を果たす。欧州議会は欧州委員会委員長を選出する。
第17条第7項	欧州議会選挙の結果を考慮し適切な協議を経たのちに、欧州首脳理事会は特定多数決によって欧州議会に欧州委員会委員長の候補を推薦する。本候補は欧州議会の過半数により選出されるものとする。本候補が過半数を獲得できない場合、欧州首脳理事会は特定多数決により1カ月以内に新候補を提案する。新候補は欧州議会にて同様の手続きで選出されるものとする。
第11宣言	欧州議会と欧州首脳理事会は欧州委員会委員長選出過程を滞りなく進めていく共同の責任を負うものとする。

資料：Lisbon Treaty 〈http://europa.eu/lisbon_treaty/full_text/〉（2014年9月24日アクセス）

盟（ALDE）のすべてに発する。3党すべて、自分たちこそこのアイデアの提案者だと主張する。フィネモアとシキンクの用語を使えば、"規範起業家"となるのであろうが、どの政党がそうであるかはともかくもおくとして、リスボン条約（EU条約）第17条第7項が重要な触媒になったとはいえるであろう（表3参照）。ユーロ政党にとって、こうした実践が自らを高め、EU規範を拡散させていくパーフェクトな機会になるのはあきらかであった。しかし、（初代欧州首脳理事会常任議長）ファンロンパイは「こんなことは失望を事前に組織化するようなものであり、欧州委員会の権限拡張とセットで実施されないのならば、忘れたほうがよい」と主張していた（EurActiv [2013] より引用）。

　筆頭候補制プロセスの基本理念は、有権者に政治的立場の対抗関係を提示することにある。欧州議会選挙で最大議席を獲得したユーロ政党の事前指名候補が、欧州首脳理事会で欧州委員会委員長として公式に正統性をもって指名されるのである。この事前指名候補を推すユーロ政党が欧州議会で承認を得るためには、376議席が必要になる。欧州議会選挙前のひとつの焦点は、条約文にいう「考慮する」の法的な解釈であった。欧州首脳理事会はこれに固執しなくてはならないのか、それともまったく無視してしまっても許されるのか。

　表4に示したとおり、2013年11月から2014年3月にかけて、五大ユーロ政党はさまざまな方法で、候補者を選出していった。そして表5のとおり、今回の（2014年の）欧州議会選挙では、欧州人民党（EPP）が最大議席を獲得し、

第Ⅱ部　規範政治の域内基盤

表4　筆頭候補

ユーロ政党	候補者名	選考過程の特徴
欧州人民党（EPP）	ユンカー (Jean-Claude Juncker)	党臨時選挙で候補者2名に投票、その結果で選出。
欧州社会党（PES）	シュルツ (Martin Schulz)	予備選なし。
欧州自由民主連盟 （ALDE-Party）	フェアホフシュタット (Guy Verhofstadt)	投票でフェアホフシュタットとレーン（Olli Rehn）の2名に絞ったうえで党内合意により選出。
欧州緑の党 (European Greens)	ボベ欧州議会議員（José Bové）とケラー欧州議会議員（Ska Keller）	公開オンライン予備選挙。4名から2名を選出。
欧州左翼党 (Party of European Left)	ツィプラス (Alexis Tsipras)	予備選なし。

資料：筆者作成。

表5　2014年欧州議会選挙（5月22～25日）、会派ごとの議席数（2014年7月現在）

欧州議会内グループ	議席数
欧州人民党（European People's Party）グループ（キリスト教民主主義者（Christian Democrats）含む）	221
社会民主主義進歩同盟グループ (Group of the Progressive Alliance of Socialists and Democrats)	191
ヨーロッパ保守主義改革者（European Conservatives and Reformists）	70
自由と民主主義者のためのヨーロッパ同盟 (Alliance of Liberals and Democrats for Europe)	67
ヨーロッパ統一レフト／北欧グリーンレフト (European United Left/Nordic Green Left)	52
緑の党・自由ヨーロッパ同盟（The Greens/European Free Alliance）	50
自由と直接民主主義のためのヨーロッパ・グループ (Europe of Freedom and Direct Democracy Group)	48
無所属	43
その他	9

資料：欧州議会〈http://www.results-elections2014.eu/en/election-results-2014.html〉（2014年9月23日アクセス）

ユンカーが欧州委員会委員長として、欧州首脳理事会から指名される運びとなった。ただ、ことはそう簡単には進まなかった。彼の最終的な指名までには、いくつかのねじれや揺り戻しがあった。

　欧州議会選挙直後の状況は、まったくもって不確定であった。ユンカーがすんなりと指名されるのかどうか、誰ひとり知るものはなかった。このとき注目されたのが、皮肉にもドイツ首相メルケルであった。ユンカーを筆頭候補として選出した欧州人民党ダブリン会議の場で、メルケルはとくに強く彼を支持するわけではなかった。このダブリン会議、欧州議会選挙の数カ月前のことであった。ところが選挙後数日のうちに、メルケルは次のように発言する。

> 私は欧州人民党のメンバーです。私たち全員でユンカー氏を筆頭候補に指名したのです。今後の課題は、〔欧州委員会委員長が〕彼になるのか、それとも他の多くの人々のうちの誰かになってしまうのか、です。私には何の疑問もありません。(EUObserver [2014])

欧州首脳理事会の他の首脳たちは公然とこの筆頭候補制プロセスに疑義をはさみはじめた。しかし最終的にはユンカーを選出する以外に道はないと、悟っていったのであった。

　ユンカーに反対するキャンペーンを展開したのは、イギリス首相キャメロンであった。彼は欧州首脳理事会で"可決阻止票（blocking minority）"を集めようと試みる。その当時は、他の首脳たちがユンカーを支持するかどうかまだ揺れているという憶測があった。〔そうした情勢にあって〕欧州議会はさながら土壇場の決着の場となった。議場の議員たちにとって（また他の４人の筆頭候補にとって）ユンカーはまさに勝利者として現れた。正統なプロセスをふみ、疑問の余地なく欧州首脳理事会が選出すべき候補だとみられたのである。ユンカーにはまだライバルがいるという推測、つまり、欧州首脳理事会が別の候補を指名してくるのではないか、そしてユンカーを選出した欧州議会と衝突してしまうことになりはしないかといった憶測は、完全に霧消した。欧州首脳理事会は、26対２で、ユンカーを欧州委員会委員長に指名したのであった（反対の２票はイギリスとハンガリー）(European Council [2014])。メルケルがユンカー支

持に回ってからというものの、もう誰も止められない気運が生じていった。納得のいかない首脳もまだいることはいたが、結局はその気運に流されていった。そのメルケルの変節をうながしたのが、国内の批判であった。筆頭候補制の手続きに署名した以上、それを通すのが正しい行いだとする批判を、彼女は国内で浴びたのである。

6．ユーロ政党研究の意義

　本章の目的は、ユーロ政党の役割と意義に光をあて、独自のイデオロギーとEUの規範を実現し拡散していくその方法に迫っていくことであった。1970年代に登場して以来、すでに長きにわたってユーロ政党は歩み続けてきたが、いまなお、国内政党に比肩しうる家名を得るには、長き道が必要である。本章ではユーロ政党のごく簡単な紹介ののちに、世にその名を知らしめたふたつの政治イベントに焦点をあてた。ひとつがEU拡大にともなうユーロ政党自身の拡大であり、もうひとつが筆頭候補制プロセスであった。

　プリダムの指摘するとおり、拡大はサクセス・ストーリーであった。〔加盟候補国の〕政党エリートの徹底教育・社会化は、たしかにEU加盟に必要な民主化／安定化過程に寄与するものであった。加盟を希望する候補政党にとっても、また新たに民主化を進める国家に確実な政治的地歩を築きたいユーロ政党にとっても、当時の状況はあきらかに双方を利するもの（ウィン・ウィン）であった。ただどのような組織であっても一定の規模にいたればその複雑性ゆえに、たえずねじれが生じてくる。本章執筆現在（2014年夏）、欧州社会党（PES）はスロバキアの、また欧州人民党（EPP）はハンガリーのメンバー政党が難しい状況をもたらしている。どちらの国のメンバー政党もカリスマを持った党首が率いて、ユーロ政党自身の規範枠組に反するふるまいをみせている。本体のユーロ政党自体がこのふたつの、EU規範に外れたメンバー政党にどう反応していくか、注目していきたい。どちらも（現時点では）それぞれの加盟国の与党であり、ユーロ政党のフルメンバーなのである。

　筆頭候補制の事例もまた大きな成功だとみることができよう。ユーロ政党が開始したプロセスは革命的なものだとさえみなせるかもしれない。ユーロ政党

はこの制度を既成事実にしたうえで、最後の最後に欧州首脳理事会に示したのであった。ただこの制度導入のもうひとつの目標であった投票率アップは、うまくいかなかった。筆頭候補制のプロセスが開始されたいま、この制度が廃止されることなどもはやありえないだろうし、また欧州首脳理事会の抵抗があったとしても、将来にわたってこの制度を無視していくことはできそうにない。ユーロ政党はすでに〔次の欧州議会選挙が実施される〕2019年に向けて走り出している。各ユーロ政党が筆頭候補を適切に選び出すプロセスには時間がかかる。今回はとにかく急ぎすぎたという実感が一般的だ。

　以上ふたつの政治イベントのいずれにあっても、行為者にインパクトを与えたのは、すでに理論的に想定していたとおり、ふたつの動因の合成であった。「期待された結果の論理」による戦略的／目的手段的計算がひとつ。もうひとつが「適切性の論理」によって規範を実現していこうとする行動である。さらに加えてもう一つ、気運（momentum）という問題がある。これは行動に影響を与える追加の動因であり、今後いっそうの研究が求められるところである。

　ユーロ政党は最終的には、「規範起業家」としての能力を示してきたといえよう。自分たちのイデオロギーに基づく規範に加え、より広くEUの価値規範を促進し伝達してきたのがユーロ政党なのであり、とりわけ1990年代の中東欧諸国のEU加盟プロセスという難しい状況にあって、これを実現してきたのである。2000年代初頭になるとユーロ政党はまちがいなくよりいっそう認知されるようになり、いっそうの発展が求められるようになった。そうして2013～14年にかけて、筆頭候補制を実現していったのである。ユーロ政党に関する記述がいぜんとして欠如している現行のEU研究の文献は、それゆえ確実に正されなければならない。

本章はJSPS科研費（基盤研究C No.26380174）"Consolidating or Dismantling Representative Democracy at the EU-level"（研究代表スティーブン・デイ）の成果の一部である。

注
　1）本節は、筆者が1994年に着手し90年代を通じて実施したルーマニアへの調査訪問によって獲得した個人的な経験にも基づくものである。

参考文献

Day, Stephen [2005] "Developing a Conceptual Understanding of Europe's Transnational Political Parties: With a Specific Focus on the Party of European Socialists", *Journal of Contemporary European Studies*, Vol. 13, No. 1, pp. 59-77.

―――― [2014] "Between 'Containment' and 'Transnationalization': Where Next for the Europarties?", *Acta Politica*, Special Issue, Vol. 49, No. 1, pp. 5-29.

EUobserver [2014] "EU Leaders Decline to Endorse Juncker", May 27.

EurActiv [2007] "Parliament Adopts Party Funding Reform", *EurActive.com*, 30 November.

―――― [2013] "Van Rompuy Scorns Direct Election of Commission President", *EurActiv.com*, 14 October.

European Commission [2001] "Proposal for a Council Regulation on the Statute and Financing of European Political Parties", COM (2000) 898 final.

―――― [2012] "Proposal for a Regulation on the Statute and Funding of European Political Parties and European Political Foundations", COM (2012) 499 final.

―――― [2013] "2014 European Parliament Elections: Commission Recommends That Political Parties Nominate Candidates for Commission President", 12 March. (http://ec.europa.eu/commission_2010-2014/reding/multimedia/news/2013/03/20130312_en.htm)

European Council [1993] Conclusions of the Presidency in Copenhagen 21-22 June 1993.

―――― [2014] Conclusions. EUCO 79/14. Brussels, 27 June 2014.

European Voice [2014] "EU Summit Proposes Juncker but Reviews Selection Process", June 27.

Farrell, Theo [2002] "Constructivist Security Studies: Portrait of a Research Program", *International Studies Review*, Vol. 4, No. 1, pp. 49-72.

Finnemore, Martha and Kathryn Sikkink [1998] "International Norm Dynamics and Political Change", *International Organization*, Vol. 52, No. 4, pp. 887-917.

Jansen, Thomas and Steven Van Hecke [2011] *At Europe's Service: The Origins and Evolution of the European People's Party*, Springer.

March, James G. and Johan P. Olsen [1998] "The International Dynamic of International Political Orders", *International Organization*, Vol. 52, No. 4, pp. 943-969.

―――― [2004] *The Logic of Appropriateness*, ARENA Working Papers, WP 04/09.

Pridham, Geoffrey [2014] "Comparative Perspectives on Transnational Party-building in New Democracies: The Case of Central and Eastern Europe", *Acta Politica*, Vol. 49, No. 1, pp. 30-50.

Priestley, Julian [2008] *Six Battles That Shaped Europe's Parliament*, John Harper Publishing.

Schimmelfennig, Frank [2003] *The EU, NATO and the Integration of Europe*, Cambridge University Press.

Timuș, Natalia [2014] "Transnational Party Europeanization: EPP and Ukrainian parties",

Acta Politica, Special Issue, Vol. 49, No. 1, pp. 51-70.
Tsatsos Report [1996] *Report on the Constitutional Status of the European Political Parties* (A4-0342/96), Committee on Institutional Affairs, Rapporteur: Dimitris Tsatsos.
Vinton, L. [1993] "Poland's Political Spectrum on the Eve of Elections", *Radio Free Europe/Radio Liberty*, Vol. 2, No. 36, pp. 1-16.

第 6 章
規範政治と EU 市民社会

明田ゆかり

　19 世紀における奴隷制度廃止から 20 世紀末の対人地雷禁止条約締結、21 世紀の国際刑事裁判所の設立に至るまで、人道的倫理的な国際規範の創出と拡散に市民社会組織が中心的役割を果たしてきたことはよく知られている。一方 EU は 1990 年代末から国民国家に先駆けて市民社会との対話を通じた"参加デモクラシー"の推進に着手し、リスボン条約では政策形成における市民社会組織との協議の原則を明文化した。このような EU と市民社会の"特別な"関係は、EU の規範政治にどのような影響を与えているのだろう。

　本章では、EU の規範政治と市民社会の関係には三つのベクトルが存在することを指摘する。ひとつは、EU が対外的に規範政治を展開するうえで、その正統性確保のために市民社会を利用するというトップダウンのベクトルである。これは"参加デモクラシー"の模索が基本的に EU 主導で進展してきたことを反映している。一方、特異な EU ガバナンスと市民社会協議の制度化は、市民社会の側にも EU に影響力を行使する構造的機会を提供し、ボトムアップの規範政治のベクトルを生み出している。さらに市民社会との対話が包括的で開かれた制度として構築されてきたため、グローバルな市民社会組織もこの構造的機会を享受している。これはトランスナショナルなベクトルということができよう。

　本章ではまず市民社会の概念的整理を行い、次に EU ガバナンスにおける市民社会参加の制度的発展を概観したうえで、三つのベクトルという観点から EU の規範政治を検証していく。

1．市民社会と規範

（1）市民社会とは何か

　今日に至るまで、市民社会とは何かについての統一的な定義は存在していない。市民社会は時代によって、学問分野によってさまざまな解釈が行われ、また異なる社会の歴史や文化の影響を色濃く反映してきた概念であるからである。だが近年はふたつの考え方が主流となりつつある（Kohler-Koch and Quittkat [2013] p. 5; Reuter, Wijkström, and Meyer [2014] pp. 68-70.）。

領域としての市民社会
　ひとつは、市民社会とは国家、市場、家族とは区別される行動の「領域 (sphere)」であり、市民が共通目的を推進する社会的相互作用の場（公共圏）であるという理解である。この領域は家族や友人関係を超えている点で、また公共の目的に関する行動の場である点で「パブリック（公的）」であるが、政府諸機関の外に存在している点で「プライベート（私的）」でもある。この領域ではまた社会的正義、社会的結束、多様性、独立性といった国家や市場の規範とは異なる規範が追求されている（Cohen and Arato [1992]）。さらに、市民が社会的組織への参加を通じて政治的感覚、交渉と議論の方法、市民的価値を学ぶ「デモクラシーの学校」であるとも論じられてきた。これらの点から明らかなように、領域としての市民社会は、社会のあるべき姿を論じる規範理論が注目し発展させてきた概念である。

アクターとしての市民社会
　もうひとつは、市民社会が非政府組織（NGO）や非営利組織（NPO）、社会運動組織といった社会的「組織」で構成されているとする、組織志向あるいはアクター志向の考え方である。これは市民社会が現実の世界に与える影響に注目する、より実証主義的な立場からの解釈である。この解釈は、市民社会組織（アクター）とは何かというまた別の問題を提起する。一般的には、市民社会

表1　自発的組織の分類（広義と狭義の市民社会組織）

		活動の種類	
		政治的利益の表出	サービスの提供
活動の受益者	メンバー	利益集団 ・労働組合 ・業界団体 ・専門家連合　etc.	自助集団／NGO ・アルコール依存の会 ・犯罪被害者の会 etc.
	非メンバー	アドボカシーNGO ・人権NGO ・環境NGO ・消費者NGO etc.	慈善・援助NGO ・開発NGO ・人道支援NGO ・カリタス etc.

出所：Heinelt and Meinke-Brandmaier [2006] p.201 に加筆・修正

組織は①政府組織ではない、②利潤追求を目的としない、③自発的に組織される、④目的追求のために平和的・公的に活動する、⑤政党を結成しないという基本特徴をもつとされる。この定義ではいわゆる「利益集団」や、組織のメンバーにのみサービスを提供する自助集団も含まれる（広義の市民社会組織）。一方で市民社会組織を人権や環境といった公的な目的を追求するアドボカシー（政策提言／権利擁護）NGO に限定する立場が存在し（狭義の市民社会組織）、共通の理解には至っていない（表1参照）。

（2）規範起業家としての市民社会

市民社会の機能

　市民社会の解釈の相違は、何が市民社会の機能かという問題にも反映されている。規範的観点からは、すでに述べたようにデモクラシーの土台としての市民社会の機能が注目されてきた。実証的次元では、表1が示すように、国家や市場が提供できない社会的サービスの提供と政治過程に対する利益の表出が市民社会組織の代表的活動とされるのが一般的である。

　だが規範的次元でも実証的次元でも、市民社会の本質的機能として認識されてきたものがある。それは、国家や市場とは異なる価値、アイデア、信条を生み出し、発信し、普及し、守っていくという、市民社会の規範形成の役割であ

る（Reuter, Wijkström, and Meyer［2014］p. 72）。

規範起業家

　規範を作り出すアクターを、フィネモアとシキンクは「規範起業家（norm entrepreneur）」と定義した（Finnemore and Sikkink［1998］p. 896）。規範起業家には個人や国家もなりうるが、国際社会における人道的・倫理的規範の起業家として市民社会組織、特にアドボカシー NGO が近年注目されるようになった（毛利［2011］p. 131）。19 世紀の奴隷制度廃止運動、20 世紀末に展開されたジュビリー 2000 キャンペーン、1997 年の対人地雷全面禁止条約発効、2002 年の国際刑事裁判所の設立など、その事例は枚挙にいとまがない。これらの事例はまた、NGO が国際レベルでの規範形成を成功させるためには、国家の支持が不可欠であることも示している。フィネモアらは、①規範の形成、②規範のカスケード（雪崩的拡散）、③規範の内面化（internalization）という 3 段階の「規範のライフサイクル」という概念を提起し、第 2 段階の規範のカスケードが発生する突破点（tipping point）に達するためには、第 1 段階で規範起業家が一定数の国家の支持と、同時に「決定的に重要な（critical）」国家の支持を獲得することが必要であるという仮説を立てている。

　本章ではこのような市民社会の本質的多面性、すなわち領域でもありアクターでもあると、あるいは規範的存在でもあり実践的存在でもあると理解されていることに注意を喚起しつつ、EU と市民社会の相互関係をみていくことにする。規範政治を扱う本章では、価値と権利を基礎とするアドボカシー NGO に特に焦点をあてるが、市民社会をそれに限定することはしない。慈善・援助 NGO もサービスの提供を通じて規範を実践し監視する役割を果たしている。さらに市民社会をデモクラシーの学校ととらえるならば、すべての自発的組織が規範的機能を果たしているとみることができるからである。

2．EU の複合的ガバナンスと市民社会

　EU は連邦国家でもなく、国際機構でもない特異（sui generis）なガバナンスの制度である。統合の進展と補完性の原則により、政策形成と実施は EU レベ

ル、加盟国レベル、地方政府レベルが複雑に絡み合っている。またEUレベルでは単一の意思決定機関は存在せず、閣僚理事会と欧州議会の協力による「共同決定方式」のほかにも、問題領域ごとに異なるアクターが関与する多様な意思決定モードが形成されてきた。このように垂直的にも水平的にも権限が分散しているEUのガバナンスは、マルチレベルやネットワークという言葉で表現されてきた（中村［2005］）。さらに重要な特徴は、それが条約改正や加盟国の拡大を通じて「つねに変化する動態的なシステム」であることである（Kohler-Koch［1997］p. 2）。その変化とはこれまでのところ、超国家レベルの政策領域の継続的拡大と複雑化であったが、EUの立法・政策提案の権限は（EUの大きさに比しては）小規模な官僚組織である欧州委員会にほぼ独占されている。

この特異なガバナンス構造が、EUと市民社会の特別な関係を発展させてきた。

（1）アウトプット正統性のパートナーとしての市民社会組織

EUにおいて"市民社会"という概念が登場するのは1990年代末である（European Economic and Social Committee［1999］；明田［2009］pp. 4, 5）。だが利益集団、専門家集団、労働組合といった自発的組織は、EUの出発点であるECSC（欧州石炭鉄鋼共同体）の創設当初から政策形成に密接に関わってきた。

EUは国家が一国レベルで解決できない問題に超国家レベルで対応するという、"問題解決型"の制度として出発した。このためEUの生み出す政策とその実施が期待に応えるものであるかぎり、市民は超国家統合に正統性を認めるという"暗黙の了解（permissive consensus）"が存在していた。政策の有効性に依拠したこの正統性は、「アウトプット正統性」と呼ばれている（Scharpf［1999］）。専門知識と人的資源をもつ市民社会組織は、長い間EUが提供する政策とサービスの質を向上させ、アウトプット正統性を確保するためのアセット（資産）とみなされてきた。

1960年代70年代に欧州委員会は市場統合を推進するために、統合に好意的な企業団体、農業団体、および社会パートナーと呼ばれる労使団体との非公式な協議を活用してきた。

1980年代半ばにECが域内市場の完成に乗り出すと、欧州委員会は非関税障壁の撤廃や規制の調和を実現するための膨大な立法提案を行う必要に迫られた。新たな政策領域で有効な立法提案を行うには高度な専門知識が要求される。恒常的に人員不足に悩まされてきた欧州委員会は外部の資源に依存せざるをえず、経済的利益集団を超えた幅広い市民社会組織との協議を開始したのである（Smismans［2006］p. 202）。

域内市場完成後もEUの政策領域は拡大し続け、1990年代を通じて利益集団やNGOが複合的ガバナンスの不可欠な部分を構成するようになっていった。欧州委員会は政策の有効性を確保するために700近い協議を運営していたが、こうした協議の大半はアドホックなものであり、また非公式で閉ざされたものであったため、「誰が誰に影響を与えているのか」がみえない意思決定の構造が生み出されていた（European Commission［2001］p. 17）。

（2）参加デモクラシーの模索——招かれた市民社会

1992年にマーストリヒト条約の批准をデンマークが国民投票で否決した。加盟国がはじめて統合の深化に異議を唱えたこの事件は、ヨーロッパ統合に対する市民の"暗黙の了解"が消滅しつつあることを象徴していた。その原因は複合的であったが、テクノクラート主導のEUガバナンスのアカウンタビリティの欠如が、EUと市民の間の距離を拡大させていたこともそのひとつであった。市民は統合プロセスに自分たちの声が十分反映されていないと感じ、EUガバナンスの民主的正統性（インプット正統性）が問われるようになったのである。

EUは1997年のアムステルダム条約で、欧州議会の権限強化という"代表制デモクラシー"によってこの危機に対処しようとしたが、正統性の回復には効果をもたらさなかった。さらに1999年3月、サンテール欧州委員会が不正行為と不当な予算運営の責任を問われて総辞職したことが、市民のEUに対する不信を決定的なものにした。

欧州ガバナンス白書

　サンテールに代わって任命されたプロディ新委員長は、EUおよび欧州委員会のガバナンス改革を第一目標に掲げ、2001年に『欧州ガバナンス白書』を発表した。白書ではEU政策形成プロセスへの市民社会の参加が強調され、EUにおける「協議と対話の文化をより強固にすること」が、ガバナンスを改善しEU諸機関と市民の間の断絶を解消するための要と位置づけられていた（European Commission [2001] pp. 14-16）。これが転換点となり、利益集団や専門家集団、NGOはEUについての言説（ディスコース）のなかで"市民社会"という新たな名前を与えられ、正統性の危機を解決する"参加デモクラシー"の担い手という新たな役割、すなわち規範的機能が期待されるに至ったのである。

　白書の提言は欧州委員会によって具体化されることになり、2002年には市民社会との協議の「基本原則」と「最低基準」が定められた（European Commission [2002]）。「基本原則」において欧州委員会は広義の市民社会アクターを協議の対象とする「包括的アプローチ」を採用し、広義の市民社会はやがて「利害関係者（stakeholders）」と呼ばれるようになる。一方、協議の「最低基準」のひとつとして、委員会は市民社会アクターのEUレベルの組織化、すなわち"ヨーロッパ化"を奨励していた。そして委員会の各総局において市民社会との協議が制度化されていったのである。

コンベンションと欧州憲法条約

　欧州委員会における実践と並行して、EUレベルにおいても参加デモクラシーが模索されていった。2001年のラーケン欧州理事会では、欧州憲法条約の草案を制定する「ヨーロッパの将来に関する諮問会議（コンベンション）」の開催と、そこに市民社会の代表を参加させることが決定された。伝統的に政府間主義で行われてきた条約改正に、はじめて市民社会が関与することになったのである。

　コンベンションでは副議長のデハーネ元ベルギー首相が市民社会との調整担当に任命され、「フォーラム」と呼ばれるウェブサイトを通じた市民社会組織の意見書提出が図られるとともに、2002年6月には公式の市民社会公聴会が開催された。コンベンションはそれ自体が参加デモクラシーの実践という意味

をもっていたが、そこではまた市民社会アクターによって憲法条約における参加デモクラシーの明文化が追求された。その結果、憲法条約では第Ⅵ章「連合（EU）のデモクラシーのあり方」のなかに、「参加デモクラシーの原則」というタイトルをもつ第Ⅰ-47条が規定されたのである。同条の第1項、第2項ではすべてのEU諸機関による市民社会との対話が、第3項では欧州委員会による市民社会組織との協議が原則化され、第4項では100万人を超えるEU市民の署名により、欧州委員会に立法・政策提案を促すことができる「市民発議」が規定されていた。

だが欧州憲法条約も2005年にフランスとオランダの国民投票によって否決され、EUと市民の間にある断絶の深さがあらためて露呈した。

リスボン条約

憲法条約の挫折後、2年間の熟慮期間を経て新たな条約改正交渉が開始され、2009年にリスボン条約が発効した。憲法条約の第Ⅰ-47条はリスボン条約第11条にそのまま引き継がれ、市民社会との対話と協議はついにEUにおいて法的根拠をもつ原則となった。

だがその一方で第11条から「参加デモクラシーの原則」というタイトルは消え、また第10条において「EUは代表制デモクラシーを基礎とする」ということが明記された。コンベンションで市民社会が追求した参加デモクラシーの明文化は、伝統的政府間主義に回帰したリスボン条約の交渉過程で却下されたのである。また憲法条約でも同様であったが、「市民社会」の定義は条約のなかに存在せず、どのような組織が対話や協議の対象に該当するのかも不明のままである。

3．トップダウン──規範政治から市民社会へ

EUは複合的ガバナンスの二重の正統性（アウトプットとインプットの正統性）確保のために、政策形成過程に市民社会を招き入れた。EU主導のこのトップダウンのベクトルは、EUの規範政治と市民社会の関係においても見出すことができる。

（1）規範政治の正統性強化の手段

　EU は 1990 年代から、デモクラシー、法の支配、人権といった EU の基本的価値を対外的に推進する"規範パワー"という性格を強め、国際社会におけるその存在感を高めてきた。規範パワーである EU が正統性をもつためには、対外的に推進する価値が域内においても実現されているという"一貫性"が不可欠である。だが"デモクラシーの赤字"やインプット正統性の問題を抱える EU は、加盟交渉における政治基準の追及や、第三国における民主化支援において、しばしば「ダブルスタンダード」や「偽善的」という批判にさらされてきた。市民社会の関与を通じた参加デモクラシーは、内と外の一貫性の確保を通じた規範政治の正統性強化に貢献するという意味をもっている。

　だが EU における参加デモクラシーは模索の途上にあり、リスボン条約からその言葉が消えたように、実質的には後退しているともいえる。この点から、EU 市民社会の能動的関与による本質的デモクラシーの追及から規範政治の正統性へというベクトルではなく、規範政治の正統化の必要性から市民社会を招き入れた形式的デモクラシーの推進へという、トップダウンのベクトルが指摘できる。このベクトルにおいて市民社会は、国際社会における規範パワーとしての EU の地位と存在感を高めるためのアセットとして利用されているのである。

（2）市民社会の対外的輸出

　もうひとつのトップダウンのベクトルとして、EU が市民社会と参加デモクラシーを規範として輸出するようになったことが指摘される。繰り返すが、EU における参加デモクラシーは模索の途上にあり、市民社会概念も確定されてはいない。だが EU には、たとえ特定の政策や制度が実験段階であっても、それが先行モデルであることを価値として対外的に投影しようとするパターンがみられる。1990 年代後半からの中東欧諸国の加盟交渉では、EU のアキ・コミュノテール（法体系）の受容を促進するために候補国における市民社会組織の育成が奨励された（明田［2011］）。EU はまた第三国の民主化支援においても、

EU 市民社会組織の活用、現地における市民社会の育成、および第三国の市民社会と EU 市民社会の対話を重視するようになった。たとえば 2006 年に発足した「デモクラシーと人権のための欧州機関（EIDHR）」（前身は 2000 年から活動）では、市民社会との効果的連携を民主化および人権政策成功の要と位置づけ、EU が第三国の市民社会組織に直接資金助成を行うプログラムを展開している（http://www.eidhr.eu/home）。市民社会組織はまた、EU の連合協定や自由貿易協定（FTA）において相手国における「持続的発展条項」の履行を監視する役割も与えられている。EU 市民社会の輸出において、市民社会は公共圏の発展を通じたデモクラシーの定着という規範的機能も期待されているが、実際にはサービスの提供を通じた EU 規範政治のパートナー、あるいは規範政治の実行部隊と位置づけられていることは明らかである。

4．ボトムアップ──市民社会から規範政治へ

EU の複合的ガバナンスは、市民社会の側から規範政治への圧力というボトムアップの機会も構造的に生み出している。さらに規範起業家としての市民社会にとって、法的原則として市民社会と欧州委員会との協議が確立されたことの意義は大きい。本節では、このボトムアップのベクトルの現実を検証していく。

（1）欧州委員会総局における協議

アジェンダ設定の独占的権限をもつ欧州委員会との協議は、市民社会アクターが政策形成の初期の段階で影響力を行使する重要な機会である。

欧州委員会は「ヨーロッパにおけるあなたの声」というオンライン協議システムを運営している（http://ec.europa.eu/yourvoice/consultations/index_en.htm）。そこでは全総局の公開協議の予定が確認でき、市民社会組織はインターネットを通じて各協議に意見書を提出し、フィードバックを得られるようになっている。包括的アプローチが原則であることから、市民社会組織は簡単な登録手続きをすませれば、目的、規模、国籍に関係なく参加が可能である。だが、協議

そのものについては委員会としての統一的な枠組みが存在するのではなく、問題の多様性を考慮し、各総局にその実践がまかされてきた。

　人道支援総局、開発総局、社会総局において、市民社会アクターは伝統的に特別な地位を占めてきた。これらの総局が担当する分野の政策の履行には、NGO や社会団体とのパートナーシップが不可欠であるからである。このためこれらの総局では公開協議とは別に、社会総局における労使団体との「社会対話」のように、専門性をもった社会組織や NGO に限定された「アウトプット」志向の協議が重視されてきた。

　貿易総局は、1990 年代末から欧州委員会のなかでもっとも進んだ市民社会対話の制度を確立してきた。それはこの時期に貿易自由化とグローバル化に反対する市民運動が高まりをみせ、EU が通商政策を展開するうえで市民社会の支持が不可欠となった現実を反映している。貿易総局の市民社会対話は、他の総局の制度構築におけるベンチマークとされてきた（明田［2009］p. 25, 26）。

　環境総局、消費者保護総局もまた、NGO との幅広い協議を制度化してきた。市民社会の関心が高い政策分野であることが最大の理由であるが、歴史の浅いこれらの総局が伝統的な総局および権限を共有する加盟国に対抗するために、市民社会の力を必要としているという政治的理由も指摘されている。

　このように、協議の形態や制度化のレベル、そして熱意は総局ごとに大きな格差が存在する。歴史の古い総局のなかには伝統的な専門家協議を重視し、包括的な市民社会との協議に消極的なものも多い。また、協議はつねに欧州委員会の要請で開催され、どのような意見や助言をどの時点で受け入れるかも欧州委員会の裁量に任されている。市民の声を政策形成に反映させるという参加デモクラシーは、実践の過程でアウトプット正統性に重点を置いた"参加ガバナンス"へと変容していった。市民社会協議は、欧州委員会がその目的にあった市民社会の声を選択し、有効な政策を生み出すための手段という側面が大きい。

（2）市民社会組織のヨーロッパ化

　欧州委員会は市民社会との協議を制度化するにあたって、EU レベルの組織を優先する方針をとり、NGO のヨーロッパ化を促進しようとしてきた。それ

表2　市民社会コンタクトグループ（CSCG）の構成メンバーと数（2012年）

第2レベル	第3レベル			第4レベル
	国際NGO	EU・NGO	加盟国NGO	
CAE（文化）	12	26	72	2,655
CONCORD（開発）	9	9	27	352
EPHA（健康）	6	40	36	1,182
EUCIS-LLL（学習）	4	23	0	428
EWL（女性）	8	13	30	254
Green10（環境）	3	7	0	538
HRDN（人権）	32	9	2	917
Social Platform（社会）	7	31	0	1,340
合計　8	406			7,666

出所：Kohler-Koch and Buth［2013］p.130を修正

　は協議の効率性と組織の代表性の向上、そしてEUレベルの公共圏の創出を目的とするものであった。一方市民社会の側も、自らの声をEUに効果的に届けるためには、ブリュッセルに拠点を置き、またEUレベルで組織化することが有効と考えていた。両者の利害の一致により、1990年代から市民社会組織のヨーロッパ化が進んだ。

　EU市民社会組織にはふたつの種類がある。ひとつは「地球の友」のように単一のNGOが地方レベル、国家レベル、EUレベルを通じて階層的に組織されているものである。もうひとつは、さまざまなNGOの水平的ネットワーク、プラットフォームのタイプである。多くの場合、水平的ネットワークも下部構造をもち、そこにさまざまな国家レベル、地域レベルのNGOが所属している。

　価値・権利志向のNGOのヨーロッパ組織として、1999年に「市民社会コンタクトグループ（CSCG）」が創設された。CSCGは、人権、開発、環境、社会という4分野のEUレベルのプラットフォームを統括する組織として出発し、（憲法条約を起草した前述の）コンベンションにおいて大きな影響力を行使した。その後、文化、健康、学習、女性の権利に関するプラットフォームが加わり、現在は8分野を統括している。それぞれのプラットフォームにはその問題領域で活動するNGOやネットワークが所属している（表2参照）。たとえば、環境

プラットフォームである Green 10 には欧州環境ビューロー、国際気候ネットワーク等の 10 組織が加盟しているが、欧州環境ビューローはヨーロッパの 143 の NGO の連合体である。

　プラットフォームは NGO の意見・情報交換の場として機能し、そこではまた EU に対するアドボカシーの共通戦略が形成されてきた。だが組織が大きくなるにしたがって、多様なメンバーの間で合意を形成することが困難になっている。さらに、地方レベルの草の根 NGO から EU レベルのネットワークまで代表性の連鎖が果てしなく長くなり、草の根の声がトップに届きにくい構造が生まれている。影響力の強化という点でも、また EU 公共圏の創出という点でも、EU レベルの市民社会組織は深刻な課題を抱えている。

　ところで、CSCG には国際レベルで活動する NGO（トランスナショナル NGO）も数多く参加している。参加は 8 分野すべてに及んでいるが、なかでも「人権とデモクラシー・ネットワーク（HRDN）」では圧倒的多数を占めている。アムネスティ・インターナショナルやヒューマンライツ・ウォッチもそのメンバーである。これが何を意味しているかについては、次節であらためて論じることにする。

（3）アドボカシー連合

　規範起業家としての市民社会が EU 政治に影響力を行使するもっとも効果的なルートは、伝統的ロビイングとアドボカシー連合の形成であるかもしれない。政策形成が一元化されていない EU の複合的ガバナンスは、一般的国家に比較してはるかに多様なロビイングのアクセスポイントを市民社会アクターに提供している。欧州委員会がロビイングの重要なターゲットであることは揺るぎないが、近年は委員会と並んで欧州議会が重視されるようになり、人道的倫理的議題について議会が市民社会のパートナーとなる事例が増加している（Smismans [2006] pp. 203, 204）。閣僚理事会も有力なターゲットであるが、市民社会に対してもっとも閉鎖的な機関でもある。閣僚理事会を動かすためには、国家レベルの NGO がそれぞれの加盟国政府にロビイングを行うことが有効である。このように、EU レベル、国家レベル、地方レベルの NGO が戦略をコー

ディネートし、EU 諸機関や加盟国政府のなかから賛同者を開拓して形成されるのが、アドボカシー連合である。

　アドボカシー連合はこれまでに多くの成果をあげてきたが、そのなかには食の安全、消費者保護、環境保護に関わるものも多い。1985 年には、EU における成長ホルモン投与牛肉の生産・販売禁止に関して、消費者グループ、欧州議会、経済社会評議会、加盟国がアドボカシー連合を形成し、欧州委員会に当初の提案を修正させ、規制対象ホルモンを拡大した指令を成立させた（Young [2004] pp. 402-404）。また遺伝子組み換え（GM）作物の認可においても、ラベリングの義務化を求める NGO のキャンペーンと連合形成によって、欧州委員会に 2001 年の指令を強化させている（Heinelt and Meinke-Brandmaier [2006] pp. 201-209）。第 9 章で扱われる動物福祉の原則も、コンベンションにおける NGO のアドボカシーによって条文化が実現した。

　これらの規制や規範の多くは EU 市民の社会的選好の反映である。このため、しばしば国際的な規範とのズレによる紛争が発生してきた。EU のホルモン牛肉と GM 作物の輸入禁止が WTO に提訴されたことはその典型例である。この問題を回避するためにも、EU はその社会的選好を対外的に推進しグローバルな規範化を目指すという、ボトムアップの規範政治が展開されることになる（第 8 章参照）。

5．トランスナショナルなベクトル
　　　――EU 規範政治とグローバル市民社会との共鳴

　今日ブリュッセルには数多くのトランスナショナル NGO のヨーロッパ支部が置かれ、それらは EU レベルの NGO ネットワークやプラットフォームに参加し、EU 市民社会の一部となっている。言い換えれば、EU 市民社会とグローバルな市民社会の相互浸透が進んでいるのである。このような相互浸透は今日多くの先進国家においてもみられる現象であるが、EU ではそれが格段に進行し、また公式に制度化されている点で他に類をみない。

　欧州委員会が定めた市民社会協議の「最低基準」では、EU NGO との適切なバランスを条件に、第三国の NGO やトランスナショナル NGO の参加が公式

に認められている。このようにEUの協議が開かれたものであることに加えて、EUのガバナンス構造もNGOの国籍に関係なく多様なアクセスポイントを提供している。トランスナショナルNGOは時には単独で、時にはEU市民社会組織と連携しながらEUの政策形成に影響力を行使している。そこにはグローバル市民社会からEU規範政治へという、トランスナショナルなベクトルが存在しているのである。

　さらに、ポスト国民国家の政体であり価値の共同体であるというEUのアイデンティティは、人道的価値と権利を追求し、「適切性の論理」に基づいて行動するトランスナショナルなアドボカシーNGOと本質的に共感しあう。シンクらの規範のライフサイクル仮説を援用するならば、EUは規範起業家にとって「クリティカル」なアクターであり、規範リーダーとして他の国家を説得する役割を果たしてきたとみることができる。アドボカシーNGOの成功事例としてあげられる京都議定書、国際刑事裁判所、対人地雷禁止条約といったグローバルな規範形成にEUが中心的役割を果たしてきたことは、その証左であるといえよう。ボトムアップの規範政治がEU固有の社会的選好の対外的投影であったのに対し、トランスナショナルなベクトルによる規範政治は、より普遍的でコスモポリタンな規範の拡散を志向している。

　本章では、1990年代末からのEUガバナンスにおける市民社会参加の制度化が、規範政治の展開において三つのベクトルを生み出したことを指摘した。トップダウンのベクトルにおいて、市民社会は規範政治の正統化に用いられ、また規範の実行部隊として輸出されている。その一方でボトムアップのベクトルでは、EUの社会的選好を普遍的規範にするという、市民社会からの圧力に基づく規範政治が展開されている。さらにグローバル市民社会との共鳴というトランスナショナルなベクトルは、EUの規範政治がポスト国民国家のグローバルガバナンスにつながる可能性をもたらしている。規範政治におけるこれらのベクトルは今後も複雑に交差しながら、規範パワーとしてのEUの行動と正統性に影響を与えていくであろう。

参考文献

Civil Society Contact Group [2006] *Making Your Voice Heard in the EU: A Guide for*

NGOs.
Cohen, Jean L. and Andrew Arato [1992] *Civil Society and Political Theory: Studies in Contemporary German Social Thought*, MIT Press.
European Commission [2001] "European Governance — A White Paper", COM (2001) 428 final.
───── [2002] "General Principles and Minimum Standards for Consultation of Interested Parties", COM (2002) 704.
European Economic and Social Committee [1999] "The Role and Contribution of Civil Society Organization in the Building of Europe", CES 851/99/D/W.
Finnemore, Martha and Kathryn Sikkink [1998] "International Norm Dynamics and Political Change", *International Organizaion*, Vol. 52, No. 4.
Freise, Matthias and Hallmann Thorsten (eds.) [2014] *Modernizing Democracy: Associations and Associating in the 21st Century*, Springer.
Kohler-Koch, Beate [1997] "Organized Interests in the EC and European Parliameut", European Integration Online Papers, Vol. 1, No. 9. (http://eiop.or.at/eiop/texte/1997-009a.htm)
Kohler-Koch, Beate and Christine Quittkat [2013] *De-Mystification of Participatory Democracy: EU Governance and Civil Society*, Oxford University Press.
Reuter, Marta, Filip Wijkström and Michael Meyer [2014] "Who Calls the Shots?: The Real Normative Power of Civil Society", in Freise and Hallmann (eds.) [2014] pp. 67-68.
Scharpf, Fritz W. [1999] *Governing in Europe: Effective and Democratic?*, Oxford University Press.
Smismans, Stijn [2006] *Civil Society and Legitimate European Governance*, Edward Elgar.
Young, Alasdair R. [2004] "The Incidental Fortress: The Single European Market and World Trade", *Journal of Common Market Studies*, Vol. 42, No. 2, pp. 393-414.

明田ゆかり [2009]「EUにおける市民社会概念とガヴァナンスの交差──市民社会対話は何をもたらしたのか」田中俊郎・庄司克宏・浅見政江編『EUのガヴァナンスと政策形成』慶應義塾大学出版会、3-38頁。
───── [2011]「EUの加盟基準と市民社会」『法学研究』第84巻1号、175-201頁。
網谷龍介 [2003]「EUにおける「市民社会」とガヴァナンス──「ヨーロッパ公共空間の共有」は可能か？」『神戸法学雑誌』第53巻1号、33-67頁。
小川有美 [2008]「EUのインフォーマル政策システム」平島健司編『国境を超える政策実験・EU』東京大学出版会、173-200頁。
中村健吾 [2005]『欧州統合と近代国家の変容──EUの多次元的ネットワーク・ガバナンス』昭和堂。
目加田説子 [2003]『国境を超える市民ネットワーク』東洋経済新報社。
毛利聡子 [2011]『NGOから見る国際関係──グローバル市民社会への視座』法律文化社。

第Ⅲ部
対外関係の規範政治

第 7 章
EU による対外的な規範普及のための手段と成功条件
―― EU 新規加盟と欧州近隣政策

武田健

　EU は対外的に様々な規範普及活動に取り組んでいる。本章では、そのなかでも相手国の政府に直接、デモクラシー、法の支配、人権の保護、といった規範を受容するように働きかける場面に焦点をしぼって、その仕方、成果、成功条件についての理解を深めたい。本章ではまず、相手国の政府に直接働きかけるといっても、その働きかけ方にはいくつかの異なるやり方があることに注目し、それを整理して提示する。次に、EU が対外的な規範普及にとりわけ積極的になっている代表的な場面、EU への新規加盟と欧州近隣政策のふたつを取り上げ、それぞれの場面で具体的にどのように働きかけを行っているのかを示す。さらに、同じようなやり方で規範の受容をうながしたとしても、成功するときもあれば、あまり成果をあげないときもあるため、それぞれの場面で成功しやすくなるためにはどのような条件が揃っているとよいのかについても探ってみたい。

1．非強制的な手段による規範受容の働きかけ方

　EU は対外政策を計画、実施していくにあたって、デモクラシー、法の支配、人権尊重といった規範的な価値を追求する姿勢を打ち出している（臼井［2013］p. 177）。実際に域外国に対して規範の受容を迫る場合、EU として経済制裁などの強制的な手段に訴えることが時折あるが、多くの場合、非強制的な方法に依拠している。それでは EU が相手国政府に直接規範の受容を非強制的なやり

方で迫る場合、どのような働きかけをしているのであろうか。ここでは、①どのような手段を使うのか、②何の変更を求めているのか、というふたつの観点に着目して整理してみたい（多国間交渉の場における EU の規範普及活動については第8章、第9章を参照）。

（1）どのような手段を使うのか

利益誘導型と説得型

　ひとつめの手段は利益誘導であり、コンディショナリティを使った手段である。相手国に何らかの利益を与え、それと引きかえに相手国に規範の受容をうながすやり方である（東野［2013］：山本［2002］）。与える利益の種類は状況に応じて異なるが、強力な誘因として作用することが多いのは経済的な利益である。EU からの財政支援や、EU 市場へのアクセスがその代表例である。また、EU およびその加盟国との協力関係の強化によって、安全保障上の面で安心向上という効果をもたらすこともある。EU への新規加盟に限っていえば、自国の影響力、発言力の強化という効果も期待できる。

　EU による規範受容の働きかけのもうひとつの手法は説得である（Checkel [2001]; Johnston [2001]）。相手国の政治、外交、行政関係者に対して、現在の国際社会において、どのような制度や行動が適切なのか、正当なのかを伝えて、それを理解してもらい、そのうえで、国内制度や行動実践に変更を促すやり方である。

　このように利益誘導と説得というふたつの手段があり、理論的にいえば、前者は合理主義者が重視する手段であり、利益を提示することによって相手国の立場に変更をうながす。後者は構成主義者（コンストラクティヴィスト）が強調している手段であり、相手国の規範意識に訴えて行動に変化をうながす。ただし多くの場合、EU は双方の手段を駆使しつつ相手国に規範の受容や遵守を求めている。そのうちどちらの手段に重点を置くのかは、後述のように状況によって大きな違いが見受けられる。

（2）何の変更を求めているのか

政体か、個別政策か

　EUが相手国に対して具体的に何の変更を求めているのか、その点でも違いが見受けられる（Lavenex and Schimmelfennig [2009] p.796）。一方で、相手国の政体秩序全般に関わるような変更を求めるときがある。相手政府の政治指導者による権威主義的、抑圧的な行動への変更や、権力分立の明確化、民主的選挙の実施、司法部の独立の確保といった制度、手続き面での改革を求めたりする。他方で、より限定的に特定の政策領域、たとえば、環境政策、競争政策、消費者保護といった個別領域において協力関係を築いて、その領域で相手国に規範の受容をうながす場合がある。この場合、たとえば、当該領域での意思決定の透明性の確保、説明責任の制度強化、市民社会や民間部門からの意思決定への参加などをEUは求めたりする。それでは実際にEUは具体的にどのような働きかけを行っているのか、次節以降、ふたつの代表的な場面として、EU加盟と欧州近隣政策をみていくこととする。

2．EUへの新規加盟

　2004年および2007年に12の中・東欧の諸国がEUに加盟した（加盟プロセスについてのより詳細な研究として、羽場・小森田・田中編［2006］；東野［2012］を参照のこと）。EUはさらに西バルカン諸国へ門戸を開きはじめ、2013年にはクロアチアを迎え入れた。トルコおよびモンテネグロに関しては加盟交渉が開始されており、他の西バルカン諸国も将来的にEU加盟を視野に入れている。

　EUは90年代以降、新規加盟への諸条件、法的な手続き、および加盟準備のための支援内容などを徐々に整えてきており、その加盟のプロセスはおおまかに、加盟前の準備段階（特に連合協定の締結と準備のための各種支援）、加盟への正式申請、EUによる加盟候補国の認定、加盟交渉、そして、加盟条約の締結と発効という流れをたどる。このプロセスにおいて、EUは利益誘導型、つまりコンディショナリティ中心の規範普及活動を展開しており、相手国に対して政体レベルでの改革を求めている。

（1） EU 側の要求

EUは加盟を希望する国に対して、「コペンハーゲン基準」と呼ばれる一連の条件を受け入れるように求めている（Smith 2003）。そのなかには「政治条件」と呼ばれているものがあり、デモクラシー、法の支配、人権の尊重といった規範の受容・遵守が要件として課されている。もう少し具体的にいえば、自由かつ公平な選挙の実施とその結果の尊重、議会の権限の尊重、司法部の独立と判決の尊重、複数政党制に基づく政治運営（とくに野党の尊重）、少数民族の権利の保護、メディアの報道の自由の確保、などである（European Commission [1997]）。

欧州委員会は加盟申請を行った国に対して、政治条件を満たしているかどうかを評価し、問題がある場合は是正を求め、是正に遅延が生じた国々に対しては、加盟候補国として推薦しない方針をとっている。ただし、EUにとって申請国の政治体制を評価するのはその基準の客観性や公平性といった面でかなりの難しさが伴う。また、候補国の正式認定は閣僚理事会が行うのだが、その判断にはEUや加盟国の戦略的な利益計算や地政的な考慮も入ってくることがあり、純粋に政治条件だけで評価されないこともある。

いずれにしても、この認定の段階をクリアしてはじめて、申請国は「加盟候補国」として正式に認められ、より詳細な加盟交渉の段階へと移ることができる。この交渉段階はふたつの段階に分かれており、まず前半に、EUは35項目にわけて自分たちの法と実践を受容するように求めている。近年のEUは35項目のうち、とりわけ法の支配の確立、基本的人権の尊重、政治汚職と組織的犯罪への対処を早い段階で求めている。交渉の後半においては、EUの政策の受容に困難が伴う項目などに関して移行期や例外規定を設けるかどうかをめぐって交渉が行われる。この交渉を経て、ようやく加盟条約を締結する運びとなっている。

（2） 強力な加盟の誘因

このように新規加盟を目指す国々には、加盟交渉を開始する前に政治的条件

としてデモクラシー、法の支配、人権の尊重といった規範を受容し、遵守することが求められ、加盟交渉後には、各項目別にEUの法と実践に対応する国内法の導入が求められる。これほどの厳しい条件を突きつけられても、加盟を望む国々は多い。EUに入ることに大きなメリットがあると考えられているからである（Schimmelfennig［2005］）。

経済的利益

まず最大のメリットとして考えられるのは経済的利益である。EU加盟を果たした場合、EU市場へアクセスすることができ、関税や数量制限なく自国産品をEU市場へ売り込むことができるようになる。また、加盟した場合、自国とEUの市場が一体化することになるので、海外からの投資が拡大することも見込まれる。さらにEUからの財政支援もある。加盟前には、連合協定（中・東欧諸国向けにはヨーロッパ協定、バルカン諸国に対しては安定連合協定）を結び、かつ財政支援プログラムも並行して組まれ、加盟後にはEUの地域助成金や農業補助金を受け取ることになる。

影響力の拡大

加盟することができれば、EUの運営に関与できるようになることも大きなメリットである。欧州首脳理事会と閣僚理事会の意思決定に参加できるようになり、欧州委員会と欧州議会には自国選出のメンバーが送りこまれるため、自国の意見をEUの政策に反映させる機会がでてくる。対外的にも、自国の意見をEUの機構を通じて、国際舞台で表出できる機会が生まれる。自国が単独では発揮しえない影響力を、EUを通じて国際的に発揮する機会が生まれるのである。

安全保障上のメリット

安全保障面でもメリットがある。冷戦終結後、多くの中欧、東欧、南欧の諸国が自国の安全保障上の拠り所を求めてNATOに続々と加盟している。それとの関連で、EU加盟は安全保障の面で、間接的な形ではあるものの、よりいっそうの安心をそれらの国々に与える。EUには共通安保防衛政策があり、

NATOの資源を使って作戦行動をとることも可能で、かつEUの基本条約には域外の脅威に対して、共同で対処にあたる「相互防衛条項」がある（EU条約27条7項、詳しくは植田［2011］p.71）。EU加盟は既存の加盟諸国との関係強化にもつながるため、安全保障上一定の安心を与える効果がある。

（3）成果

このようにEUは強力な誘因を振りかざし、加盟を希望する国々に対して加盟条件のひとつとしてデモクラシー、法の支配、人権の尊重に関する規範の受容と遵守を迫っている。それらの規範を拒絶する国々は、加盟への第一歩となる連合協定の締結の延期や財政援助の開始時期の延期、あるいは加盟交渉の中断（加盟候補国として認定せず）という事態が待っている。

ポジティブな結果

中・東欧諸国の実際の加盟プロセスを振り返ってみると、このような規範受容の働きかけは全般的にポジティブな結果をもたらしたといえる。ここでは成果として3点ほど指摘したい。第一に、EU加盟の誘因は、民主化のプロセスに着手していた国々においてそのプロセスを後押しする役割を果たした。つまりデモクラシーや人権の尊重といった規範を持続的に国内に取り入れていくのを助けたのである。たとえば、加盟交渉開始後の中・東欧の国々の国政選挙は自由かつ公平な民主的な選挙と評価されている。また、中・東欧諸国は、EUに加盟するために民主化の努力をいっそう強化し、人権保護の面で一定の改善をみせたともいわれている。

第二に、民主化の移行に着手したといっても、その過程で人権保護の面で懸念が生じた国々があり、そこでEUは加盟プロセスの一時中断という措置をとって圧力を強化させ、対象国に事態の改善を求めた。欧州委員会はバルト三国に対して、ロシア語系の住民を適切に保護するように積極的にうながし、その結果、国内法の改正へと結実したのがその一例である（Schimmelfennig *et al*［2006］）。

第三に、規範の持続的な遵守という点でも大きな成果をみせている（Grabbe

[2014] p. 42)。たしかに、加盟後に突発的に法の支配や政治汚職、報道の自由、集会の自由といった面で問題が突発的に起きた国がある。その一例が、ポーランドがEUに加盟した直後、ワルシャワ市がゲイ・パレード開催のための認可をせず、集会の自由を制限したことである。また2010年以降、ハンガリー政府が2010年にメディア規制を強化させ、EUから報道の自由に反するとの非難を受けた出来事もある。このような逸脱事例が突発的にあるものの、全般的にみれば、中・東欧諸国は加盟後も高いレベルで規範遵守を続けており、他の地域で民主化が望まれる国々と比較してみても、はるかに安定的にかつ飛躍的な規範受容の進展をみせている。

うまく行っていない例

このようにEUによる加盟プロセスにおける規範受容の働きかけは一定の成果を収めた。しかし、EU加盟の誘因がうまく機能せず、相手国による規範の受容や遵守が進まなかった例がいくつかある。まず、加盟へのプロセスが一進一退の状況になっているトルコである（八谷・間・森井［2007］）。2000年代初頭、トルコは民主化へ向けた改革がある程度進んだが、その背景としてEU加盟の誘因が働いていた。しかし2000年代中頃、その改革の機運が一時静まり、規範の受容も進まなくなった。その主たる理由のひとつとして、EUがトルコの加盟に対して後ろ向きの態度を示したことがあげられる（Kubicek［2011］）。

さらに、ミロシェビッチ体制下のセルビア（1990～2000年）、メチア首相在任時のスロヴァキア（1994～98年）、トゥジマン体制下のクロアチア（1990～99年）に対してもEUは規範普及がうまくいかなかったといわれている（Schimmelfennig et al［2006］）。これらの体制下ではいずれも、一部の政治指導者が権力を過度に集中させ、権威主義的な政治運営が進められた。議会や野党・敵対勢力の軽視や排除、司法部への介入あるいは軽視、メディア報道の統制、少数派民族の抑圧等が行われていた。EUはこれらの体制に事態の改善を求め、財政援助や連合協定の締結も進めず、加盟の道が遠のくとの警告も発した。しかしいずれの事例でも、劇的な改善をみせることはなかった。改善したのはこれらの国々で政権交代が起きてからである。

（4）成功条件

　それでは、EU側からの規範受容の働きかけが成功するための条件は何であろうか。上記の成功と失敗の例を比較すると少なくともふたつの要因の重要性を指摘することができる。第一はEU側の要因であり、EUが相手国に対して、近い将来、メンバーとして迎え入れるとの姿勢を一貫して崩さないことが重要である。トルコの例では、同国は加盟候補国と認められたにもかかわらず、途中でEU側の意思が弱まったため、EUへの不信感が出てきて、結果、規範の受容の努力が持続しなかったときがある。本当に加盟させてくれるのかどうか、一貫した態度がEU側に求められるのである。

　第二は、相手側に関係する要因であり、EUの求める規範の受容にどれほど大きな政治的なコストがその相手国の政治指導部にかかっているのかが鍵を握っている（Schimmelfennig et al [2006] pp.10-11）。もしもEU側の求めに応じて規範を受容した時に、その国の政治指導者の権力基盤に大きなダメージが生じる場合、規範の受容は起こらないと予測される。その国が権威主義的で、その政治体制が、メディアの報道を操作したり、選挙過程に不正に影響をおよぼしたり、一部の政治ポスト（大統領職や首相職）に過度に権限を集中させたり、あるいは政治的な汚職を行っていることによって、成り立っている場合がある。このような場合には、EUが自由かつ公平な選挙の実施、政府支出金の使途の透明化、汚職・腐敗の根絶、報道の自由といった点で要求を行ったとしても、その国の指導者は受け入れる可能性はかなり低い。自分たちの権力基盤が揺るがされることになるからである。上記のセルビア、クロアチア、スロヴァキアのケースはこのような国内要因によって、EU側が求める規範受容と遵守が発生しなかったと考えられる。

3．欧州近隣政策

（1）欧州近隣政策のもとでの規範普及活動

友達の輪

　EU は 2004 年に欧州近隣政策（European Neighbourhood Policy, ENP）を発表した（European Commission [2004]、この政策の全体像については蓮見 [2005] および Kokubo [2009] を参照のこと）。その対象となっているのは文字通り EU 近隣の東欧、南地中海、中近東の諸国である。この政策を通じて、EU は近隣の国々と協力関係を政治、経済の両面で強化していくことを目指している。その政策の基本方針として、EU はデモクラシー、法の支配、人権の尊重といった規範の受容を対象国に促している。対象国との価値や利益の共有をはかり、「友達の輪（a ring of friends）」を広げることを目指しているのである。欧州近隣政策では、対象となっている国ごとに行動計画が組まれ、EU と相手国が合意した項目や政策についてのみ協力関係が築かれ、各種の援助や支援が行われる。したがって、規範受容に関しても相手国の意思に委ねられる部分が多く、その国が前向きな姿勢を示す場合にのみ規範の受容が進められることになる。

規範普及活動の特徴

　EU 新規加盟交渉の場合、相手国のほとんどがすでに民主化に向かって制度改革を進めており、それと並行して EU への加盟の一連のプロセスも始まったため、EU はその国の各種規範の受容の努力を後押ししやすかった。しかし、欧州近隣政策の状況はそれとは異なり、対象となっている国々のほとんどが依然として権威主義的性質を色濃く残している。

　そこで EU は相手国の政治指導者がどのような態度をとっているのかによって、異なる手法を使って規範受容を促している。一方で、相手国の政治指導者が民主化や人権保護強化のための改革に着手している場合には、EU は利益誘導型の手法を使って、政体レベルでの規範受容を促している。他方、民主化の兆しがみえず、EU が求める各種規範の受容にほとんど関心をみせない国々に

対しては、説得型の働きかけに重点を置いて、政策分野別に特化して、規範の受容を促している（Lavenex［2008］）。相手国が合意した分野で協力関係を築き、その枠内で、市民社会の参加、意思決定の透明性の確保、アカウンタビリティの強化などの各種規範の適切さを説いて、相手国の政策や制度に変更を促しているのである（Lavenex and Schimmelfennig［2011］）。

（2）政体レベルでの利益誘導による働きかけ

それではまず、EUがどのように利益誘導を行って政体レベルでの規範受容の働きかけを相手国に行っているのかをみてみよう。欧州近隣政策において、EUは相手国とともにどのような改革を目指すかについて行動計画を策定する。そして、デモクラシー、人権の尊重、法の支配といった規範を受容し、制度改革を進める意思をみせ、それを行動計画として明言した国々に対して、何らかの利益を与える。しかし、以下にみるように、その見返りとなる利益はその対象国にとって不十分な場合が多く、誘因の内容もあいまいなときがある（Sasse［2007］）。

財政支援
EUは近隣政策の枠内で、2007年から2013年の間に約120億ユーロの支援を行った。2014年から2020年に関しては154億ユーロを予算として確保している。EUは改革を進めれば進めるほど、支援額を増額するという仕組みをとっており、相手国の改革への意欲を持続させようとしている。欧州委員会は各国の改革の進捗状況を定期的に把握し、その評価に基づいて実際の支援額を決定する。

人の渡航手続きの簡素化
EUは規範の受容を進めようとする国々に対して、段階的にEUへの渡航条件を緩和する措置もとっている。EUの国々に渡航する人に対して、ビザ発給の手続きの要件緩和と迅速化が図られ、最初に外交官や研究者、学生に対してその手続きを認める。ビザ発給に要する料金も減額する措置をとる。ただし、

大量に人が流れてくることへの懸念がEUには根強くあり、どこまで渡航の自由化を広げていくのかは未確定であり、相手国にとってやきもきする一因となっている。

EU市場へのアクセス？

EUは欧州近隣政策の発表当初、EU市場にアクセスする権利を対象国に与えるかのようなメッセージを送っていた。対象国は当然、特恵貿易待遇にあずかることができるのではとの期待を一時抱くことになった。本当に自国産品のEU市場へのアクセスが認められれば経済的に大きな効果を持つのだが、EUはその後、あいまいな態度をとるようになり、現在ではその国と自由貿易協定を結び、双方向で市場開放を進める方向へと動き出した。片務的な貿易優遇措置よりはメリットが少なくなるが、それでもこの自由貿易協定に利益を見いだす国々はある。

EU加盟に結びつくのか？

欧州近隣政策はEU加盟に直接結びつく政策ではない。むしろ今後は、加盟してくる国の数をできるかぎり減らしたいのが現状のEUである。にもかかわらず、加盟の見込みがあるのかどうかが欧州近隣政策全般に大きな影を投げかけている。南地中海のアフリカ諸国と中近東のアラブ諸国に関してはEU加盟の可能性はもとよりない。他方、一部の東欧諸国には、EU側の求める規範やその他の要求を受け入れれば、いつかは加盟の道が開けるのではないかとの期待がある。長期にわたってEU加盟の強い期待を抱いているのがウクライナであり、淡い期待を寄せているのが、モルドヴァ、ジョージア（グルジア）である。EU側もこの状況を承知しており、東欧の国々に対しては、意図的にあいまいな態度をみせ、半分だけ加盟のドアを開いてみせている。このように加盟の見込みが多少なりともありそうな国々に対しては、規範受容の期待がやや高くなる。

(3) 限定的な効果

欧州近隣政策の限界

　EU に新規に加盟する国々と比較した場合、欧州近隣政策では対象国へ与えることのできる利益は質量ともに劣っているか、あるいはその誘因自体がややあいまいになっている。しかも上述のとおり、この政策の対象国の多くは依然として権威主義体制の特徴を有するため、そもそも政体レベルでの変化をうながすことはきわめて難しい。実際、EU は「アラブの春」といわれた動きにも、その後の混迷の状態にも、あまり影響をおよぼせなかった。欧州近隣政策の限界が如実に示されたのである。

　先述の通り、欧州近隣政策のもとでは、EU と相手国の双方が合意した行動計画に沿って協力関係が構築される仕組みであるため、そもそも相手国が強い抵抗感を示す規範受容に関する項目は外れることがよくある。また、たとえ行動計画に民主的な選挙の実施や法の支配の確保といった項目が入ったとしても、EU が実施を強く迫ることは多くなく、その具体的な改革内容の基準や実施時期は明確に設定されていないこともある（Del Sarto & Schmacher［2011］）。

ウクライナの事例

　それでも、EU 側の働きかけによって良くも悪くも多少の影響があったといえそうなのがウクライナの例である（Casier［2011］; Sasse［2010］）。ウクライナは 2004 年のオレンジ革命以降、民主化の機運が高まった。そのような状況で、たまたま時を同じくして開始された欧州近隣政策のもと、EU とウクライナ政府は行動計画に合意し、憲法改正、司法部の独立、人権の保護などといった民主化の積極的推進を重要課題として掲げ、実際、2006 年には改正憲法が施行され、議会の権限が強化されるなどの改善があった（European Commission［2004］［2009］）。また、2007 年の総選挙や 2010 年の大統領選挙は過去と比較すれば、自由かつ平等な選挙であったといわれている。

　しかしながら、ウクライナは政情が不安定で、民主化のプロセスも停滞し、部分的に後退する側面も出てきた。明確な権力の分立がないため、首相・議会側と大統領側が権限争いを繰り返し、かつ、政治汚職もはびこり、司法部の独

立、少数民族の人権、メディアの報道の自由では数多くの問題が根強く残ったままとなってしまった。しかも、2014年に始まるウクライナ国家分裂危機は、EUとの連合協定がひとつの契機となってしまった（コラム8参照のこと）。このようにウクライナは、他の欧州近隣政策の対象国と比較して、EU側からの働きかけが良くも悪くも多少の影響があった事例といえよう。

規範受容のための条件は何か

　このウクライナの例があるものの、欧州近隣政策の枠組みでは、なかなか政体レベルでの規範受容を相手国政府に迫るのが難しいという現実がある。それでも、①加盟の誘因があり、かつ、②対象国の政府が積極的に民主化（規範の受容）を進める意欲があるときは、EUによる働きかけが効果をもたらす可能性が多少残されているといえる。さらに相手国に与える利益を充実させることができれば、規範受容の期待を高めることができると考えられる。

（4）政策分野ごとの説得

　このように政体レベルでの変化をうながすのは現状では難しいが、それによって欧州近隣政策によるEUの規範普及活動の潜在力が否定されたとはいえない。先述のとおり、EUは別の方法でも働きかけを行っており、そこでは相手国が権威主義的な性質を強く残しているとしても、政策分野ごとに協力関係を築き、その個別領域で説得型による規範受容の働きかけを積極的に行っているからである。その当該分野で、EUは相手国に対してEUの政策の基礎となる法体系とその実務をまねるようにうながしており、それに付随して、各種の規範、とりわけ、アカウンタビリティ（説明責任）の確保、情報開示など意思決定の透明性の確保、司法審査のための制度構築、民間部門や市民社会の参加といった規範の受容をうながしている。

（5）成果と限界

　ラベンネックスらの研究グループがこのような政策分野別の説得型の規範受

容の働きかけについての研究を進めており、その研究成果のなかには、その働きかけが一定の成果につながっていると評価されている事例がある（Lavenex and Schimmelfennig [2011]）。

モルドヴァの難民受け入れ審査

その具体例のひとつがモルドヴァの難民受け入れ審査の改革である。この分野でモルドヴァは難民庇護申請をしてきた人々を受け入れるための手続きを大幅に改善させた。具体的には、公平な審査、手続きの進め方に関する情報の提示、UNHCR（国連難民高等弁務官事務所）への不服申し立ての手続きが導入された。EUはこれらの改革の適切さをUNHCRとともにモルドヴァ政府に訴え、実現に結びつけたのである。

モロッコの環境政策

もうひとつの例が、モロッコとEUによる水の管理に関する共同プロジェクトである。この事例ではモロッコ側はEUの求めに応じて、この分野における情報を開示するための法律を導入し、意思決定にも民間からの参加を認める規定も設け、不服申立ての手続きも導入した。これらの決定は適切な実施にまで至っていないため、成果としてはまだ限られている。しかし、その改革に関与したモロッコの行政官僚は情報開示や参加の重要性を従来以上に強く認識するようになったという（Freyburg [2011]）。

ヨルダンの競争政策

このように一定の前進がみられる事例がある一方、規範受容があまり進まない事例もある。ヨルダンの競争政策がそれに該当する。EUはヨルダンに対し、国家補助金に関わる汚職を防止し、不正な資金の流れを絶つべく、意思決定への広範な参加、情報の開示、意思決定者の説明責任の強化、といった各種改革を促した。しかしヨルダンでは、それらの改革が遅々として進まない。その国の一部の政治家や行政官僚、関連企業の既得権益が絡み、かつ、この国の法律・司法関係者が適切な法の執行についてまだ経験や知識を十分に持っていないことが、その理由としてあげられている（Freyburg *et al.* [2011] pp. 1039-

1040)。

遺伝子組み換え食品

そもそも EU 側が積極的に規範の受容を追求しないときもある。その一例が、東欧諸国に対する遺伝子組み換え食品の分野に見受けられる（Wetzel [2011]）。EU の一部の加盟国は、この分野で協議の参加資格を広げ、情報開示を進展させると、自分たちの経済的な利益が脅かされると予測した。それゆえに EU は積極的に規範受容を相手国に迫ることができなくなっているのである。

（6）効果をもたらすための条件

上記のように規範受容に向かって前進した例がある一方、あまり進展がみられない分野もある。それではこの分野別の説得型の働きかけが成果をもたらすためには、どのような条件が揃っているとよいのであろうか。ラベンネックスの研究グループが指摘しているのは次の諸点である。第一に、EU は当該分野において自分たちの法制度を受け入れるように相手国にうながしているのだが、その自分たちの制度が明確に設定されている必要がある。明確に設定されていないと、相手国に説得力を持ってその適切さを伝えることができないからである。第二に、EU が対象国に対して説得を行い、当該分野に正当な規範基準を伝えるため、そのような機会が制度的に確立していなければならない。説得は相手方の規範的意識に訴えかけるため、頻繁かつ密接なコミュニケーションの場が必要となるのである。第三に、EU と政策協力を行うことを相手国がある程度、望んでいるような状況が必要となる。実際に何らかの具体的な問題（環境汚染や食品の安全性への危惧）があり、それを解決したいと相手国が望んでおり、そのために EU からの助けを求めるといった状況である。この点に関してとくに、相手国の中央政府およびその政策分野の行政当局の政治的、経済的な利害関係が重要となる。相手国が政治的あるいは経済的なコストがあまりかからないと判断すれば EU 側の求めに応じて、規範を導入する。政治的、経済的に大きなコストがかかると判断されれば、規範を受容しないと考えられる。最後に、EU 側の利益関係も重要となる。何らかの利益を得られると判断して

いる場合には、EU 自身、相手国への規範受容に積極的になる。しかし EU 側に自分たちの利益が脅かされるとの判断がある場合、関連する規範の受容を相手国に強く求めないことになる。これらの条件が揃えば揃うほど、相手国の規範受容が進むと考えられる。

4．EU の規範普及活動の未来

これまで EU 加盟と欧州近隣政策というふたつの場面をみてきた。新規加盟のプロセスにおいては、EU は相手国に対して、政体レベルでの規範受容を求め、利益誘導型の働きかけを集中的に行っている。欧州近隣政策の下では、利益誘導による政体レベルでの規範受容の働きかけと、政策分野ごとの説得による働きかけのふたつを状況に応じて使い分けている。

本章の考察を踏まえると、以下のように結論を導き出すことができる。まず利益誘導による政体レベルへの働きかけに関しては、加盟の誘因があるとないとでは EU の規範普及活動の成果が大きく変わってくる。EU 新規加盟の場合、および欧州近隣政策においても EU への加盟を望み、かつ、その見込みがある国々が相手の場合には、利益誘導による規範受容が政体レベルで進む可能性がある。しかも、EU 側が相手国に対して加盟の約束を明確にし、各種の支援を強化することができれば、規範受容はいっそう進むと期待される。今後も EU 新規加盟は規範受容を相手国に迫るための絶好の機会となると考えられるが、この手法の難点は、EU はどこまでも拡大するわけにはいかず、今後、EU としても新規に加盟してくる数を制限したいと考えていることである。

他方、相手国が権威主義体制をとっており、その体制の維持に腐心する国家に対しては、たとえ EU 加盟の誘因があったとしても、政体レベルでの規範受容は進む可能性はきわめて低い。規範を受容することによって、政治的に、あるいは経済的にその体制を支えている基盤が揺らぐ恐れがあるからである。

そのように権威主義体制の国々が相手の場合には、むしろ欧州近隣政策の下で展開しているような政策協力を築いて、その分野で説得型の働きかけを行うほうが規範受容の成果が出やすい。実際、EU にとって現実的な目標となっているのは、そのように協力関係を結ぶ政策領域を広げていき、それとともに規

第7章　EUによる対外的な規範普及のための手段と成功条件

範受容の範囲も拡張していくことである。一定の条件が揃わないとそのような成果をあげることはできないと考えられるものの、権威主義体制をとる国々にとっても受け入れやすいため、この政策分野ごとの説得による働きかけの潜在力は期待できよう。

参考文献

Casier, Tom [2011] "The EU's Two-Track Approach to Democracy Promotion: The Case of Ukraine", *Democratization*, Vol. 18, No. 4, pp. 956-977.
Checkel, Jeffrey [2001] "Why Comply?: Social Learning and European Identity Change", *International Organization*, Vol. 55, No. 3, pp. 553-588.
Del Sarto, Raffaella and Tobias Schumacher [2011] "From Brussels with Love: Leverage, Benchmarking, and the Action Plans with Jordan and Tunisia in the EU's Democratization Policy", *Democratization*, Vol. 18, No. 4, pp. 932-955.
European Commission [1997] "Agenda 2000: For a Stronger and Wider Union", Document drawn up on the basis of COM (97) 2000 final, 13 July 1997. Bulletin of the European Union, Supplement 5/97.
――― [2004] "European Neighbourhood Policy: Strategy Paper", COM/2004/0373 final, 12 May 2004.
――― [2005] "EU-Ukraine Action Pan", External Relations, the Commission (online).
――― [2009] "EU-Ukraine Association Agenda", External Relations, the Commission (online).
Freyburg, Tina [2011] "Transgovernmental Networks as Catalysts for Democratic Change", *Democratization*, Vol. 18, No. 4, pp. 1001-1025.
Freyburg, Tina, Sandra Lavenex, Frank Schimmelfennig, Tariana Skripka and Anne Wetzel [2011] "Democracy Promotion through Functional Cooperation?: The Case of the European Neighbourhood Policy", *Democratization*, Vol. 18, No. 4, pp. 1026-1054.
Grabbe, Heather [2014] "Six Lessons of Enlargement Ten Years on: The EU's Transformative Power in Retrospect and Prospect", *Journal of Common Market Studies*, Vol. 52, Annual Review, pp. 40-56.
Johnston, Alastair I. [2001] "Treating International Institutions as Social Environments", *International Studies Quarterly*, Vol. 45, No. 4, pp. 487-515.
Kokubo, Yasuyuki [2009] "European Neighbourhood Policy: Its Assessments and Challenges", *EU Studies in Japan*, Vol. 29, pp. 156-174.
Kubicek, Paul [2011] "Political Conditionality and the European Union's Cultivation of Democracy in Turkey", *Democratization*, Vol. 18, No. 4, pp. 910-931.
Lavenex, Sandra [2008] "A Governance Perspective on the European Neighbourhood Policy", *Journal of European Public Policy*, Vol. 15, No. 5, pp. 938-955.
Lavenex, Sandra and Frank Schimmelfennig [2009] "EU Rules beyond Borders: Theori-

zing External Governance in European Politics", *Journal of European Public Policy*, Vol. 16, No. 6, pp. 791-812.
────── [2011] "EU Democracy Promotion in the Neighbourhood: From Leverage to Governance?", *Democratization*, Vol. 18, No. 4, pp. 885-909.
Sasse, Gwendolyn [2007] "Conditionality-Lite: The European Neighbourhood Policy and the EU's Eastern Neighbours", in Constanza Musu and Nicola Casarini (eds.), *The Road to Convergence*, Palgrave Macmillan, pp. 163-180.
────── [2010] "The ENP and the EU's Eastern Neighbours: Ukraine and Moldva as Test Cases", in Richard Whiteman and Stefan Wolff (eds.), *The European Neighbourhood Policy in Perspective*, Palgrave Macmillan, pp. 181-205.
Schimmelfennig, Frank [2005] "Strategic Calculation and International Socialization", *International Organization*, Vol. 59, No. 4, pp. 827-860.
Schimmelfennig, Frank, Stefan Engert and Heiko Knobel [2006] *International Socialization in Europe*, Palgrave Macmillan.
Smith, Karen [2003] "The Evolution and Application of EU Membership Conditionality", in Marise Cremona (ed.), *The Enlargement of the European Union*, Oxford University Press, pp. 105-140.
Wetzel, Anne [2011] "The Promotion of Participatory Governance in the EU's External Policies: Compromised by Sectoral Economic Interests?", *Democratization*, Vol. 18, No. 4, pp. 978-1000.

植田隆子［2011］「リスボン条約とEU対外関係（2009年12月―2011年1月）」『日本EU学会年報』第31号、61-80頁。
臼井陽一郎［2013］『環境のEU、規範の政治』ナカニシヤ出版。
蓮見雄［2005］「欧州近隣諸国政策とは何か」『慶應法学』第2号、141-187頁。
八谷まち子・間寧・森井裕一［2007］『EU拡大のフロンティア――トルコとの対話』信山社。
羽場久美子・小森田秋夫・田中素香編［2006］『ヨーロッパの東方拡大』岩波書店。
東野篤子［2012］「EUの拡大政策」森井裕一編『ヨーロッパの政治経済・入門』有斐閣、237-255頁。
────── ［2013］「対外支援――EUの規範とコンディショナリティ」大矢根聡編『コンストラクティヴィズムの国際関係論』有斐閣、101-124頁。
山本直［2002］「EUにおける人権と民主主義――コンディショナリティを題材にして」『日本EU学会年報』第22号、56-77頁。

第8章
グローバリゼーションを管理せよ
――規範を志向する EU の通商政策

明田ゆかり

　EU は今日世界最大の貿易パワーであり、貿易は EU のもっとも重要な対外政策の手段のひとつである。このパワーに基づき、EU は 1990 年代から貿易についての世界の常識（規範）を変え、グローバリゼーションに介入していくという大胆で野心的な通商戦略を展開してきた。「グローバリゼーションの管理」という名で知られるこの戦略は、貿易交渉における EU の規範志向を世界に印象づけた。EU の提言は、グローバル化の行き過ぎや格差の拡大を懸念する国家や市民社会の共感と支持を獲得してもおかしくはなかった。だがこの規範志向の通商政策は多国間貿易交渉の場では行き詰まり、舞台をバイラテラルな交渉の場へと移した現在も多くの課題に直面している。そこには EU の通商政策と規範の複雑な関係や、貿易をめぐる規範政治が必然的に陥る巧妙な罠が影を落としているのである。
　本章ではこの貿易をめぐる EU の規範政治を理解するために、まず EU の通商政策と規範の関係を整理し、通商政策においてどのような規範がなぜ重要となったのかを明らかにする。そのうえで、EU の「グローバリゼーションの管理」の展開を、WTO のドーハ・ラウンドとバイラテラルな通商交渉というふたつの舞台を通じて観察していく。最後に、これらの考察を通じて浮かびあがった、規範志向の EU 通商政策の本質的問題点を指摘する。

1．EUの通商政策と規範

（1）貿易パワーとしてのEU

世界経済に占めるEUの地位

　EUは加盟国の拡大と単一市場の創設を通じて、世界最大の貿易パワーへと発展してきた。2013年のEUの人口は5億570万人（世界人口の約7％）、GDPは13兆750億ユーロ（世界GDPの約20％）、1人当たりGDPは2万3100ユーロであり、ユーロ危機を経験したあともなお、世界第1位の経済的地位を維持している。2012年にEUは世界貿易（財とサービスの合計）における輸出額、輸入額ともに世界第1位であった（第2位はアメリカ、第3位は中国）。EUはまた対外直接投資と対内直接投資の額においても世界第1位である。さらに世界の80ヵ国においてEUは、その国の最大の貿易相手の地位を占めている（アメリカは20ヵ国）。この5億人を超える豊かな消費者と国境のない巨大な市場の存在、そして貿易に占める地位が、貿易パワーとしてのEUの基盤となっている。

　貿易パワーの基盤はそれだけではない。EUの実質的経済力を対外的な影響力に転換するのが、EUの通商政策の制度である。共通通商政策は1960年代からEU（当時はEEC）の独占的な権限として始動し、EUは加盟国それぞれの利益を"ひとつの声"にまとめ上げ、欧州委員会が単独の交渉官として貿易交渉に効率的に臨んできた。50年以上の経験に裏打ちされた熟練の交渉力により、EUは単一市場へのアクセスを切り札として交渉相手国から経済的・政治的譲歩を獲得し、また多角的貿易交渉におけるアジェンダを形成してきた。

　EUが軍事力を保有しなかった過去はもとより、共通安全保障防衛政策のもとに軍事力を保有するようになった今日においても、経済力と通商政策の組み合わせはEUのもっとも強力な対外政策の手段なのである。

「貿易を通じたパワー」

　ムニエーとニコライディスは貿易パワーとしてのEUを、貿易交渉においてEUの経済利益を実現する「貿易におけるパワー（power in trade）」と、貿易を

手段として貿易以外の外交目的やEUの価値を推進する「貿易を通じたパワー（power through trade）」に分類した。そして「貿易におけるパワー」としてのEUの行動はアメリカとほとんど変わらないが、EUを特異な存在としているのが「貿易を通じたパワー」の側面であると論じている（Meunier and Nicolaïdis [2006] pp. 911-915）。

ところでアメリカも、第三国との自由貿易協定（FTA）においてしばしばEU以上に厳格な環境・労働基準を導入しており、決してEUのみが「貿易を通じたパワー」であるとはいえない。だがEUをアメリカや他の経済大国と異なる存在としているのは、通商政策の目標における規範の占める比重の大きさと、その拡散のためのアプローチの特殊性である。この特徴が1990年代に「貿易を通じた規範パワー」というEUのイメージを世界に広めることになったのである。

（2）通商政策と規範

それではEUは通商政策においてどのような規範を追求しているのだろう。

EUは1957年のEECの創設以来、多国間自由貿易レジーム（GATT/WTO）のメンバーであると同時に、域内において多国間貿易自由化（地域レベルのグローバリゼーション）の"実験"を行ってきた。EUの対外通商政策とその規範は、外における自由貿易レジームの発展と内におけるEU自身の市場統合の経験を反映している。さらに90年代以降は政治統合という実験も追加されたのである。

経済リベラリズム

EUの通商政策の原点は経済リベラリズムである。経済リベラリズムは第二次世界大戦後の貿易レジームの基本理念でもあるが、特にEUにとっては、ふたつの点でその"存在意義"に関わる重要な規範である。第一に経済リベラリズムは、貿易障壁の撤廃を通じた自由貿易の拡大（市場統合）が経済的繁栄のみならず平和も実現する（不戦共同体）という理想主義的信念と結びついていること、第二に自由貿易の拡大が国家主権を部分的に浸食していくことからも

明らかなように、経済リベラリズムは本質的に「脱国家」、「コスモポリタン」を志向する規範であることである（Parker and Rosamond [2013] pp. 231-233）。

だが1980年代までの経済リベラリズムは、"埋め込まれたリベラリズム"という性格のものであった（Ruggie [1982]）。この規範のもとで各国は対外的に多角的な自由貿易を推進する一方、国内では市場への介入を通じて経済成長と雇用、そして福祉国家を実現してきた。国際レベルの自由貿易規範は国内政策の変更を要請しないという合意により、関税同盟完成後のEUの市場統合は停滞し、EUの対外的通商政策も"伝統的通商政策"にとどまっていた（以下、表1参照）。国際貿易構造の変化とともに"埋め込まれたリベラリズム"は貿易自由化の理念としての限界を露呈し、1980年代にネオリベラリズムに取って代わられていった。

ネオリベラリズム

ネオリベラリズムは市場メカニズムを重視し、政府の介入ではなく規制緩和と民営化による競争力の向上を提唱する。貿易については規制撤廃や共通ルールの策定により、サービスや投資の自由化を推進し、自由貿易の深化を通じた世界レベルの経済成長を重視していた。

EUでは1980年代を通じて主要な加盟国の経済政策がネオリベラリズムの方向に収斂し、1992年の単一市場プログラムを成功させた（Young [2005] p. 97）。加盟国の規制緩和と非関税障壁の撤廃を通じ、ヒト、モノ、資本、サービスの"四つの自由移動"を世界に先駆けて実現した単一市場は、EUの国際競争力を大幅に強化し経済成長をもたらした。この経験に基づき、EUはネオリベラリズムに基づく"規制的通商政策"を積極的に展開することになる。単一市場プログラムとほぼ同時期に展開されたGATTのウルグアイ・ラウンド（1986〜94年）においてEUはアメリカと手を組み、サービス貿易、貿易関連投資、知的財産権等を自由貿易レジームに組み込み、拡大した貿易ルールを紛争解決機関によって厳格に管理するWTOを創設することに成功した。

ところで、リベラリズムもネオリベラリズムも、そのもっとも重要な目的は経済的利益である。このため、ネオリベラル志向のEUは利己的な"重商主義的EU"とみなされ、規範的EUの対極に位置づけられることが多い。だがネオ

リベラリズムは、豊かさを通じて平和を実現するという経済リベラリズムの理想主義の DNA を受け継ぎ、また法の支配と個人の自由を保障する制度を重視する規範であることを忘れてはならない。

社会的規範

EU の通商政策は、しかしながら、ネオリベラリズムを全面的に採用したわけではなかった。ネオリベラル規範の浸透と同時期に、ヨーロッパでは環境や健康、次章で扱う動物福祉といったポスト物質的価値を重要視する意識が高まり、また EU の市場統合やグローバルな貿易自由化が国内政策の変更を強要することに対する市民の不安が拡大した。このため単一市場プログラムでは非効率な経済的規制が撤廃・緩和される一方、環境保護、労働者の権利、食の安全や消費者保護といった各国の社会的規制は EU レベルでの高い保護水準の規制に置き換えられていった（第6章参照）。単一市場はネオリベラル的な規制緩和というよりもむしろ規制強化のプロジェクトであり、「規制国家」EU を登場させた（Young［2005］pp.103-107; Majone［1994］）。

この単一市場の登場により、EU は本来貿易規範とは考えられてこなかった社会的規範を追求する"社会的通商政策"も展開するようになる。その目的は経済的利益ではなく非物質的価値であり、また公的権威による市場の失敗の是正であった。EU の貿易を通じたパワーとしてのユニークな特徴は、この社会的通商政策の比重の大きさである。

ただし注意を要するのは、世界一厳しい環境基準、労働基準、安全基準をもつ単一市場は EU 企業の生産コストを上昇させ、その国際競争力を低下させたことである。EU の社会的通商政策は、他国がそうした基準を順守するコストを払わずに安価に生産した製品（ソーシャルダンピング）から EU を守るという、潜在的な経済利益追求の側面ももっているのである。

政治的規範

規範志向の EU の通商政策という言葉でまず思い浮かぶのが、貿易を手段としたデモクラシーや人権といった政治的規範の追及であるかもしれない。だが意外なことに、それは長い間限定的、周辺的であった。多国間貿易交渉でこの

第Ⅲ部　対外関係の規範政治

表1　EUの複合的通商政策

	形態	アクター	指導規範・目的	分野
伝統的通商政策	国境措置	EU諸機関（貿易担当） 加盟国政府（貿易担当） 企業	リベラリズム 消極的市場統合 経済的利益の拡大	関税 輸入制限 貿易円滑化措置
規制的通商政策	域内措置	EU諸機関 （貿易・非貿易担当） 加盟国政府 （貿易・非貿易担当） 企業	ネオリベラリズム 積極的市場統合 経済的利益の拡大	サービス 知的財産権（TRIPs） 投資 競争政策 衛生植物検疫制度（SPS） 貿易の技術的障壁（TBT） 農業
社会的通商政策	域内措置	EU諸機関 （貿易・非貿易担当） 加盟国政府 （貿易・非貿易担当） 企業 市民社会	社会的・人道的・倫理的規範 市場の失敗への対処 非物質的利益の拡大	環境 労働基準・人権 公衆衛生（SPS/TRIPs） 消費者保護（TBT） 開発 文化 農業
政治的通商政策	コンディショナリティ	EU諸機関 加盟国政府 市民社会	EUの憲法的規範 外交目的 より善い世界の構築	デモクラシー 基本的人権 法の支配 グッドガバナンス

出典：Young［2007］の議論に加筆・修正

価値が追求されることはなく、EUがパワーの非対称性を活用しやすい途上国とのバイラテラルな（二国間の）貿易協定に政治的コンディショナリティとして組み込まれるのが一般的であった。これらの協定は経済的利益が目的ではなく、政治関係強化や開発目的で締結され、政治的規範の履行も強制力を伴うものではなかった。

　単一市場の創出に成功したEUは経済共同体から政治共同体への道を歩み始め、冷戦終結後の秩序模索のなかで"価値の共同体"というもうひとつのアイデンティティを急速に形成していった。アムステルダム条約はEUの共通原則

として自由、デモクラシー、人権および基本的自由の尊重、法の支配を明記し、EUは通商政策とこれらの政治的規範の関係を再検討せざるをえなくなった（政治的通商政策）。

リスボン条約

　1990年代からの共通通商政策の規範志向は、リスボン条約によってひとつの到達点と、同時に転換点を迎えたということができる。

　到達点というのは、これまでEUが通商政策で追求してきたリベラリズム、社会的規範、政治的規範のすべてが、共通通商政策を含むEUの対外行動の原則、目標として条約上に明記されたことである（EU条約第21条およびEU機能条約第207条第1項）。

　転換点というのは、条約ではこれらの規範間の優先順位やバランスは規定されず、依然としてEUの諸機関の判断に任されている一方、通商政策の決定と実施に関与する新たなアクターを追加したことである。リスボン条約では通商政策が「通常立法手続き」となり、欧州議会が拒否権パワーをもつ強力なアクターとなった。欧州議会は、通商政策を政治的規範、特に人権規範推進の手段として活用することを強く求めている（European Parliament［2014a］p.1）。さらに通商政策と他の対外政策との調整において欧州対外行動庁（EEAS）も関与することになった。この制度的変化は将来政治的通商政策が強化されていく可能性を示唆している。

（3）規範としての単一市場モデル

　これまで述べてきた通商政策と規範の関係を、ムニエーらの枠組みにあてはめてみよう。

　伝統的通商政策と規制的通商政策を追求するEUは、経済的利益を目的とするため「貿易におけるパワー」であり、このふたつの政策においてはアメリカと変わらない。一方、社会的通商政策と政治的通商政策の推進は、貿易以外の外交目的やEUの価値を追求するユニークな「貿易を通じた規範パワー」EUの行動であるということになる。

だが前節で明らかにしたように、経済リベラリズムとネオリベラリズムも EU の"存在意義"に関わる重要な規範である。EU はネオリベラリズムと社会的規範をそれぞれ独立して推進しているわけではなく、むしろ両者は不可分かつ一体のものとして推進されている。このふたつの規範の最適バランスを通じて経済成長と社会的公正および社会的結束を実現した"単一市場モデル"は、EU の新たなアイデンティティであり、グローバリゼーションのモデルであり、また世界に輸出すべき価値となった。この"規範としての単一市場"の追及は、経済目的も含まれるためムニエーの枠組みとの微妙なズレをみせる。さらにこれは「市場パワー EU」の本質であるとして、「規範パワー EU」論に対するもっとも有力な反論としても用いられてきた（Damro［2012］p. 682）。だが EU はこの単一市場モデルの輸出を通じてグローバル貿易ガバナンスの"規範"の変更を試みており、その点ではマナーズの主張する規範パワーに該当する。本章では社会的通商政策、政治的通商政策に加えて、この単一市場モデルの輸出を「貿易を通じた規範パワー」の第三の側面であると同時に、もっとも重要な側面として扱うことにする。

アイデンティティか利益か？

　EU の通商政策と規範の複雑な関係は、EU が"なぜ"これらの規範を追求するのかという動機の解明もまた複雑であることを示唆している。第4章で提起された「適切性の論理」と「結果の論理」による解釈のいずれも妥当性をもち、また EU の意図と他者の認識が異なることも起こりうる。

　EU は貿易ガバナンスの"モデル"であり、また主権国家を超えた"価値の共同体"であるというアイデンティティに基づき、通商政策を通じた特定の規範の推進を"正しいこと"、"適切なこと"として行っているのか。それとも合理的損益計算の"結果"として、社会的規範の輸出で自己の競争力の確保を狙い、また政治的規範の浸透を通じて国際政治における長期的・構造的優位とリーダーとしての地位の保全を目指しているのか。次節からは、これらの疑問を念頭に置きつつ、規範志向の EU の通商政策の実践をみていくことにしよう。

2．グローバル貿易ガバナンスにおける規範の修正

（1）グローバリゼーションの管理

　規範としての"単一市場モデル"を、EUがもっとも精力的に対外的に推進しようとしたのが、「グローバリゼーションの管理（managing globalization/harnessing globalization）」というディスコース（言説）とそれに基づく戦略の展開である。この言葉はプロディ欧州委員会の貿易担当委員に任命されたラミーの1999年の所信表明においてはじめて登場し、グローバルな貿易規範の修正を目指すEU通商政策の包括的かつ指導的理念となった。ラミーは次のように述べている。

　　グローバル化の負の影響を管理するためにEUの通商政策がこれほど必要とされたことはない。EUにおける市場統合、共通ルール、社会的セーフティネットの組み合わせは、グローバル化の影響を克服するうえで多くの国々を感化することができる。EUはグローバル化の利益が世界全体で共有され、また社会的価値が優先されるよう、政治的に管理されたグローバル化を推進することに関心をもっている。（Lamy［2002］p.1）

　「グローバル化の管理」はアメリカの推進する自由放任のネオリベラル規範の対抗概念と位置づけられ、また多国間主義（WTO）から離れ"競争的自由化"戦略のもとでFTAを推進しているアメリカに対して、多国間主義の擁護者としてのEUのイメージを強化する意図をもつものであった。この言説展開の背後には、アメリカを"他者化"し、自らをアメリカとは異なるパワーとみなすEUのアイデンティティが存在していたことは明白である。「グローバル化の管理」はラミーのスピーチを中心とした言説に加えて、具体的にはWTOの多国間貿易交渉（ラウンド）におけるアジェンダ設定の試みとして展開された。

多国間主義と法の支配

「グローバル化の管理」の中核は、多国間主義と法の支配という政治的規範である。そもそもWTOの例外である地域自由貿易制度のEUが、なぜ多国間主義のチャンピオンを標榜するのか。それは、WTOが法の支配によって貿易を管理するという構図が、まさにEUがEU法を通じて単一市場を管理してきた構図のグローバルな複製であるからである。また第1節で述べたように、EUの市場統合は本質的にコスモポリタンを志向する。多国間制度への強い支持は、ポスト主権国家システムの推進という点でEUのアイデンティティと一致している。

多国間主義を推進するために、EUはWTOの設立直後から新たなラウンドの開始を強く働きかけてきた。EUはまた、WTOの管轄を拡大し貿易に関する法の支配を強化するために、新ラウンドを広範な交渉議題を含む「包括ラウンド」とすることを主張した。EUは8年間に及ぶウルグアイ・ラウンドの交渉疲れから消極的であった他のWTO加盟国を説得し、2001年のドーハ・ラウンド開始を実現した。過去8回のラウンドは例外なくアメリカのイニシアチブによるものであったが、これはEUが主導権を発揮しアメリカを説得したはじめての事例であった。

EUはさらに多国間主義に本気で取り組む姿勢を示すために、1999年に「FTAモラトリアム」を宣言し、当時すでに交渉中のものを除き新たなFTA交渉の開始を凍結したのである。

貿易自由化のEUアプローチ

ラミーのスピーチからも明らかなように、「グローバル化の管理」はグローバル化の利益を最大化することも目的としていた。この目的に対するEUのアプローチは規制的通商政策を通じた貿易自由化であり、それを象徴するのが「シンガポール・イシュー」の推進であった。「シンガポール・イシュー」とは、1996年のWTOシンガポール閣僚会議で提起された、投資ルール、競争ルール、政府調達の透明性の確保、貿易円滑化（貿易手続きの簡素化・調和化）という四つの問題の総称である。EUはすでに単一市場でこの問題に取り組み、WTOにおける議論の主導権を握ろうとしていた。だが途上国は同イシューが先進国

の競争上の優位を強化するとして反対し、またEU以外の先進国にとっては優先順位の低い問題であった。EUは最後まで四つの問題の議題化に固執したが、貿易円滑化のみが2003年に議題として採択された。

社会的・人道的規範の導入

「グローバル化の管理」のもっとも重要な目的が、グローバル貿易ガバナンスにおける社会的・人道的規範の導入であることはまちがいない。「人間の顔をしたグローバル化」、「グローバル化の社会的側面」といった言説も用いられ、規範パワーEUを象徴する主張となった。EUは「貿易外関心事項」と呼ばれる環境、労働基準、文化的多様性等の社会的規範を新たにWTOの法体系に組み込み、また開発、公衆衛生、消費者保護といったすでに組み込まれている規範をいっそう強化することを目指していた。EUが特に固執したのは「予防原則」をWTOの規範として認知させることである。「予防原則」とは将来重大な環境破壊や健康被害が予想される場合には、十分な科学的根拠が不在であっても措置を講じることができるという考え方であり、成長ホルモン使用牛肉や遺伝子組み換え食品に対するEUの輸入禁止は、この原則に基づいている。だが予防原則は容易に保護主義の手段に転化される可能性があることからWTOは認知せず、EUの輸入禁止はWTOルール違反として制裁の対象となっていた。

ドーハ・ラウンドでは労働基準は途上国の、予防原則はアメリカの強い反対により議題化は却下された。唯一環境が交渉議題に採択されたが、その内容はWTOと他の環境条約との関係を検討するといった緩やかなものであった。

開発規範──もろ刃の剣

EUにとって、社会的・人道的規範であると同時に、ラウンドの成否を左右する重要な意味をもっていたのが開発規範である。ウルグアイ・ラウンドではネオリベラリズムが途上国に対しても適用され、途上国は先進国に比較して競争力のないサービス貿易や投資の自由化、知的財産権保護の遵守を受け入れざるをえなかった。だがネオリベラリズムが約束した経済効果は実現されず、途上国はWTOに対する強い不満と不信をもっていた。

EUは途上国に対するネオリベラル・アプローチの修正、すなわち一定の優遇措置と支援による格差是正を訴え、新ラウンドの焦点を開発問題にあてることを提案した。新ラウンドの正式名称が「ドーハ開発アジェンダ」とされ、GATT／WTO史上はじめて開発が中心議題と位置づけられたのは、EUの努力に負うところが大きい。EUはさらに途上国や市民社会と協力し、公衆衛生と人道的観点から途上国で生産されるエイズ等の治療薬を特許権の適用除外とすることをラウンドの開始宣言に明文化した。またラウンド開始直後に「武器以外すべて（EBA）」イニシアチブを展開し、48の最貧途上国から武器を除くすべての産品の対EU輸出を無関税とし、他の先進国もEUにならうよう呼びかけた。

このような点から、EUは開発に関しては貿易ガバナンスの規範の修正に成功したかにみえる。だが、「グローバル化の管理」に対する途上国の支持は広がらなかった。その理由のひとつは、EUの行動が純粋に社会的・人道的規範に基づくものというよりも、WTOで圧倒的多数を占める途上国を味方につけるための交渉上の戦術と受け取られたことである。もうひとつは、EUの他の通商目的が開発支援と矛盾していたことである。EUが推進する「シンガポール・イシュー」や社会的規範の多くは、途上国の比較優位を脅かすものと認識されていた。だがEUがもっとも批判されたのは、途上国が優遇措置よりも強く求める農業市場の開放と国内支持の撤廃にEUが消極的であったことである。

さらに皮肉な結果は、開発規範の浸透がG2と呼ばれるEUとアメリカが交渉を主導することの正統性を喪失させ、インド、ブラジル、中国、南アフリカに指導された途上国（G22）の交渉ポジションを高め、WTOにおけるパワーシフトを促進したことである。EUの影響力は急速に低下し、先進国と途上国の激しい対立からドーハ・ラウンドはこう着状態に陥っていった。

（2）ネオリベラリズムへの重心のシフト

「グローバル・ヨーロッパ」と「貿易・成長・世界情勢」戦略

ドーハ・ラウンドの行き詰まりが明白となった2006年、バローゾ委員会のもとで貿易担当欧州委員となったマンデルソン委員は「グローバル・ヨーロッ

パ——国際競争への対応」と題する文書を発表し、EUの域内成長戦略と通商政策の連動を掲げ、短期的・直接的にEUの競争力強化を狙った新たな通商戦略を打ち出した。この新戦略はドーハ・ラウンドの妥結を優先順位の第一に掲げながらも、FTAモラトリアムを解除し、アジアの新興経済パワーを対象とした経済効果を第一目的とする新世代FTAの推進を明確に打ち出した。2010年にはその後継戦略として、ドゥグフュト貿易担当欧州委員が「貿易・成長・世界情勢——EU2020戦略の中核としての通商政策」を発表し、アメリカ、日本、中国、ロシアなどの戦略的パートナーとの通商関係強化とFTA締結が新たに目標に加えられた。

ネオリベラル規範の再台頭

　このEUの新たな通商戦略の指導的規範がネオリベラリズムであることは明らかである。さらにマルチラテラル（多国間主義）よりバイラテラル（二国間主義）なFTAを重視する姿勢からも、新戦略は「グローバル化の管理」からの撤退であり、規範志向のEUから重商主義的EUへの転換と受け止められた。

　たしかにこの戦略は、「貿易を通じた規範パワー」としてのEUが直面したふたつの課題を背景としていた。ひとつは、EU域内成長戦略の不調とユーロ危機により、豊かさと社会的公正を同時に実現するという"単一市場モデル"の、"豊かさ"の部分の正統性と有効性が著しく低下したことである。もうひとつは、中国をはじめとするBRICSの急激な経済成長とアメリカの追及するFTA戦略により、EUの規範を拡散する強力な手段であった貿易パワーもまた相対的に低下したことである。このふたつの課題に対する処方箋がネオリベラリズムであり、バイラテラルなFTAであった。

　ただし、「グローバル・ヨーロッパ」の冒頭では、「成長と雇用は、経済的繁栄、社会的公正、持続可能な発展、そしてヨーロッパがグローバル化に備えるために不可欠である」と述べられている。また別の個所では、「域内で社会的公正と結束を追求するとともに、社会・環境基準や文化的多様性といったヨーロッパの価値を世界中に拡散していかなければならない」とも述べられている（European Commission [2006] p. 1, 5）。これらの記述からも、新戦略におけるリベラリズムへの規範の重心の移行とバイラテラルな交渉への舞台の移動は、

「グローバル化の管理」からの撤退ではなく、経済成長を通じたその正統性の立て直しを意味していたことをうかがわせる。

3．バイラテラルな FTA を通じた規範の拡散

（1）新世代 FTA

経済効果の追求

　「グローバル・ヨーロッパ」戦略によって交渉が開始された FTA は、交渉相手を従来の政治・外交的観点からではなく、純粋に経済効果の大きさで判断するという点で「新世代」であった。この新戦略のもとで EU は 2007 年に ASEAN、インド、韓国との FTA 交渉を開始し、個別の ASEAN 加盟国とのバイラテラルな FTA として 2010 年にマレーシア、2012 年にベトナム、2013 年にタイと交渉を開始した。2009 年には初の G8 メンバー国であるカナダとの交渉に着手した。「貿易・成長・世界情勢」戦略のもとではさらに巨大な経済との FTA が追求され、2013 年 4 月に日本との FTA 交渉が（コラム⑥参照）、同年 7 月にはアメリカとの「環大西洋貿易投資パートナーシップ（TTIP）」の交渉が開始された。韓国との FTA は新世代 FTA の第 1 号として 2011 年 7 月に発効し、シンガポールとの FTA は 2013 年 9 月に仮署名され、カナダとの FTA は 2014 年 9 月に交渉が終結した。

　これらの FTA は「深く包括的な FTA（deep and comprehensive FTA: DCFTA）」と呼ばれ、関税撤廃に加えて、サービス貿易、知的財産権、政府調達、競争、投資（シンガポール・イシュー）および広範な規制分野が含まれている。すでに WTO 協定の対象となっている分野についてはいっそうの自由化を達成し、さらに WTO 協定の範囲を超える幅広い分野の自由化とルール形成を目指すものである。新世代 FTA のひな形とされる EU・韓国 FTA では、ドーハ・ラウンドで EU がアジェンダ化を試みた分野がほぼ採用されている。ネオリベラリズムに基づく規制的通商政策がこうした新世代 FTA の核心にある。

労働・環境規範

　一方、社会的規範の追及が忘れられたわけではない。EUは新世代FTA交渉において「持続可能な発展」という独立した章を協定に設け、そのなかで労働と環境基準を規定することを推進してきた。前述のEU韓国FTAでは、当事国による労働・環境基準の厳格な遵守、ILOの中核的労働基準を含む労働原則の承認と最新の条約の批准、多国間環境協定の実効的履行が約束され、市民社会の関与による履行監視メカニズムが設置された。カナダとのFTAでは「持続可能な発展」章に加えて、「貿易と労働」、「貿易と環境」という章も設けられ、EUとカナダが協力して労働・環境規範を世界に拡散していくことが約束されている。

　このように「持続可能な発展」は、内容も強制力もFTAごとに違いがみられることも特徴である。バイラテラルな交渉ではEUの貿易パワーをより直接的に発揮することができる反面、相手との相対的パワー、政治関係、緊急性がそれぞれ異なることがFTAの内容に差異をもたらしている。その結果EUとしての統一的で一貫した社会的規範の拡散が妨げられ、分断化が生じている。

　さらに「持続可能な発展」章の導入は、しばしば交渉相手の強い抵抗による交渉の長期化を引き起こしている。新世代FTAの第一の目的である経済効果の追求と単一市場モデルの回復は協定の早期締結にかかっており、これらの社会的規範の追及と競合しているのである。

（2）枠組協定と政治的規範

　FTAの経済的成果という目的とさらに競合するのが、政治的規範の推進とその履行の強化である。閣僚理事会は2009年に、今後すべてのFTAは「枠組協定」や「戦略的パートナーシップ協定」と呼ばれる政治協定と合わせて締結されることが望ましいという政治決定を行った（EU Council [2009]）。さらにEUは両者をリンクさせ、政治協定に規定された基本的人権やデモクラシーといった政治的規範に対する違反が発生したときに、FTAの特定の条項の履行を停止できるようにすることを目指している。これは政治的規範を協定の「本質的要素（essential element）」と規定し、あわせて「不執行条項」を導入する

ことにより可能となる（中西［2013］pp. 93-95）。FTA と同様、韓国との枠組協定が「標準モデル」とされ、シンガポールとの FTA も枠組協定とあわせて締結された。だが政治的規範の尊重を強制する EU のアプローチはインドとカナダの強い反発を呼び、FTA 交渉を長期化させる大きな要因となった。また日本やアメリカとの FTA 交渉においても、決裂を招きかねない大きな懸念材料となっているのである。

（3）環大西洋貿易投資パートナーシップ（TTIP）

EU が WTO で展開した「グローバル化の管理」のバイラテラルな代替案にもっとも近いものが、おそらく TTIP であろう。TTIP は成功すれば世界 GDP シェアの約 50％、世界貿易の約 30％を占める巨大自由貿易圏を出現させる。「もし世界の二大経済が合意すれば、それは世界全体の貿易交渉の強力なたたき台となる」と、ドゥグフュト貿易担当欧州委員は述べている（De Gucht［2014b］p. 4）。EU が必要とする経済成長と雇用の創出という点からも、共有する規範の世界的拡散という点からも、もっとも効果が期待される FTA である。本章の執筆時点では交渉の行方は未知数であるが、貿易における規範政治という観点からいくつかのポイントを指摘しておきたい。

第一に、「グローバル化の管理」で"他者化"されたアメリカは、TTIP 推進の議論では EU の同志と位置づけられている。新たに米 EU 共通の他者として示唆されているのは、近年グローバルな経済レジームの独自の制度化に乗り出した BRICS、特に中国である。

第二に、TTIP の意義についての欧州委員のスピーチのなかで、再び通商政策を通じたグローバル化の管理の必要性や、単一市場モデルの有効性という言説が登場している（De Gucht［2014a］）。

第三に、EU が TTIP を通じた普遍的価値の拡散を語る一方で、アメリカは TTIP の地政学的、地経学的目的を公言してはばからない。そこには EU が必死に否定する TTIP の覇権的性格をアメリカが肯定しているという矛盾が存在する（例えばブリュッセル・フォーラムでのドゥグフュトの発言を参照のこと https://www.youtube.com/watch?v=gFNPWWTe45s　accessed on 1st March 2015）。

第四に、EUがTTIP締結の条件として求める強制力をもった政治協定を、はたしてアメリカが受け入れるのか。単一市場の世界一厳しい社会的基準を、EUはTTIPで維持することが可能なのか。TTIPは規範と基準に対する両者の大きく異なるアプローチの収斂というもっとも困難な課題を抱え、EUの規範政治にも影響を及ぼさざるをえない。

4．規範志向の通商政策の罠

（1）目的と手段の罠

　多くの人々がグローバル化の急激な進展に不安を覚え、グローバルレベルの"市場の失敗"に迅速に対応する必要を感じている今日、法の支配を通じた経済的価値と社会的価値のバランスを訴えるEUの「グローバル化の管理」という理念は世界的な共感を得てもおかしくない。だがこれまでの節で明らかになったように、EUの推進する規範の正統性が他のアクターから認められているとは言い難く、その実践も多くの困難に直面している。

　そのもっとも本質的な理由は、規範志向の通商政策における目的と手段の規範性が灰色で矛盾に満ちており、EU自身がその罠にとらわれていることである。

目的の罠

　「適切性の論理」と「結果の論理」で説明したように、EUが公共善として規範の拡散を推進しているのか、あるいはEUの利己的な利益を追求しているのかを外から判断することは難しい。貿易においては、このふたつの目的はコインの裏表のように本質的に不可分である。単一市場モデルはEUの重要な規範であり、また短期的・長期的なEUの利益でもある。社会的規範である環境保護や労働者の権利でさえも、規範であると同時にEUの利益であることはすでに指摘した。規範的目的としての単一市場モデルの輸出は、他のアクターの目にはEUの伝統的利益を追求する「シビリアンパワー」の行動と映りえるのである（表2参照）。

表2　受け手から見た規範パワーのイメージ

		目的	
		普遍的価値	伝統的国益
手段	規範的／非軍事的	規範パワー	シビリアンパワー
	伝統的	覇権パワー	伝統的パワー

手段の罠

　規範パワーが正統性をもつためには、目的のみならず手段も規範的であることが求められる。規範の拡散の手段として、強制よりも説得に、制裁よりも報酬に依拠することが規範パワーの特質とされ、マナーズは規範の拡散は「水滴が石に穴をあける」ように作用すると論じた（Manners [2008] p.37）。だが、規範的手段に忠実であろうとすれば規範の拡散に限界があり、規範の拡散を効果的に実践しようとすれば規範パワーの定義から外れていく。EUはつねにこの根本的な矛盾に直面している。

　多国間貿易交渉ではEUの強制力の直接行使は難しく言説展開と説得が中心となることから、手段はより規範的である。だが規範を拡散させる有効性には限界があった。バイラテラルなFTAでは、EUは力の非対称性を利用できるアクターに対して強制と制裁を用いて規範を協定に組み込んできた。だが貿易を用いた強制と制裁は、たとえ非軍事的手段であっても物理的パワーの行使であり、伝統的手段に近い。さらにTTIPの事例は、EUが規範の拡散を推進するうえで軍事パワー・アメリカの影響力と一体化することにより、規範パワーから「覇権パワー」に限りなく近づいていく危険性があることを示唆している。

　EUは目的と手段の罠にはまり、その言動は表2に示した異なるパワーの境界線上を迷走しているようにも見える。

（2）規範政治の罠

　EUが展開した貿易における規範政治の最大の罠は、規範の追及が規範パワーとしてのEUの影響力をかえって損なう結果になっていることである。

　「グローバル化の管理」戦略では、すでに述べたように多国間主義と開発規

範への固執がEUの交渉力を弱め、ドーハ・ラウンドをこう着状態に陥らせ、規範政治を失速させた。2006年に開始したバイラテラルなFTAによる社会的規範の拡散や、経済成長を通じた単一市場モデルの復活は、政治的規範の義務化によって制約されている。さらに、対外行動に一貫性をもたせるはずのリスボン条約が、規範の優先順位をめぐる分裂状態を生んでいる。

　EUの規範志向の通商政策は「結果の論理」と「適切性の論理」に加えて、多様なアクターの思惑が錯綜する「妥協の論理」にさいなまれている。だがEUのアイデンティティと、その法的・政治的・経済的・社会的構造からの圧力により、EUの通商政策は経済的利益と規範のバランス、そして異なる規範の間のバランスを模索し続けていかなければならない。今日のEUは規範志向の通商政策を明確な意思をもって推進しているというよりも、その罠にはまり、そこから抜け出すことができないかのようである。

参考文献

Damro, Chad [2012] "Market Power Europe", *Journal of European Public Policy*, Vol. 19, No. 5, pp. 682-699.

EU Council [2009] "Reflection Paper on Political Clauses in Agreements with Third Countries", Doc 7008/09.

European Commission [1999] "Communication from the Commission to the Council and to the European Parliament, The EU Approach to the Millennium Round: SUMMARY". (http://trade.ec.europa.eu/doclib/docs/2006/december/tradoc_111111.pdf)

―――― [2006] "Global Europe: Competing in the World: A Contribution to the EU's Growth and Jobs Strategy". (http://trade.ec.europa.eu/doclib/docs/2006/october/tradoc_130376.pdf)

―――― [2010] "Trade, Growth and World Affairs: Trade Policy as a Core Component of the EU's 2020 Strategy", COM (2010) 612.

European Parliament [2014a] "The European Parliament's Role in Relation to Human Rights in Trade and Investment Agreements", Directorate-General for External Policies, Policy Department, Study, Expo/B/DROI/2012-09.

―――― [2014b] "The Role of the EP in Shaping the EU's Trade Policy after the Entry into Force of the Treaty of Lisbon", Directorate-General for External Policies, Policy Department, In-Depth Analysis, DG Expo/B/Dep/Note/2014_54.

De Gucht, Karel [2014a] "EU Trade Policy as a Means to Influence Globalization", European Commission, Speech/14/405. (http://trade.ec.europa.eu/doclib/docs/2014/may/tradoc_152514.pdf)

―――[2014b] "The Transatlantic Trade and Investment Partnership: The Real Debate", European Commission, Speech/14/406. (http://trade.ec.europa.eu/doclib/docs/2014/may/tradoc_152515.pdf)

Lamy, Pascal [1999] "Preparing for the Seattle Conference, Speech to the European Parliament". (http://trade.ec.europa.eu/doclib/docs/2005/january/tradoc_121061.pdf)

―――[2002] "Malta and the EU: How to Make Globalization Work for the Small, Speech to the Malta Business Community". (http://trade.ec.europa.eu/doclib/docs)

Majone, Giandomenico [1994] "The Rise of Regulatory State in Europe", *West European Politics*, Vol. 17, No. 3, pp. 78-102.

Manners, Ian [2008] "The Normative Power of the European Union in a Globalized World", Zaki Laïdi (ed.), *EU Foreign Policy in a Globalized World: Normative Power and Social Preferences*, Routledge, pp. 23-47.

Meunier, Sophie [2007] "Managing Globalization?: The EU in International Trade Negotiations", *Journal of Common Market Studies*, Vol. 45, No. 4, pp. 905-926.

Meunier, Sophie and Kalypso Nicolaïdis [2006] "The European Union as a Conflicted Trade Power", *Journal of European Public policy*, Vol. 13, No. 6, pp. 906-925.

―――[2011] "European Union as a Trade Power", in Hill Christopher and Michael Smith (eds.), *International Relations and the European Union*, 2nd edition, Oxford University Press, pp. 275-298.

Parker, Owen and Ben Rosamond [2013] "'Normative Power Europe' Meets Economic Liberalism: Complicating Cosmopolitanism Inside/Outside the EU", *Cooperation and Conflict*, Vol. 48, No. 2 pp. 229-246.

Ruggie, John G. [1982] "International Regimes Transactions, and Change: Embedded Liberalism in the Postwar Economic Order", *Internatinal Organization*, Vol. 36, No. 2, pp. 379-415.

Woolcock, Stephen [2012] *European Union Economic Diplomacy: The Role of the EU in External Economic Relations*, Ashgate.

Young, Alasdair R. [2005] "The Single Market: A New Approach to Policy", in Helen Wallace, William Wallace and Mark A. Pollack (eds.), *Policy-Making in the European Union*, 5th edition, Oxford University Press, pp. 93-112.

―――[2007] "Trade Policies Ain't What It Used to Be: The European Union in the Doha Round", *Journal of Common Market Studies*, Vol. 45, No. 4, pp. 789-811.

明田ゆかり [2007]「縛られた巨人――GATT/WTO レジームにおける EU のパワーとアイデンティティ」田中俊郎・小久保康之・鶴岡路人編『EU の国際政治――域内政治秩序と対外関係の動態』慶應義塾大学出版会、287-321 頁。

田村次郎 [2006]『WTO ガイドブック』弘文堂。

中西優美子 [2013]「EU 対外政策における政治原則の発展――EU 諸条約の諸改正を手掛かりに」安江則子編『EU とグローバル・ガバナンス』法律文化社、69-100 頁。

コラム⑥
EU の FTA 政策と日 EU・FTA

関根豪政

　日本と EU との間での自由貿易協定（FTA）は、2011 年 5 月に、締結に向けた交渉のプロセスの開始が決定され、予備交渉を経て 2013 年 4 月に交渉が開始された。そして、2014 年 9 月時点で、6 回の公式会合が開催されている。交渉が継続中の現状では、日 EU・FTA の内容を正確に分析することは困難であるため、本コラムでは、これまでの EU の FTA 政策をふまえつつ、日 EU・FTA の意義について簡単に紹介したい。

これまでの EU の FTA 政策

　詳しくは本書の第 8 章でも論じられているように、これまで EU は「グローバリゼーションの管理」を念頭に通商政策を展開し、その実現に重点を置いてきたため、二国間関係にとどまる自由貿易協定（FTA）よりも、多数国間協定——すなわち、世界貿易機関（WTO）——における貿易自由化交渉に重点を置いてきた。しかしながら、実際には多数国間交渉では EU が望む「グローバリゼーションの管理」の実現は容易ではなく（この様子は第 9 章でも描かれている）、貿易のさらなる自由化が進まないとの現実に直面することになったため、EU は、2006 年の「グローバル・ヨーロッパ」の提示を契機に、より現実的な路線（WTO での交渉の妥結を理想としつつも、FTA の締結を進めていく方針）へと舵を切っている（「グローバル・ヨーロッパ」および、それ以降の通商戦略についての詳細は第 8 章参照）。

　それでは、多数国間協定である WTO と、二国間（場合によっては 3 ヵ国以上の複数国間）協定である FTA とでは何が異なるのか。前者は、世界の大半の国が参加しているため、ひとつのルール制定による効果が加盟国に広く波及することになる。つまり、そこでは普遍性が追求され、制定される協定の性質も法律に近づくことになる。それに対して、後者の FTA は、二国間に効果が限定される協定のため、当事国にとって都合がよいルールであれば十分となり、二国間の契約に近づくことになる。その場合、EU が関連しない貿易協定には、EU の政策的な思惑は及ばないことになる。「グローバリゼーションの管理」を目指すのであれば、EU が、統一的なルールが多角的に波及する多数国間協定

を優先することは必然的であった。

　しかしながら、前述したように、多数国間交渉を通じた"グローバリゼーションの管理"の実現は困難を極めた。また、WTO 交渉の停滞が顕著になるにつれ、多くの国は二国間協定の締結を通じた自由貿易の進展を目指す姿勢を露わにした。その結果、EU がその潮流に取り残され、貿易の自由化の網から外れてしまうことが懸念されるようになったため、それを受けて EU は、「グローバル・ヨーロッパ」戦略を打ち出し、そのなかで、今後は EU も FTA の拡大を追求していくことを示すに至ったのである。

　また、「グローバル・ヨーロッパ」では、アジアとの貿易関係を重視することが謳われ、それに基づき、現在はアジアとの FTA が拡大傾向にある。現時点では、発効済みの協定は EU・韓国 FTA にとどまり、また、アセアン（ASEAN）との関係については、地域―地域間の FTA 交渉が円滑に進展しなかったとの経緯があったものの、近年は、個別の国家との交渉へと移行しており、EU・シンガポール FTA は署名済み、マレーシア、ベトナム、タイについては交渉中との状況にある（その他、インドとも交渉中）。そのような流れのなかで、日本との FTA の締結に向けた動きが進められているのである。

EU からみた FTA の相手国・日本の意義

　EU にとって個別的に日本と FTA を締結することの意義はどこにあるのか。まずは、純粋に貿易量の多さである。EU からみて、日本は貿易相手国としては第 7 位（2013 年）の国と位置づけられており、ノルウェーなどの近隣諸国を除くと、これまで EU が締結してきた FTA では最大の貿易相手国との協定（アメリカに先んずれば）となる。具体的に、EU が日本との FTA を締結することによって得られる利益としては、GDP の 0.6〜0.8％の増加や、42 万人程度の雇用創出効果が見積もられている。

　日 EU・FTA が貿易や雇用に与える影響以外にも、同協定を取り巻く情勢が近年変化しつつあることが、同協定の意義を高めていると指摘できる。すなわち、"メガ FTA" と呼ばれる大規模な FTA が同時並行的に交渉されつつあり、それらとの連動性のなかで日 EU・FTA が形成されているとの情勢である。

　日本にとってはもちろんのこと、EU にとっても見過ごせないのが TPP（環太平洋パートナーシップ）の存在である。TPP も日 EU・FTA と同様、現在交渉が進められており、その内容が明らかにされているわけではないが、もし

TPPの交渉の内容が日EU・FTAの交渉内容に影響を与えることになれば、EUにとってはTPPの内容が日EU・FTAを通じて部分的に波及することを意味しうる。

もっとも、EUにとって、日EU・FTAを通じたTPPとの接続の意義は薄れつつあるとも考えられる。というのも、TTIP（環大西洋貿易投資パートナーシップ）交渉が開始され、TPP交渉においても強い影響力を及ぼしているアメリカとEUが直接交渉を行うようになったためである。しかし、そうであったとしても、日EU・FTA、TPP、TTIPというメガFTAを通じて、EU・日本（あるいはアジア）・アメリカの貿易関係が強化されることは、よりいっそう統一的な通商ルールを創出する可能性を秘めており、ゆえに、日EU・FTAの重要性は高いものといえる（余談だが、日本は、現在4大メガFTAととらえられているFTA——上記の三つの協定に加え、RCEP（東アジア地域包括的経済連携）を含めた四つ——のうち、三つに関与しており、これらのメガFTA間の架け橋的な役割を担う潜在性を有している）。

日EU・FTAの展望

さて、問題は、日EU・FTAはいつ妥結されることになるのであろうか。あるいは、そもそも妥結できるだろうか。

交渉開始に際して、EUは、1年後（つまり、2014年4月まで）を交渉のレビュー期とし、その際に、日本の取り組み状況を踏まえて交渉を継続するか否かの判断を下すとしていた。そのようなレビュー条項が設けられた理由としては、EU域内の日EU・FTA懐疑論者に対する説得のためであったとされている。

結局、レビューの結論が"交渉の停止"となることは回避されたが、今後も交渉を継続するとしても、妥結まで時間を要することが予想されている。交渉が難航しうるひとつの理由となるのが、"交渉の非対称性"の問題である。まず、日本からEUに対して要求されているのは、基本的に、関税の引き下げである。日本からEUへ輸出される主な工業産品（自動車やテレビなど）はいまだに関税が賦課されているため、FTAの締結によりそれらの関税が引き下げられることになれば、日本にとっては大きな利益を生み出すことになる。問題は、EUから日本に対する要求である。実は、EUの対日輸出の主な産品（一般機械や自動車）はすでに無税なため、関税交渉を行う余地が少ない。そこで、EU

は日本に対して非関税障壁の除去（すなわち、国内規制の緩和）を要請しているのである。このように、それぞれの要望が同種でないことが、"交渉の非対称性"を生み、交渉を難航させる原因となりうる。さらにいうと、非関税障壁の除去は、その恩恵がEUに限定されないとの問題も存在する。関税交渉であれば、EUが日本の産品のみの関税を引き下げることで、その恩恵を日本に限定することができる（他国は関税の引き下げによる利益は得られない）。しかし、非関税障壁の除去（国内規制の緩和）は、FTAの交渉相手国のみに対して規制を緩和することは難しいため、他の国にとっても利益をもたらす可能性がある。したがって、EUが熱心に交渉した結果、日本の規制が緩和されたとしても、それによってEUからの輸出がそれに見合った程度にまで増えるとは限らず、むしろ、第三国の産品の輸出拡大につながるおそれもある。要するに、日EU・FTAの恩恵が確実にEUに及ぶとは限らないのであり、ゆえに日本とEUの間で協定の利益が均衡するかがわかりづらいのである。これもEUが日EU・FTAに懐疑的になる要因ともいえる。

　ともあれ、これまでのところ、日本は非関税障壁の除去に対して誠実な対応をみせているため、EU側からも好意的な評価が下されている模様で、今後も交渉が継続することになるであろう（交渉が難航する可能性をはらんではいるが）。先に述べたように、日EU・FTAは経済大国間の協定であり、相互連動の可能性を秘めるメガFTAのひとつであることから、その締結による影響は世界的にも大きいものと予想され、どのような形で結実するのかが注目される。

第9章
EUの通商政策を通じた動物福祉の普及
―― 動物福祉の「すすめ」か「押しつけ」か？

関根豪政

　本章では、EUが多数国間枠組みと二国間（または複数国間）関係を通じて、どのようにその規範パワーを発揮しているかについて、「動物福祉[1] (animal welfare)」と貿易の関係を題材に検討してみる。

　EUは1970年代より漸次的に、動物福祉への関心を高めてきた。現在では、多くの立法が行われ、条約レベルでも動物福祉に関する規定が「一般的適用性を有する諸規定」のひとつとして重要な位置づけを与えられるに至っている（EU機能条約第13条）。かかる発展をふまえると、EUは動物福祉政策の発展に成功を収めてきたと評価できる。他方で、EUはそれらと並行する形で、域外国にも動物福祉の向上を求める姿勢を強めてきた。しかし、対外的な関係に関してはEUが思い描くシナリオ通りに事が進んでいるわけではない。また、そこでのEUの行動の特徴は、多数国間枠組みであるWTO（世界貿易機関）でその普及に挑戦しつつも、そこで望ましい成果を得られない場合には、別の枠組みに舞台を移すか、FTA（自由貿易協定）などの二国間関係の場面で組み込むことを試みている点にある。換言すれば、WTOのように経済的パワーを背景に影響を及ぼすことが難しい組織においては動物福祉の浸透に成功していないが、そうでない舞台では、徐々にその概念の普及に成功しつつあるととらえられる。本章では、このようなEUの「動物福祉」をめぐる影響力の行使のプロセスを追いながら、EUの対外政策の"規範志向性"と"経済的パワー"の相互連動性の把握を試みる。

1．EUにおける動物福祉の概念の展開

　EUにおける動物福祉への関心の具体化は、1970年代の各指令を嚆矢とする[2]。EUの条約レベルでは、マーストリヒト条約に付属する「動物の保護に関する宣言（Declaration on the Protection of Animals）」が、動物福祉に関する最初の言及であった（当初の欧州経済共同体（EEC）条約には動物福祉の概念は含まれていなかった）。当該宣言では、「欧州議会、理事会、欧州委員会そして加盟国は、共通農業政策、運輸、域内市場および研究に関する〔EU〕法の策定や実施に際して、動物の福祉の要請に十分に配慮する」ことが求められるとされていた。その後、アムステルダム条約では、「動物の保護と福祉に関する議定書（Protocol on Protection and Welfare of Animals）」が欧州共同体（EC）条約に付属されると同時に、①動物が感覚を有する生物であることが前文で示され、また、②上の宣言の一文のあとに続いて、「とくに宗教儀式、文化的伝統および地域的遺産に関係する加盟国の立法上もしくは行政上の規定および慣習が尊重される」との文章が追加された。そして現在は、リスボン条約によりEU機能条約第13条として、「連合〔EU〕の農業政策、漁業政策、運輸政策、域内市場政策、研究技術開発および宇宙政策の決定と実施において、連合〔EU〕および加盟国は、感覚ある生物としての動物の福祉を十分に尊重する。他方で、とくに宗教儀式、文化的伝統および地域的遺産に関係する加盟国の立法上もしくは行政上の規定および慣習が尊重される」と規定されるに至っている。さらに今後は、動物福祉に関する総合的な法的枠組みを導入することが計画されている[3]（European Commission［2012］p. 6）。

　リスボン条約によりEU機能条約に取り入れられ、「一般的適用性を有する諸規定[4]」の一つと位置づけられたことは、動物福祉に対する意識をさらに強固なものとする重要な分岐点となる可能性が高い[5]（Ryland and Nurse［2013］p. 109）。EU機能条約第13条とされたことの意義と効果は徐々に明らかになるものと思われるが[6]、今後は、EUにおいて動物福祉がよりいっそう重要視されていくであろう[7]。

2．多数国間関係における動物福祉の限界

このように漸次的な発展をみせている動物福祉の概念について、EU は、それを国際的な基準（スタンダード）として推進していくことをも目標として抱いている（European Commission [2006] p. 2）。それを実現させるための"場"はいくつか考えられるが、EU はまずは、多数国間貿易枠組みである WTO において、その概念を提起してきた。

（1）WTO 交渉

多数国間枠組みである WTO において EU が「動物福祉」を最初に示したのは、1986 年からのウルグアイ・ラウンド交渉とされる。公式な文書では保存されていないが、EU は SPS 協定（衛生植物検疫措置の適用に関する協定）の制定交渉において、協定の対象範囲として「消費者の懸念」と「動物福祉」を含めるべき旨を主張していた（林［2012］p. 24）。つまり、「動物福祉」の保護を根拠とした輸入制限を、SPS 措置（衛生植物検疫措置）として認めることの主張である。そして、「動物福祉」との表現が明示された文書としては、1990 年の条文草案（ブリュッセル・ドラフト）がある。そこでは、SPS 措置に「動物福祉および環境、ならびに消費者の利益と懸念の保護のための措置」が含まれる旨が記されていたが、この点については合意がないことから、括弧つきで記載されていた（GATT［1990］p. 174）。しかしながら、最終的には、EU との関係では輸出国となる国々をはじめとした多くの国の反対を受け（林［2012］p. 25）、SPS 協定には「動物福祉」の表現は含まれていない[8]。

その後、EU が WTO で再度「動物福祉」の概念を提示したのは、2000 年の農業委員会における提案である。EU は同提案のなかで、WTO の枠内での動物福祉問題への対処の必要性を訴え、具体的には動物福祉を扱う多数国間協定の制定などを主張した（WTO［2000］p. 3）。しかしながら、ここにおいても主に発展途上国から強い反対を受け、実現には至っていない（Hobbs *et al* [2002] p. 440）。結局、EU は、WTO 交渉の場では、動物福祉についての主張が支持さ

れづらい状況に直面しており、その後は関連する提案を行っていない。

（2）OIE における EU の試み

　WTO の交渉での成果は芳しくない EU であるが、近年は OIE（国際獣疫事務局）における動物福祉基準の創設に注力している。

　OIE で最初に動物福祉の概念がみられたのが、第 3 次戦略計画（2001～05 年）である。そこではじめて動物福祉が優先事項であると特定され、OIE に対して加盟国から、動物福祉を国際的に主導すること、また、動物福祉実務に関する勧告やガイドラインを策定することが指示されることとなった。そして、2002 年には動物福祉作業部会が始動しており、翌年には、同部会から最初の勧告が採択されている。さらに、2004 年には、「陸生動物衛生規約（Terrestrial Animal Health Code）」に動物福祉に関する指導原則が挿入されるに至っている（以下、OIE の各規約を総称して OIE コードとする）。2005 年以降は、総会において 14 の動物福祉基準が採択されている（OIE [2014]）。

　このような OIE での動物福祉の発展に関して、随所で EU の貢献や影響がみられる。たとえば、EU は、OIE に対して多数の提言やコメントを提出している[9]。また、OIE 世界動物福祉会議をはじめとする各会議や地域会合において、資金や運営の面での支援を行うなど、OIE の活動へ積極的な関与を行っている（FAO [2009] p. 26）。あるいは、EU の指令が、OIE の勧告の土台となった例もあることが指摘されている[10]（GHK [2010] p. 72）。

　ただし、EU の取り組みにも支えられ、WTO と比べて着実な進歩をみせているものの、OIE の動物福祉基準は次の 2 点で限界に直面しうる。第一に、OIE コードはその採用が任意の「基準（standard）」であり、拘束力を有するわけではない[11]（Fraser [2008] p. 335; Otter et al. [2012] p. 57）。また、内容自体も曖昧であったり、具体的な数値設定などが欠けていたりするため、その実効性に疑問が持たれている（Favre [2012] p. 252; Otter et al. [2012] pp. 56-57）。第二に、OIE の動物福祉基準が、WTO 協定が認める「国際基準（スタンダード）」に含まれるかが定かではない。基本的に、WTO 協定の下では、OIE 基準のような国際基準に基づいた輸入制限措置は、自由貿易を阻害する効果を有すると

しても、WTO協定違反とはみなされないとの推定がはたらく（たとえば、SPS協定第3条1項・2項参照）。そうなると、OIE基準が「任意」の基準であったとしても、輸出国にとっては、輸出を行うためには従わざるをえないことになり、強制的な基準と同じ意味を持つことになる。もっとも、それはあくまで、OIEの動物福祉基準が国際基準とみなされればという前提での議論である。というのも、WTO協定でOIEについて明示されているのは、「動物の健康および人畜共通伝染病」についての基準に限定されており（SPS協定附属書A第3項(b)）、明示されていないOIEの動物福祉基準については、SPS協定適合性が推定される国際基準に含まれるのかは自明ではないのである。むしろ、この点に関しては、そもそも動物福祉はSPS協定の範囲内に含まれないとして、否定的にとらえる見解が見受けられる[12]（Fraser [2008] p.336; FAO [2009] p.18）。ただし、他方で、動物福祉基準はSPS協定でなくとも「関税と貿易に関する一般協定（GATT）」第20条などの下で認められる余地も残されており[13]、そうであるならば、OIEの基準に基づいた輸入制限は許容されることになる。とはいえ、現状では、OIEの動物福祉基準に関するWTOによる明確な評価は存在しておらず、同基準のWTOにおける位置づけは明瞭とはいえない。

3．二国間・複数国間関係での克服の可能性

（1）FTAを通じた動物福祉の浸透

　前節で述べてきたように、EUは多数国間枠組みにおいて動物福祉の概念や基準の設定・普及に努めてきたものの、それは必ずしもEUが思い描く理想に達しているわけではない。WTOのような影響力や実効性に優れる枠組みにおいて動物福祉の基準を含めることができれば、他国は動物福祉の向上に努めざるをえなくなるのであるが、そのぶん、他国の抵抗も峻烈で、実際に動物福祉に関するルールを制定できていない。逆に、OIEのような自主性の強い枠組みでは、他国も賛同しやすく、また、諸基準も形成されつつあるが、それが各国の実際の動物福祉の向上を確実なものとするには至っていない[14]。
　しかしながら、このような多数国間レベルでの限界を克服する可能性を有す

るのが、二国間で締結される自由貿易協定（FTA）である（Lewis [2011] p. 19）。二国間であれば、その2ヵ国さえ動物福祉の考えに賛同すればルールとして制定できるのであり、また、当事国にとって都合のよい柔軟な規定を設けることができる。このこともあり、EUは、最近締結したFTAにおいて「動物福祉」の明記に成功している。

　動物福祉に関する規定が確認される最初のFTAが、EU・チリFTA（2002年発効）である。この協定では、SPS措置についてのセクションの目的として、SPS法分野における貿易の促進、公衆や動植物の健康の保護が挙げられているが、それらに追加して「動物福祉基準」の検討も目的に含まれると記されている（第89条1項）。また、協定の付属書Ⅳ（動物、動物産品、植物、植物産品その他の産品の貿易および動物福祉に適用されるSPS措置に関する協定、以下、付属協定）では、動物福祉に関する規定がいくつか設けられている。まず、目的規定では、付属協定は動物福祉基準について締約国が共通の理解に達することを目指すと規定されている（付属協定第1条2項）。さらに、「動物福祉基準」の定義も示されており（同第4条（k））、その範囲を示すための付属書ICが添付されている。そして、付属書ICに記された動物福祉基準は、付属協定に基づいて構築されていくこととされている（同第3条2項）。

　この付属協定においてとりわけ注目されるのが、協定第89条3項に基づいて創設された共同管理委員会（Joint Management Committee）である。委員会には、その機能のひとつとして、付属書の修正決定を行う権限が与えられており（付属協定第16条2項）、実際に2006年には、付属書ICに記される動物福祉基準の項目として「動物の陸上および海上輸送」の追加が決定されている[15]（FTAの締結当初は、「動物の気絶および屠畜」に限定されていた）。そしてその後も、共同管理委員会が組成した作業部会が、動物福祉基準に関する諸活動を展開していることが報告されている（Eurogroup for Animals [2013] p. 6）。

　このようなEUとのFTAの締結の結果、チリでは動物福祉に関する各種法令が脚光を浴びることとなり、また、協定が動物福祉の理解や促進に好影響をもたらしたと両国の政府関係者からも報告されている（Eurogroup for Animals [2013] pp. 6-9）。限られた量の情報しか存在しないが、すくなくともチリについては、二国間協定を通じた動物福祉の普及にある程度は成功している様子で

ある。

　その後、動物福祉の概念が挿入された二国間貿易協定としては、EU・韓国FTA（第5.1条、5.9条）、EU・コロンビア・ペルーFTA（第87条、102条）、EU・中米連合協定（第142条、156条）、EU・ウクライナDCFTA（第59条、第64条）、EU・シンガポールFTA（第5.2条、5.15条）などが挙げられる[16]（最後の二つの協定は執筆時点では未確定版のみが公表されている）。ただし、いずれも「動物福祉問題について締約国間で協力を行う／拡大する」ことを趣旨とした規定を設けており、基本的にはEU・チリFTAと同旨の内容であるといえる[17]。

　このように、EUはFTAを通じて動物福祉の概念を浸透させつつあるように思われるが、その過程には以下のような特徴と課題がみられる。第一が、基本的に動物福祉がSPS措置との関連でふれられている点である。これはWTO交渉で成功しなかったSPS協定への動物福祉の概念の挿入を、二国間関係で実現させたことになる。第二が、他方で、WTOにおける提案とは異なり、「協力」を前提とした規定が設けられている点である。つまり、各FTAで求められるのはあくまで協力関係の構築であり、締約国が動物福祉の引き上げを強制されるなどの義務が発生するわけではない。「基準の構築」との表現を用いるEU・チリFTAであっても、協定上は、動物福祉基準を基礎とした輸入制限を認めるといったことまでは定めておらず、基本的には、基準に関する相互理解や協調の発展が念頭に置かれている（たとえば付属協定第1条2項）。そして、第三が、協定の相手国の問題である。動物福祉が問題となるような産品に関してEUが貿易を主に行っている国は、ブラジル、アルゼンチン、タイ、インドなどである（GHK［2010］p.70）。しかし、これらの国とは二国間貿易協定を締結できておらず、そのことをふまえると、二国間で多数国間での困難性を克服しているとまで結論づけることは早計といえよう。実際に、EUとメルコスル（南米南部共同体）が、FTAを締結する動きが以前よりみられているにもかかわらず実現できていない背景には、動物福祉に関する立場の相違——EUはSPS措置の章の一部とすることを主張したのに対して、メルコスル加盟国は協力に関する章に入れることを主張——が理由のひとつして指摘されている（Maciel & Bock［2013］p.363）。

　その一方で、これら一見するとまだ影響力が微小と思われるFTAを介した

動物福祉政策であっても、実効性が確認される、あるいは今後影響力が強まるといえる面もある。上述のEU・チリの関係にみられたような動物福祉の理解の進展は、FTAにおける規定が協力規定に近くとも、他の締結国に対して軽微とは言い切れない影響を及ぼした例ととらえられる。また、主な貿易相手国との協定が締結されていないとしても、むしろ、動物福祉基準の導入による影響の小さい国から基準を導入してゆき、それを事実上の国際基準として既成事実化していくプロセスも想定される。さらには、今後、EUが動物福祉基準の導入を強化することによる間接的な影響も考えられる。すなわち、EUが動物福祉基準を高めることの付随的効果としての、他国への追随要請の先鋭化である。実際に、近年に公表された文書において欧州議会は、欧州委員会に対して、輸入産品に対しても欧州の産品と同水準の動物福祉規制が適用されることを確保できていない自由貿易協定を議会に提出してはならないとする強硬な姿勢を示している（European Parliament [2012] para. 14）。かかる欧州議会の主張が取り入れられることになれば、今後は、よりいっそう踏み込んだ動物福祉関連規定が二国間協定のなかに盛り込まれる可能性が高まる。

（2）EU アザラシ製品事件

　自由貿易協定における取り組みとは別に、EUが動物福祉に関する単独行動をとり、それが多数国間枠組みであるWTOにおいて争われた例もある。すなわち、2009年に採択されたEUのアザラシ製品禁止規則（Regulation 1007/2009）に対するカナダとノルウェーによるWTO紛争解決手続の提起である。
　本件は、EUが、アザラシを残酷な殺傷方法から保護するために、アザラシ製品（アザラシの肉、油、毛皮など）を原則として販売（上市）禁止とした（アザラシ製品禁止規則第3条）ことに対して、カナダとノルウェーが、当該販売禁止（貿易相手国にとっては輸入禁止に相当）がWTO協定に違反すると主張した事件である[18]。本件手続に際してEUが、アザラシ製品禁止規則はアザラシの福祉に対するEU市民の道徳的な懸念への対処（WTO協定上は「公衆の道徳（public morals）」の保護[19]）を目的とした措置であることから例外に該当すると主張したことにより、WTOの場で再び動物福祉が注目されることとなった。

ここでは 2013 年と 2014 年にそれぞれ公表された WTO のパネルおよび上級委員会報告における動物福祉に関連する論点を概観する[20]。

なお、EU のアザラシ製品禁止規則における販売禁止はすべての国が対象とされるものであり、また WTO の場で動物福祉の概念が俎上に載せられることとなったという点では多数国に影響を与える。しかし、EU の規則による影響はカナダやノルウェーなどの限られた国に生じており、また、原則的には、WTO のパネルや上級委員会の判断は付託対象の措置や紛争当事国のみを拘束する（つまり、紛争の対象外の政策や、紛争当事国でない国の政策には直接的には影響しない）ことから、二国間・複数国間の問題の色彩も強い[21]。要するに、多数国間枠組みのなかにおける二国間・複数国間的な性質を有する議論といえる。

本件のパネル、上級委員会はいずれも、EU のアザラシ製品禁止規則それ自体に関して、EU 市民の道徳の保護のために必要な措置として正当化されると判断した。つまり、アザラシの福祉に関する EU 市民の懸念は、EU における道徳的性質を有する関心として保護に値するものと認定したのである[22]。また、カナダは、公衆の道徳の「保護」のためには公衆道徳に対するリスクが存在する必要があり、EU はそれを証明していないと主張したが、上級委員会は、公衆道徳的な懸念に対するリスクの存在は特定化される必要はないとして否定した[23]。すなわち、アザラシ製品の輸入を容認することによってアザラシの福祉が改善されないことが、EU 市民の道徳にどのような悪影響を与えるか――逆にいうと、EU のアザラシ製品の規制が公衆道徳に対するリスクをどの程度緩和するか――については厳密に測定することなく、公衆の道徳の保護として必要な措置に該当すると認めたのである[24]。

パネルおよび上級委員会の報告書からは、「動物福祉」を向上させ、EU 市民の道徳を保護するという EU のアザラシ製品規制の目的に、パネルや上級委員会は共感を覚え、その実現のために販売禁止という貿易制限性の高い手段を用いることを認めたととらえられる[25]。その意味では、EU の価値規範が WTO の場で受容されたのであろう[26]。しかし、他方で、パネルが、「アザラシ製品の禁止は、アザラシ製品の地球規模での需要をある程度下げることによって、また、非人道的な方法で殺傷されたアザラシ製品で EU 市場に流通する製品に EU 市民が接することを抑制することによって、EU の目的〔アザラシの福祉に

関するEU市民の道徳上の懸念への対処〕に寄与する[27]」（強調と括弧内の記述は筆者）と述べている点も着目される（上級委員会も基本的にはこの判断を是認した）。この言及は、EUの市場が大規模で、自らの政策で国際的な供給量を減らすことが可能であるがために、アザラシの福祉の改善が実現できると理解できる。となると、EUのような市場規模を有さない国が動物福祉の改善を根拠に輸入規制を行った場合には、地球規模の需要を減らすことができないので、当該規制の正当性が認められないとなるのであろうか。本件のパネルと上級委員会の判断からはそこまでは読み取れないが、もし、このようなEUの経済的な影響力が少なからず考慮されるのであれば、やはり経済的に強い立場にあるEUであるからこそ規範志向性を貫徹させやすい（規範パワーを発揮しやすい）側面があることは否定できないであろう。

4. 二国間・複数国間アプローチの限界と問題点

　以上のようにEUは、FTAや二国間紛争のような二国間・複数国間関係を通じて動物福祉の浸透に成功しつつあるというのが現状である。
　しかし、はたしてこれら二国間関係を通じた動物福祉の普及は、EUが思い描く動物福祉基準の国際的な受容までも意味するのであろうか。上述したように、動物福祉をめぐる摩擦が激化しそうな相手とはまだFTAを締結できていないため、肯定的な結論を下すことは早計のように思われる。また、現在、動物福祉を明記できている協定の相手国であっても、EUと価値を共有している場合も考えられるが、EUとの経済的な力の非対称性ゆえに受け容れざるをえなかった（もしくは、そもそも関心が薄かった）可能性も排除できない。
　あるいは、EUアザラシ製品事件のような二国間紛争についても、動物福祉を根拠にした輸入制限がWTOで認められたことにより、多角的に影響が及ぶのは事実であるが、EU以外のWTO加盟国が、主体的に動物福祉の水準を引き上げることを同意したとまではとらえられないであろう。とくに、EU向けの輸出だけ動物福祉水準を上げる（つまり、輸出国が自国消費する産品については従来のまま）といった行動がみられれば、EUの基準には賛同していないことの証左となりうる。あるいは、かりに、EUに輸出を行っている国が自国内の

動物福祉政策を全般的に見直すようなことがあったとしても、それはEUの市場が他国の政策を根底から覆すほどにまで魅力的との事実に起因している余地もあり、必ずしもEUの動物福祉水準に賛同したわけではないとも考えられる。

このようにみていくと、二国間・複数国間アプローチには限界と問題点があることが指摘できる。まず、一般的な傾向として、EUが重視する規範的価値は、二国間関係の場面では普及に成功しつつあるといえるが、二国間の取り組みであるがために、その広がりが限定的なものにとどまりやすい[28]。さらに、他の加盟国がEUの価値規範や基準に主体的に賛同するとは限らず、価値の受容が表面上は見受けられる場面であっても、その背後にEUの市場規模に基づく経済的なパワーが介在していることは否定しえない。これらをふまえると、価値規範が内面化しているとまでは言い切れず、また、これからの過程でその成否が問われることになろう。

本章では、EUが「動物福祉」の概念を国際的に浸透させるために、WTOでのルール形成に注力したものの、実際にはそれを実現できない場合には、より影響力の小さい多数国間枠組に舞台を移すか、二国間関係で実現を試みている経緯を追った。その結果、漸次的に動物福祉の概念の浸透が進んできている様子が確認できた。しかしこのような現象は、「動物福祉」の他国による受容を促すためには二国間関係に頼らざるをえないことを意味し、それは、EUの"規範志向性"と"経済的パワー"との連動性が強くなるということを示唆する。「動物福祉」をめぐるEUの通商政策は、このような規範志向性と経済的パワーの不可分性を示す好例といえよう。

注
1) 動物福祉の問題はふたつの側面を有する。ひとつが、食糧の安全性や品質の問題である。食用の動物に対する福祉の向上は、それらの動物の健康を向上させ、ストレスや病気によるリスクを減らすことになるため、食糧の安全性(ひいては経済的効率性)と相乗的な関係を持ちうる。もうひとつが、モラル的側面である。すなわち、感覚を有する動物を残酷な殺傷方法から守りたいという感情的な要素である。このように動物福祉は二面性を有しており、ふたつの側面は密接的な関係にはあるものの、どちらの面に力点を置いて議論するかによって議論の性質も変わってきやすい。
2) 「屠畜に際しての動物の気絶方法に関する理事会指令」(74/577/EEC、1974年)が、EUの最初の動物福祉に関する第二次法である。

3）並行的に、第二次法や各種政策文書でも動物福祉の重要性が強調されるようになっていった（たとえば、European Commission［2000］p. 9）。
4）この規定の性質と概要については、庄司［2013］pp. 27-28 参照。
5）アムステルダム条約の「動物の保護と福祉に関する議定書」について、欧州司法裁判所は、同議定書が動物福祉を EU 法の一般原則ととらえられる根拠になるとした原告の主張を否定したものの、それは「公共の利益」としてとらえられるとの判断を行っていた。Case C-189/01, Jippes［2001］ECR I-5689, paras. 73 & 78-79.
6）関連事例として、Case T-526/10, *Inuit Tapiriit Kanatami & Others v. Commission*［2013］ECR I-0000, paras. 41-43. 中西［2014］pp. 316-317 も参照。
7）他方で、動物福祉が発展していくうえでの制約要因も指摘されている。例えば Ludwig and O'Gorman［2008］pp. 384-385 参照。
8）ダンケル・ドラフトも参照（GATT［1991］L. 35）。
9）提言類は以下に掲載。http://ec.europa.eu/food/international/organisations/EU_comments_position_papers_en.htm
10）他方で、OIE の動物福祉に関する指導原則は概略的なものにとどまるため、EU の基準とは同等視されないとも評されている（GHK［2010］p. 72）。
11）OIE の内部には紛争処理手続として仲介（mediation）が設けられているが、基本的には任意の制度であり、そこでの判断が拘束力を有するわけではない（OIE［2013］p. 10）。
12）これに対しては、SPS 協定の定義規定（附属書 A（１））において、「動物もしくは植物の輸送に関する要件またはこれらの輸送の際の生存に必要な物に関する要件」が SPS 措置に含まれると規定されており、ここに動物福祉基準の一部が該当する余地があるとの指摘もある（林［2013］p. 334）。
13）とくに、後述の EU アザラシ製品事件のパネルと上級委員会の判断は、この可能性を認めるものととらえられる。
14）もちろん、WTO で動物福祉に対する反発が強く、OIE ではそれが比較的弱いのは、前者が自由貿易を目指す組織であり、動物福祉基準を構築するための組織ではないことも理由として関連するであろう。WTO における議論においても、先進国のなかには、動物福祉基準自体に反対するのではなく、それを WTO で行うことに否定的な見解を示す国もあった（Hobbs *et al.*［2002］p. 440）。
15）Decision No. 1/2006 of the Joint Management Committee of 9 November 2006 Amending Appendices IC, IIIA, IIIB and XI to Annex V to the Agreement, OJ L 86/20.
16）執筆時点では、最終決定ではない EU・カナダ FTA の条文が公表されており、そこでは、動物福祉についての協調体制の促進を謳う規定が見られるものの、SPS 措置の章ではなく、規制に関する協力の章に収録されている。
17）ただし、EU・ウクライナ DCFTA 第 64 条は、動物福祉関連法の EU との調和を目指す規定となっている。今後、当該規定がどのように展開されるかが注目される。
18）同事件では、アザラシ製品禁止規則の実施規則（Commission Regulation No. 737/2010）も含めて WTO 協定整合性が争われた。
19）GATT 第 20 条は「公徳」と訳されているが、本章では「公衆の道徳」とする。

20) Panel Report, *EC - Measures Prohibiting the Importation and Marketing of Seal Products*, WT/DS400/R, WT/DS401/R（25 Nov. 2014）, Appellate Body Report, *EC - Measures Prohibiting the Importation and Marketing of Seal Products*, WT/DS400/AB/R, WT/AD401/AB/R（11 May 2014）. 本件の背景や経緯は関根［2012］参照。
21) もっとも、他国の関心も高く、アルゼンチン、中国、コロンビア、エクアドル、アイスランド、日本、メキシコ、ナミビア、ロシア、アメリカが第三国参加している。
22) EU アザラシ製品事件パネル報告、para. 7.419 & 631。上級委員会も基本的に肯定。なお、かかる結論に至る過程において、パネルは EU 機能条約第 13 条にもふれている（para. 7.406）。
23) EU アザラシ製品事件上級委員会報告、para. 5.198。
24) よって、パネル、上級委員会はともに、アザラシ製品禁止規則が、アザラシの福祉に関する EU の目的（EU 市民の道徳的な懸念への対処）に対してどの程度貢献するかとの審議においても、概括的な定性的分析に終始している（EU アザラシ製品事件パネル報告、paras. 7.443-460、同上級委員会報告、paras. 5.221-228）。ただし、最終的には、パネルおよび上級委員会ともに、先住民に対する例外規定などが WTO 協定（TBT 協定第 2.1 条、GATT 第 20 条柱書など）に非整合性であると認定している。
25) 「公衆の道徳」（「公徳」）は GATT 第 20 条に列挙されている他の事由と比べて、主観的側面が強いため、公衆道徳へのリスクや、保護政策の貢献などの要素が認定しづらい。しかし、本件のパネルと上級委員会は総じて、アザラシ製品禁止規則が公衆道徳の保護に必要な措置であることを簡潔な判断に基づいて認めている。この点に関して、はたしてそのような概略的な分析で十分としてよいのかとの疑問もわく。
26) 本件は、先住民の経済的・社会的利益の保護の問題も含んでおり、パネルや上級委員会の議論に、その側面が強く関連しているのも事実である。
27) EU アザラシ製品事件パネル報告、paras. 7.459 & 637、同上級委員会報告、paras. 5.181 & 225。
28) 欧州議会も、二国間協定よりも WTO において促進されることが効率的であるとして、後者の重要性を強調している、European Parliament［2010］para. 6 参照。

参考文献

Eurogroup for Animals［2013］"The EU-Chile Free Trade Agreement: A Boost for Animal Welfare". (http://eurogroupforanimals.org/files/publications/downloads/EU_-_Chile_agreement.pdf)
European Commission［2000］"White Paper on Food Safety", COM（1999）719 final.
――――［2006］"Communication for the Commission to the European Parliament and the Council on a Community Action Plan on the Protection and Welfare of Animals 2006-2010", COM（2006）13 final.
――――［2012］"Communication from the Commission to the European Parliament, the Council and the European Economic and Social Committee on the European Union Strategy for the Protection and Welfare of Animals 2012-2015", COM（2012）6 final/2.

European Parliament [2010] "Resolution of 5 May 2010 on the European Union Strategy for the Protection and Welfare of Animals 2006-2010", 2009/2202 (INI).

―――― [2012] "Resolution of 4 July 2012 on the European Union Strategy for the Protection and Welfare of Animals 2012-2015", 2012/2043 (INI).

FAO [2009] "Capacity Building to Implement Good Animal Welfare Practices, Report of the FAO Expert Meeting". (ftp://ftp.fao.org/docrep/fao/012/i0483e/i0483e00.pdf)

Favre, D. [2012] "An International Treaty for Animal Welfare", *Animal Law*, Vol. 18, pp. 237-280.

Fraser, D. [2008] "Toward a Global Perspective on Farm Animal Welfare", *Applied Animal Behaviour Science*, Vol. 113, pp. 330-339.

GATT [1990] "Draft Final Act Embodying the Results of the Uruguay Round of Multilateral Trade Negotiations", MTN.TNC/W/35/Rev.1

―――― [1991] "Draft Final Act Embodying the Results of the Uruguay Round of Multilateral Trade Negotiations", MTN.TNC/W/FA.

GHK [2010] "Evaluation of the EU Policy on Animal Welfare and Possible Policy Options for the Future", (http://www.eupaw.eu/docs/Final % 20Report % 20- % 20EUPAW % 20Evaluation.pdf)

Hobbs, A. L. *et al.* [2002] "Ethics, Domestic Food Policy and Trade Law: Assessing the EU Animal Welfare Proposal to the WTO", *Food Policy*, Vol. 27, pp. 437-454.

Lewis, M. S. [2011] "The Politics and Indirect Effects of Asymmetrical Bargaining Power" in T. Broude, M. L. Busch and A. Porges (eds.), *Free Trade Agreements, The Politics of International Economic Law*, Cambridge University Press, pp. 19-39.

Ludwig, R. and R. O'Gorman, [2008] "A Cock and Bull Story?: Problems with the Protection of Animal Welfare in EU Law and Some Proposed Solutions", *Journal of Environmental Law*, Vol. 20, No. 3, pp. 363-390.

Maciel, C. and B. Bock [2013] "Ethical Concerns beyond the Border: How European Animal Welfare Policies Reach Brazil", in H. Rocklinsgerb and P. Sandin (eds.), *The Ethics of Consumption: The Citizen, the Market & the Law*, Wageninger Pers, pp. 361-365.

OIE [2013] "International Trade: Rights and Obligations of OIE Member Countries". (http://www.oie.int/fileadmin/Home/eng/Internationa_Standard_Setting/docs/pdf/Legal_rights_and_obligations/A_Rights_and_obligations_April_2013.pdf)

―――― [2014] "OIE's Achievements in Animal Welfare". (http://www.oie.int/animal-welfare/animal-welfare-key-themes/) (Accessed on 24 Sep., 2014)

Otter, C., S. O'Sullivan and S. Ross [2012] "Laying the Foundations for an International Animal Protection Regime", *Journal of Animal Ethics*, Vol. 2, No. 1, pp. 53-72.

Ryland, D. and A. Nurse [2013] "Mainstreaming after Lisbon: Advancing Animal Welfare in the EU Internal Market", *European Energy and Environmental Law Review*, Vol. 22, No. 3, pp. 101-114.

WTO [2000] "European Communities Proposal, Animal Welfare and Trade in Agri culture", G/AG/NG/W/19.

庄司克宏［2013］『新 EU 法　基礎編』岩波書店。
中西優美子［2014］「EU 環境法判例（2）　動物福祉と EU アザラシ製品貿易規則の取消訴訟」『一橋法学』第 13 巻 1 号、299-320 頁。
関根豪政［2012］「国際貿易を通じた EU の規制力——「動物福祉」貿易制限の評価と意義」遠藤乾・鈴木一人編『EU の規制力』日本経済評論社、129-144 頁。
林正徳［2012］「WTO 衛生植物検疫措置の適用に関する協定（SPS 協定）における「科学」と「調和」概念の形成について」『横浜国際社会科学研究』第 16 巻 4・5 号、17-40 頁。
――――［2013］『多国間交渉における合意形成プロセス――GATT ウルグアイ・ラウンドでの SPS 協定の成立と「貿易自由化」パラダイムの終焉』農林統計出版。

第 10 章

石炭を諦めない
―― EU 気候変動規範に対するポーランドの挑戦

市川顕

　本章の目的は、第一に EU の気候変動政策を支える規範言説（ディスコース）から、EU 気候変動規範とそれを支える論理構造を明らかにすることである。ここでは初代欧州委員会気候行動委員ヘデゴーの言説をもとに考察する。他方で、この EU 気候変動規範とその論理はすべての加盟国にすんなりと認められているわけではない。そこで第二に、2004 年の EU 加盟後徹底してこれに反対してきた石炭資源国ポーランドの行動を整理し、2013 年の COP19 にあわせて石炭・気候サミットを開催した過程に焦点を当てることで、ポーランドが紡ぎ出す対抗規範とその論理構造を明らかにする。これにより本章では、本書が主に焦点を当てる国際社会に向けた EU の規範政治の側面のみならず、EU 域内においても規範をめぐる政治が行われていることを明らかにする。

1. 国際気候変動交渉における EU

　EU は国際環境政治において気候変動政策を先導する立場を維持しているといわれている。先行研究によれば、EU の気候変動政策は四つの時期に区分されるという（Wurzel and Connelly [2011] pp. 5-9）。第一期（1980 年代後半～1992 年）は EU の気候変動政策の設立期とされる。たとえば 1986 年に欧州議会は EU における共通気候変動政策を要求し、1990 年 6 月のダブリン欧州首脳理事会は国連レベルでの温室効果ガス（GHG）排出削減目標を早期に採択することを求めた。同年 10 月には環境・エネルギー両閣僚理事会は共同で、他の先進

国が同様の行動をとるのであれば、EU は 2000 年までに GHG の排出量を 1990 年レベルで安定化させる、との政治的合意を採択した。そして、1992 年の国連気候変動枠組条約および 1997 年の京都議定書に関する交渉において、EU は気候変動政策に関するリーダーシップを希求した。

第二期（1992～2001 年）は京都議定書の交渉期である。ここでは環境理事会が EU の国際気候変動交渉におけるリーダーシップを具体化させた。たとえば、1996 年 6 月の環境理事会は産業化以前と比較して地球の気温上昇を 2 ℃ 以内とする目標を設定し、1997 年 5 月の同理事会では、EU は主要先進諸国が同様の削減を行うのであれば、1990 年比で 2010 年までに 15％ の GHG の排出削減を行う旨提案した。1997 年の京都議定書に関する交渉の結果、2008～12 年の期間に 1990 年比で 8 ％ の GHG の排出削減の義務を負った。

第三期（2001～05 年）は京都議定書の実現期である。2001 年 3 月アメリカは京都議定書を離脱し、京都議定書の発効が危ぶまれた。これに対して 2001 年前半の欧州首脳理事会議長国スウェーデンは、アメリカが参加しなくとも京都議定書を EU が批准する必要があることを訴えた。その結果、2001 年 3 月の環境理事会は同議定書の批准過程を進めることで合意し、2002 年 5 月に EU は京都議定書を批准した。その後、EU の積極的な働きかけによって日本・ロシアも最終的に京都議定書を批准し、2005 年に京都議定書は発効した。

第四期は 2005 年以降のポスト京都議定書の交渉期である。欧州委員会委員長バローゾは 2007 年頃から気候変動政策に本腰を入れた。その最たる例は気候エネルギー政策のパッケージ化である。欧州委員会のなかでは環境総局とエネルギー総局の連携が緊密化していった。その結果、2007 年 3 月の欧州首脳理事会で気候エネルギー・パッケージ（トリプル 20）が合意された。これは 2020 年までに EU 域内での GHG の排出量を 1990 年比で 20％ 削減し、再生可能エネルギーの割合を一次エネルギーの 20％ にまで高め、エネルギー効率を 20％ 改善する、というものである。

この政策が採択された一因は、2006 年秋のスターン・レビューである。これにより、気候変動対策を早期に行えば行うほど、気候変動への対処コストがより減少することが示された。つまり、野心的な気候変動政策は、EU のもつ先端環境技術にとってリード・マーケット[1] を創出し、のちにこれらの技術の域

外国への輸出が可能となり、経済成長と環境保護が両立する「二重の配当」という状況が創出される、と考えられた。

EUはこのように、自ら野心的な気候変動政策を採用し、その成果を提示することで、国際的な気候変動交渉における先導者となることを目指している（市川［2013b］参照）。

2．EUの気候変動規範

前節では、EUが国際的な気候変動の場における先導者となる意志を固めていく過程を、四つの時期に分類して整理した。では、EUの気候変動政策はいかなる気候変動規範によって補強されているのだろうか。本節では、欧州委員会初代気候行動委員ヘデゴーのスピーチ原稿や論考をもとに、EUにおける気候変動規範とそれを支える論理について明らかにしていきたい。

（1）コニー・ヘデゴーの略歴

まずはヘデゴーの略歴を概観しよう（DG CLIMA［2013.6.27］参照）。彼女は1960年生まれのデンマーク人女性である。コペンハーゲン大学の学生時代から政治家としてのキャリアを歩み始め、1983年に当時最年少（23歳）で保守党選出の国会議員となった。1989年には党の報道官を務めるに至ったが、1990年に政界を離れジャーナリストに転身する。2004年8月にデンマークの環境大臣に任命されるまでの間、彼女は国内の有力紙・配信会社で記事を書き続け、気候変動問題への関心を深めていった。2007年にはデンマークの気候エネルギー省の創設責任者に就任。この省は2009年12月のコペンハーゲンでの国連気候変動枠組条約締約国会議（COP15）の準備を主要な任務とした。2010年2月、EUは欧州委員会に気候行動総局を創設し、ヘデゴーは初代気候行動委員に就任した。

（2）ヘデゴーによる気候変動規範

　ヘデゴーは 2010 年 2 月に気候行動委員に就任して以来、欧州委員会の気候行動総局の HP 上に講演原稿と論考を次々に掲載してきた[2]。本節ではこれらの原稿をもとに、彼女の紡ぎ出す EU 気候変動規範について整理したい。彼女が就任以来一貫して主張する EU の気候変動規範としては、大別して以下の二つが挙げられる。第一に EU が国際的な場で気候変動問題の先導者たるべき、というものであり、第二に気候変動問題に対して喫緊に行動を起こすべき、というものだ。

　第一の点からみていこう。ヘデゴーは就任 3 カ月後の 2010 年 6 月、気候行動委員としての野望は、ヨーロッパを世界でもっとも気候に優しい地域にすることである（2010.6.18）と述べている。そして、ヨーロッパが気候変動問題について積極的な対応をとるのは、他国に事例を提供し、ともに行動することを説得するため（2012.4.23）であるとして、気候変動問題の先導者としての EU の自覚を覗かせる。そして、その説得が奏功し、気候変動問題に関する国際協調が達成された暁には、EU は 21 世紀に地球的な影響力を行使する機会を得られる（2012.1.12）と述べる。ヘデゴーはこのように、EU が国際的な場で気候変動問題の先導者となるべき、との規範的言説を組み立てていった。

　第二の点もヘデゴーがよく言及する規範的言説である。彼女は、もし 90％ の確率で墜落すると知っていたら、あなたはその飛行機に乗るだろうか（2011.9.5）、といった例を出し、気候変動問題への喫緊な対応を要請する。そして、気候変動問題への迅速な対応が、われわれ共通の利益である（2010.6.25）として、「スピードが重要だ。時間こそがわれわれにとってもっとも不足している資源なのだ（2012.3.6）」と述べ、この問題への喫緊の対応を求めるのである。

　このように、彼女の気候変動問題への規範的言説は、EU が気候変動問題に関する国際交渉の先導者として、喫緊の行動を起こすべきである、という方向に組み立てられていった。

（3）規範を支える論理①――エネルギー安全保障

ところで、ヘデゴーの気候変動規範は、大別すれば三つの論理に支えられている。第一の論理は、政治的現実主義に基づくエネルギー安全保障の観点からのそれである。彼女は、2011年のEUの貿易赤字総額が約1500億ユーロであるのに対し、同年の石油輸入金額が3150億ユーロであることを挙げ（2012.3.1）、石油輸入がその他の部門の貿易黒字を帳消しにしている実態を説明する。彼女はこの状況を、EUが化石燃料中毒に罹患しているものと指摘（2010.9.20）し、次のように述べる。

> 巨額の資金を中東に注ぐのではなく、エネルギー効率や再生可能エネルギーなどEU域内の雇用に資する分野に投資したらどうか。（2011.11.7）

このようなエネルギー安全保障上の観点から、彼女はエネルギー効率の改善と再生可能エネルギーの普及促進を唱える。エネルギー効率の向上については、家で水漏れを見つけたら配管工を呼ぶように、家でエネルギーが漏れていたら「エネルギーの配管工」を呼ぶべきだ、として省エネ意識の向上を要請する（2011.4.14）。また再生可能エネルギーについても、それは気候的利益（GHGの削減）が可能なだけでなく、新たな経済成長や雇用を創出する、としてその利点を強調する（2012.9.17）。そして、以下のように述べて、化石燃料依存からエネルギー効率改善および再生可能エネルギーの普及促進を求めるのである。

> 公的資金は、持続不可能で環境への負の影響の大きい化石燃料ではなく、低炭素社会への移行の途に沿った新産業の発展のため使われるべきだ。将来の産業は、そしてこれから雇用を生み出し続ける産業は、枯渇する資源を効率的に用いる産業だ。（2013.7.5）

（4）規範を支える論理②――経済的利益

第二の論理は、気候変動問題に対する対応、とりわけエネルギー効率改善と

第 10 章　石炭を諦めない

　再生可能エネルギーの普及促進が EU 経済の国際競争力の源泉たりうる、という経済的利益の側面からの論理である。彼女は EU の経済戦略である Europe 2020 を参照し、①教育・研究・イノベーションへのより効果的な投資を通じた賢い成長、②低炭素で資源効率性の高い持続可能な経済、そして③雇用の創出を強調する包摂性をともなう経済が 2020 年までの EU の目標であることを強調する（2013.2.26）。そして、その実現のためにはグリーン経済への移行が欠かせないと考えるのである。
　一つ目の「賢い成長」について、彼女は、EU の低炭素社会への移行は現状の生活レベルを放棄するものではない（2011.11.7）とする。また、低炭素社会への移行は、電気自動車、スマートメーター、二酸化炭素（CO_2）貯留技術（CCS）、リサイクル、エコ農業、持続可能な森林経営といった「賢い」技術開発に依存すると説明する（2011.11.7）。
　そして「賢い成長」部門での研究開発・投資の結果として、二つ目の「持続可能な経済」が現れうるとする。彼女はそれを、従来のブラウン経済から新しいグリーン経済への転換として把握し、その新しい経済が直面する課題を次のように述べる。

　　われわれにとって最大の挑戦は、いかにして経済、雇用そして資源・環境・気候変動の三つの危機を統合的に考えるか、なのだ。そして私が主張したいのは〔……〕、それは机上の空論ではなく可能なことなのだ、ということである。（2012.10.8）

　さらにヘデゴーは、三つ目の点、すなわち新しい経済における環境産業が雇用創出に果たす役割を強調する。彼女は、EU における環境産業が先端技術を基盤とすることから、簡単に他国にアウトソーシングできない競争力のある産業（2014.1.6）であると把握する。そして、環境部門は数百万人の新規雇用が創出されるもっとも成長の早い産業のひとつである（2014.4.24）として、以下のような論拠をあげる。第一に、欧州委員会は、情報コミュニケーション技術（ICT）産業、健康産業とともに環境産業を雇用増大が期待される産業とみなしていること（2013.6.21）である。第二に、環境産業はすでに EU の経済にお

いて重要な構成要素となっていることである。環境産業は340万人の直接雇用を抱え、EUのGDPの2.2％を占める。この数字はEUが誇る先端産業の製薬産業・航空宇宙産業を凌ぐ数字である。さらには、環境技術・製品のグローバル市場は年10％ほどの成長が見込まれている（2010.5.20）。第三に彼女は、環境産業の雇用への波及効果が大きいこと指摘する。環境産業は直接雇用1名に対して1.3～1.9名の間接雇用を生み出しており（2010.5.20）、また、化石燃料産業に1ドル投資するのに比べて、再生可能エネルギー産業への1ドルの投資は、3～5倍の雇用を生み出す（2010.9.20）ことから、当該産業の労働集約性ゆえに「包摂性をともなう経済」への貢献が認められると説明するのである。

（5）規範を支える論理③——メタ規範

　最後に指摘する規範を支える論理は、規範を支えるための規範、いわばメタ規範である。つまり、「なぜEUが国際的な場で先導して気候変動に喫緊に対処すべきか」に対する説明として「それはパラダイム・シフトを引き起こすべきだからだ」という論理である。

　彼女はまず、パラダイム・シフトが必要であることの理由として次のように述べる。

> 世界銀行総裁のキムは、気候変動を経済発展にとっての基本的な脅威であると述べた。国際通貨基金（IMF）専務理事のラガルドは、気候変動こそが今世紀最大の経済的挑戦であると述べた。そして最近、経済協力開発機構（OECD）事務総長のグリアは、私たちは免れえない経済と環境の間の選択に直面している、と述べた。私たちは経済・政治的選択、さらには発展戦略において、気候変動に対する行動を主流化する必要がある。つまり、われわれはパラダイム・シフトを必要としているのだ。（2013.11.19）

　そして、気候変動への対応をコストではなく「投資」や「機会」として把握すること（2012.10.8）、喫緊にこの問題に対応しなければ将来高い代償を支払うことになること（2012.11.14）を説明する。そして、パラダイム・シフトをもた

らす際に重要な点は、成長概念の変容であると指摘する。「私たちの低炭素目標の達成のためには、成長概念を変えていく必要がある。私たちは GDP だけを見る視点から離れて、環境や社会的側面を企業や国家のバランスシートに載せていく必要がある」(2012.11.14)。そして、以下のように述べるのである。

> 経済成長は、GDP のみならず、自然や、綺麗な環境や、はたまた社会的結束によって把握されるべきである。(2012.2.3)

　本節では、EU における気候変動規範と、それを支える三つの論理について整理した。EU が国際的な気候変動交渉の場で先導者となり、当該問題に対して喫緊に行動を起こすべきという規範は、政治的現実主義、経済的利益そしてメタ規範ともいうべきパラダイム・シフトの論理によって支えられている。このように、包括的な三つの論理のベクトルによって支えられていることで、EU 気候変動規範は EU 域内において広範な支持を獲得し、EU は国際的な気候変動交渉の場で説得的なひとつの声（One Voice）をあげることが可能となったのである。

3．EU 気候変動規範への挑戦

　本節では、EU 加盟国でありながら石炭資源国でもあるポーランドの EU 気候変動規範への挑戦に焦点を当てる。1 節・2 節で説明したとおり、EU の気候変動政策とその基礎となる気候変動規範は 2000 年代中葉以降、確たる足場を築いてきたが、2004 年に加盟したポーランドはその過程においてつねに、自国の豊富なエネルギー資源である石炭利用に固執し、EU 気候変動規範に挑戦してきた。本節では 4 節で詳述する 2013 年の COP19 を理解するために、ポーランドの EU 加盟後から続く EU 気候変動規範への挑戦を概観する[3]。

（1）ポーランドのエネルギー概況

　世界資源研究所の石炭に関する報告書によれば、ポーランドの石炭消費量

(2010年) は1億4185万tで世界第8位、同生産量は1億3322万tで同9位であり、典型的な石炭資源国である。また、石炭火力発電所の設置出力は1万2086 MWで世界第9位 (2012年7月)、石炭火力発電所の発電実績 (2009年) は133.42 TWHで同10位となっている。さらに石炭輸出実績 (2010年) は1008万tで世界第10位である (WRI [2012] pp.3-13)。さらに2009年時点でポーランドの一次エネルギー供給の約50％は石炭である (IEA [2011] pp.18-19)。とくに顕著なのは電力源における石炭の割合であり、90％超の電力が石炭火力発電によって供給されている (IEA [2011] p.63)。

EUは現在、前出のトリプル20という気候エネルギー政策を推し進めており、石炭利用に固執するポーランドは「域内の「問題児」」(日経産業新聞 [2013.10.3]) と揶揄されている。1・2節では低炭素社会に向かうEUの気候変動規範に焦点を当てたが、本節ではEU域内で石炭利用にこだわるポーランドの存在に焦点を当てる。それにより、規範を実現しようとする政治と、その規範に挑む政治との相克を観察することが可能となると考える。

(2) トリプル20へのポーランドの反対

トリプル20の契機は、2006年3月の緑書『持続可能で競争力のある安定したエネルギーのための欧州戦略』である。ここではEUエネルギー政策の三つの主要な目的として、持続可能性、競争力、エネルギー供給の安定、が掲げられた (European Commission [2006], pp.17-18)。この緑書をうけ、翌2007年1月、欧州委員会は『欧州エネルギー政策』を発表し、ここでEUの気候政策とエネルギー政策との関連が戦略的目標として強く打ち出された (European Commission [2007a] p.5)。同年同月、欧州委員会は『気候変動を2℃までに抑える——2020年以降の対策』を発表し、ここでEUは気候変動を2℃以内に抑えるために、1990年比で2020年までにGHG排出量を少なくとも20％削減する意欲を示すと同時に、EUのエネルギー効率を2020年までに20％改善することと再生可能エネルギーの割合を2020年までに20％に増やすことを謳った (European Commission (2007b) p.5)。この欧州委員会によるトリプル20の方針は2007年2月20日ブリュッセル環境理事会において合意され、さらに同年3

月8・9日のブリュッセル欧州首脳理事会においても合意された。

しかしこの過程で、新規加盟国から異議が出た。環境理事会の準備段階で、ポーランドとハンガリーはEU単独でのGHG排出削減目標を設定することに難色を示した。また、この20% CO_2 削減目標を、拘束力をともなう目標とすることについてもポーランドを筆頭とする新規加盟国は反対した（ENDS [2007.2.22]）。

2007年の環境理事会・欧州首脳理事会での議論をふまえ、欧州委員会は2008年『2020年までの20・20：欧州気候変動対策の機会』を発表し、欧州排出量取引システム（EU-ETS）の強化、再生可能エネルギーの普及、エネルギー効率の促進、CCSなどの革新的技術の活用を柱とする2050年の長期目標を見据えた議論を展開した（European Commission [2008] p. 12.）。同年2月末にはエネルギー理事会が開催され、フランスなど複数の加盟国が欧州議会との当該問題に関する年内合意を求め（ENDS [2008.3.3]）、これに対して同年4月の欧州議会は20%削減目標を拘束力のある目標とすることを求めた（ENDS [2008.4.3]）。2008年後半の欧州首脳理事会議長国であるフランスは任期中の同年12月までにトリプル20の指令化についての合意を取りまとめたいとの意向をもっており（ENDS [2008.7.8]）、これにより新規加盟諸国との交渉が本格化する。2008年12月6日に仏大統領サルコジがポーランド首相トゥスクとグダンスクで会談し、発電所に対する炭素排出枠の全面オークション化を免除する期間の延長という妥協案を申し出た（ENDS [2008.12.8]）のがその好例である。さらにサルコジは当指令が東欧経済に不都合をもたらしていることが明らかになった場合には、2016年に指令を改正するとの考えも示した（ENDS [2008.12.8]）。欧州委員会委員長バローゾもトリプル20の指令化に強い意志を示したことから、ポーランドをはじめとする新規加盟国の反対はあったものの、最後は政治的意志と妥協による努力によって、トリプル20は指令の形で2009年に成立した[4]。

（3）エネルギー・ロードマップ2050へのポーランドの反対

2011年になるとEUでは、欧州委員会を中心として、2050年までにGHG排

出量を1990年比で80〜95％削減しようとするエネルギー・ロードマップ2050に関する議論が本格化した。石炭利用を継続したいポーランドは2011年4月、巨大な炭鉱と石炭火力発電所を抱える炭鉱都市ベルハトゥフでエネルギー関係官僚会合を開催することで、石炭資源利用に固執する姿勢をみせた（Europolitics［2011.7.18］）。2カ月後の6月21日、ポーランドはルクセンブルク環境理事会において、①2050年までに1990年比でGHG排出量を80％削減し、また②現在の2020年までに同20％削減の目標を、25％削減に引き上げる、というエネルギー・ロードマップ2050案に加盟国中唯一反対した。イギリスの気候変動書記官が会議後の公式会見で「ヨーロッパを低炭素経済へと動かしてゆくための妥協案を受け入れなかったポーランドに深く失望する」（PON［2011.6.23］）と話すなど、他の加盟国のあいだには失望感が広がった。

　2011年後半に欧州首脳理事会議長国となったポーランドは、EUの低炭素社会にむけた動きにさらに楔を打ち込む。経済相兼副首相パヴラクは同年7月12日、「低炭素（Low-carbon）ではなく、低排出（Low-emission）について議論すべきだ」として、低炭素というEUの方針そのものを批判した。その理由は、「低炭素といえば、その焦点は石炭に向かうが、低排出といえば、エネルギー効率を含むより広範なアプローチについて話すことが可能だ」（PICR［2011.7.18］）というものであった。環境相クラシェフスキも、「欧州各国の独自性が考慮されるべき」「ポーランドの最大の燃料は石炭であって、EUの野心的なGHG排出削減目標を達成するのは困難だ。石炭を他に置き換えるのはポーランドにおいては現実的ではない。〔……〕ある諸国にとっては達成が容易でも、別の諸国にとっては困難なことがあるのだ」（PNB［2011.7.26］）と語り、ポーランド独自の立場を強調した。

　2011年後半には議長国ポーランドの上述のような姿勢もありエネルギー・ロードマップ2050についての議論は進展しなかったが、2012年前半に議長国が気候行動委員ヘデゴーの出身国デンマークに移り、事態は一転する。2012年3月9日の環境理事会において議長国デンマークはEUにおけるCO2排出量の削減目標を1990年比で40％（〜2030年）、60％（〜2040年）、80％（〜2050年）とする案を提示した（PNB［2012.4.24］）が、ポーランドは加盟国中唯一反対した。この数日後、欧州議会は賛成多数でこの政策を支持したが、ポーラン

ド選出の欧州議員はすべて反対にまわった (PNB [2012.4.24])。さらに2012年6月の欧州首脳理事会においてもこの政策が俎上にのぼったが、これもポーランドのみが反対した[5]。

このように、2000年代中葉から国際気候変動交渉の先導者として振る舞うようになったEUにあって、新規加盟国ポーランドのEU気候変動規範への挑戦は喉元に刺さった骨となっている。ポーランド環境相コロレツの言を借りれば、「加盟各国にはそれぞれ重要な問題がある。イギリスは金融規制だろうし、フランスは原子力発電問題だろう。ポーランドの場合は、それが気候政策なのだ」(BBCWM [2012.3.15])。

4．COP19と石炭気候サミット

前節ではポーランドがEU加盟後、EUの気候変動規範および気候エネルギー政策に反対する様態を概観してきた。トリプル20の決定過程では他の新規加盟国もポーランドに同調したが、エネルギー・ロードマップ2050の決定過程ではポーランドが唯一反対する事態となり、孤立感が深まった。そのようななか2013年11月に気候変動枠組条約締約国会議 (COP19) がポーランドのワルシャワで開催された。本節では、EU気候変動規範とポーランドの挑戦という本論の視点から、COP19が包含する意味合いを検討していきたい。

(1) COP19概要

COP19は、2013年11月11〜23日に開催された。この会議の焦点は第一に、2020年以降の新たな国際枠組み (ポスト京都議定書) についてであった。これについては、2015年のCOP21において合意することとなった。第二の焦点は途上国支援の問題である。会議直前の11月8-9日にフィリピンを襲ったハリケーン・ハイエンによる甚大な被害の影響もあり、途上国の温暖化対策を先進国がどのように資金面で支えるのかが議論された。これについては、気候変動に関連する自然災害による「損失と被害」に対処する組織を新設する方向となった。第三の焦点は、2020年までの気候変動対策の強化である。これについて

は、すべての国がCOP21よりも十分早い時期に自主的な削減目標を提出する[6]こととなった。

このように、COP21にむけた交渉が行われたCOP19であったが、EU気候変動規範とポーランドの挑戦、という本論の視点からは、別の姿が垣間見られる国際会議となった。

（2） COP19への思惑

COP19が開催された2013年は、世界的に石炭離れの年と位置づけられよう。2013年1月から二期目に入ったオバマ米大統領は、同年6月「大統領の気候行動計画」を発表し、アメリカ国内の石炭火力発電所のCO_2排出規制を強化した (Executive Office of the President [2013] p. 6)。それに続くオバマのスピーチでは、二つの例外、つまり「石炭を代替するエネルギーが存在しない低開発途上国において最高効率の石炭技術が利用できる場合」および「CCSを利用する石炭火力発電所の場合」を除いて、海外への新規石炭火力発電所の輸出および投資をとりやめる[7]とした。世界銀行は同年7月、大量のCO_2排出をもたらす新規石炭火力発電プロジェクトへの支援を行わない方針（The World Bank [2013] pp. 25-26）を示し、さらに欧州投資銀行も同年同月、石炭火力発電への評価プロセス厳格化し、当該発電への支援を減らすことを示唆した（EIB [2013] p. 9）。同年同月、アメリカ輸出入銀行がベトナムの第二タイビン火力発電所への融資を中止（Reuters [2013.7.18]）した[8]。

この流れはCOP19でも変わらなかった。イギリスはオバマの方針に合流する（The Irish Times [2013.11.21]）とし、IMF専務理事ラガルドも石炭部門への投資の廃止の方向性を打ち出した（PNB [2013.11.14]）。環境NGOグリーンピースは石炭をはじめとする化石燃料からの脱却を求め（The Irish Times [2013.11.12]）、フィリピン気候正義運動は炭鉱および石炭燃焼による健康被害を訴えた（Africa News [2013.10.22]）。

しかし一方で、世界では石炭利用増加の傾向が看取できるのもまた事実である。グローブ・アンド・メール紙は「石炭はもはや王（King）ではなく地球的皇帝（Global Emperor）である」（The Globe and Mail [2013.11.19] p. B2）との論

調で、脱石炭の動きにもかかわらず石炭利用が地球的に拡大していることを伝えた。そして、そのような石炭利用促進の立場を、COP19を通じて明確にし続けたのが、ほかならぬCOP19議長国ポーランドであった。ポーランドはCOP19という国際気候変動交渉の場を、EU内で孤立する自国の立場を国際社会に説得する大きな機会として捉えていた（BBCME［2013.3.15］）。議長を務めたポーランド環境相コロレツは、「私は気候変動について懐疑的なのではなく、それに対するEUの手法に懐疑的なのだ」（INYT［2013.11.2］, p.15）としてEU気候変動政策に釘を刺した。また首相トゥスクは「ポーランドの石炭はエネルギーと利益の源となる。私たちは巨大な環境産業ロビーによって誤った方向に導かれてはならない。ソーラーパネルや風力発電がポーランドのエネルギーの将来を担うと述べる人々に説得されてはならない。これらは補完的な役割を担うにすぎない」（PNB［2013.10.31］）と、基礎エネルギー源としての石炭の重要性に言及し続けた。経済相ピェホチンスキはポーランド下院での答弁で、来る数十年間は石炭がポーランドの産業の基礎燃料であり続け、巨大な石炭資源はポーランド経済にとっての強力な利点である（PNB［2013.11.8］）と述べた。

（3） 議長国ポーランドへの批判

　このようにEU域内の気候変動規範や2013年に顕著となった脱石炭の流れのなかで、ポーランドはCOP19を利用して自国の立場を強調しようとした。ときに、主要右派政党「法と正義」のカチンスキによる「CO_2は気候に影響を与えない。気候変動に関するあらゆる規制は、ポーランドに高価な技術を買わせようとする力によるものだ」（INYT［2013.11.2］p.15）との談話や、オフレコでの政府高官による「気候変動は左翼による神話であり、そうでなければ、ポーランドの石炭を基礎とした経済を破壊することを計画するロビイストによって作り上げられたものだ」（PNB［2013.10.31］）発言など、激しい発言も飛び交った。またCOP19開催中の11月20日に、トゥスクは内閣改造の一環としてCOP19議長コロレツを環境相から解任し、前財務副大臣であるグラボフスキをその任にあてた。コロレツはCOP19の議長を最後まで務めたが、国際会議開催中の環境相の解任は後味の悪いものとなった。

このような議長国ポーランドの姿勢には、環境 NGO から怒りと落胆の声があがった。グリーンピースやオクスファムをはじめとする環境 NGO の COP19 参加者約 800 名は、当会議における進展が少ないこと、石炭ロビーの影響力が強いこと、などを不服として、会場となった国際競技場から退出するというパフォーマンスを行った。COP に対して不満が募るのは毎度のことだが、COP19 はとくにひどい、と参加者は口々に述べた（The Independent［2013.11.21］）という。さらにグリーンピースはポーランド有数のベルハトゥフ石炭火力発電所に「気候変動はここから始まる」というメッセージを 7 ヵ国語で投影した。石炭火力発電所による発電が 90% を超え、石炭利用の継続を図るポーランドへの怒りをぶつけたものであった。

（4）石炭・気候サミット（the Coal and Climate Summit）

さらにポーランドが石炭を諦めないことを、明確化したのが、COP19 と並行してポーランド経済省が主催した石炭・気候サミットである。COP19 開催中の 11 月 18〜19 日、同じワルシャワで世界石炭連盟の国際会議である石炭・気候サミットが開催された。低炭素社会の構築を目指す COP19 期間中にこの会議が並行して開催されたことには、ポーランドの「挑発的な意思表示」と非難する論調（The Globe and Mail［2013.11.19］）や「歴史上初めてのことである」といった驚きの声（Europolitics［2013.11.21］）が上がった。開会挨拶でポーランド経済相ピェホチンスキは全面的にポーランドの石炭産業を擁護し、次のように述べた。「ポーランドではエネルギーの大部分は石炭由来であり、税や GHG の排出制限によって石炭産業の収益性が減少することになれば、エネルギー価格は高騰し、経済環境は悪化し、民主主義が不安定化する」（Europolitics［2013.11.21］）。そして、石炭エネルギーをより効率的に利用するための方法についてであれば、環境主義者との議論を行う用意があると述べた。さらに、気候変動と戦うために石炭産業が貢献できる解決策は、脱石炭ではなく、CCS 技術の発展と石炭火力発電所の効率改善、であるとした（PNB［2013.11.19］）。

当サミットの開催と、開会挨拶でのピェホチンスキ発言に対して、憂慮する科学者同盟の戦略・政策局長メイヤーは「狂気」と断言し、「当サミットの焦

点は石炭依存を継続することにあり、これは気候変動交渉の目的に反する」(INYT［2013.11.19］) と述べた。またイギリス政府の気候変動アドバイザーであるガンマーも「石炭がクリーンな解決法であるというのは、売春婦が結婚の手引きであるというようなものだ」(The Irish Times［2013.11.19］p. 9.) と過激な表現で批判した。環境NGOグリーンピースもまた、ポーランド経済省ビルに「誰がポーランドを支配しているのか――人々か石炭産業か?」という垂れ幕を掲げて、このサミットに抗議した。

　実はこのサミットでは、気候変動枠組条約事務局長のフィゲレスが出席し開会スピーチを行っている。彼女がそのなかで、悲劇的な地球温暖化を避けるために、①世界の大部分の石炭は地中にとどめておくべきこと、②石炭産業はすぐに自身を改革し再生可能エネルギーへとその関心を移すべきこと、を柱として石炭産業に対して改革を迫ったこと (The Guardian［2013.11.19］p. 12.) は記憶しておくべきことである。しかし、このような意見も当サミットにおいては「世界には電力へのアクセスのない人が13億人存在する」「どんなに一部の人が石炭火力に反対しようが、〔東南アジアを中心として〕石炭利用はなくならない」(NP［2013.12.4］) という主張などにかき消されていった。

　本節ではCOP19と石炭・気候サミットを、ポーランドを中心とする言説の視点から概観した。ここで指摘できることは、ポーランドはEU域内での気候変動規範・政策形成の過程ではほぼ孤立的反対者となったが、場をCOP19とそれと並行して開催した石炭・気候サミットに移すことで、自国の石炭を基礎とする経済を正当化することを試みた、ということである。そして2節で提示したEUの気候変動規範に対して、ポーランドのそれは、①自国に存在する石炭資源の有効活用こそがエネルギー安全保障に寄与するという政治的現実主義、②すでに石炭を基盤として成り立っている経済構造に変更を加えないという経済的利益、そして③気候変動への対応は石炭の効率的・効果的利用によって達成されるべきであるというメタ規範、という論理に支えられて「石炭利用を継続すべきだ（諦めるべきではない）」という対抗規範を形成していることが理解できよう。

5．EU 気候変動規範の強さと脆さ

これまでの議論を整理しよう。第1節では EU が国際的な気候変動交渉の場において先導者たる地位を確保しようとしてきた過程を、先行研究をもとに整理した。そして、先導者たる地位を獲得するにあたっては、野心的な気候変動政策と当該政策のポジティブな成果が求められていることを指摘した。第2節では、野心的な EU の気候変動政策を支える規範が欧州委員会気候変動委員ヘデゴーによってどのように形成されたかを分析した。「EU が国際的な気候変動交渉の場で先導者となり、当該問題に対して喫緊に行動を起こすべき」という規範は、政治的現実主義、経済的利益そしてメタ規範ともいうべきパラダイム・シフトの論理によって支えられていることを確認した。一方で EU 加盟国がすべて EU の気候変動政策および気候変動規範を支持しているわけではない。第3節では EU 域内で野心的な気候変動政策に一貫して反対してきたポーランドを概観し、第4節では EU の枠組みを超えて気候変動枠組み条約の締約国会議でも自国のエネルギー政策を主張した、つまりマルチ・レイヤー・ストラテジーを採用した、ポーランドの姿を取り上げた。そして、ポーランドの「石炭利用を継続すべきだ（諦めるべきではない）」という規範もまた、政治的現実主義、経済的利益そしてメタ規範という論理に支えられていることを確認した。つまり、本章は本書の他の章が示すような EU 域外に対する規範政治のみならず、EU 域内においてもまた政策と規範が不即不離であり、規範と対抗規範が観察できることを提示した。

EU の将来を予測するのは筆者の手に余るが、最後に一言添えたい。EU 気候変動規範の強みは、政治的現実主義、経済的利益そしてメタ規範というそれを支える論理をともなうがゆえに域内で広範なコンセンサスを得たという強さをもつが、他方、あたかも3本の脚で支える椅子のように、そのうちの1本でも説得力が失われると、その全体が揺らぐという脆さも内包する。2013年末からのウクライナ問題とそれにともなうロシアからのガス輸入不安定化への EU 域内での危機感は、少なくとも EU 気候変動規範を支える論理のひとつである政治的現実主義（エネルギー安全保障）の脚を揺るがしているようにみえる。

第10章　石炭を諦めない

この問題に対して機敏に反応したのはポーランド首相トゥスクであり、彼は2014年4月にガスの共同購入スキームを柱とする欧州エネルギー同盟を提案した（EurActive［2014.4.2］）。エネルギー安全保障に対する彼の一貫した姿勢は、EU首脳会議に長年参加しているという政治的安定感とも相まって、同年8月に同年12月からの欧州首脳理事会常任議長（いわゆるEU大統領）に選出された遠因ともなった（The Guardian［2014.8.31］）。すでにメディアではトゥスクは気候変動よりもエネルギー同盟に関心がある、といった報道もながれ（EurActive［2014.9.9］）、新エネルギー・気候変動委員に推挙されたカニェテはエネルギー産業との密接な関係が取り沙汰されている（European Voice［2014.9.17］）。EUの気候変動規範と石炭を諦めないポーランド。当面、この規範をめぐる争いから目が離せない。

注
1）変革的かつ社会経済的価値の高い新興産業分野の市場。
2）http://ec.europa.eu/commission_2010-2014/hedegaard/index_en.htm 参照。本文で参照したヘデゴーのスピーチ原稿および論考はすべて、このページからアクセス可能である（2014年9月18日現在）。紙幅の都合上、本章では発表日のみを記すこととする。読者には、上記URLからスピーチもしくは論考のセクションに進んでいただき、該当日の原稿を参照していただきたい。
3）本節の内容は市川［2014］に詳しい。
4）本項の内容は市川［2012］に詳しい。
5）本項の内容は市川［2013a］に詳しい。
6）可能な国については2015年1〜3月に目標を公開する
7）http://www.whitehouse.gov/photos-and-video/video/2013/06/25/president-obama-speaks-climate-change 参照（最終アクセス 2013.10.28）。
8）http://www.whitehouse.gov/the-press-office/2013/09/04/joint-statement-kingdom-denmark-republic-finland-republic-iceland-kingdo 参照（最終アクセス 2013.10.28）。

参考文献
Africa News［2013.10.22］"Climate; Global Protests Target Coal: Warn of Dirty Energy's Impact on Climate", *Africa News*.
BBCME（BBC Monitoring Europe）［2013.3.15］"Poland Seeks Lobbying Firm to Strengthen Government's Position on Climate Policy", *BBC Worldwide Monitoring*.
BBCWM（BBC Worldwide Monitoring）［2012.3.15］"Polish Environmental Minister Says EU Lacks 'Real Solutions' to Reduce Emissions", *BBC Monitoring Europe-Political*.
DG CLIMA（Directorates-General on Climate Action）［2013.6.27］"Curriculum Vitae of

第Ⅲ部　対外関係の規範政治

　　　Connie Hedegaard", (http://ec.europa.eu/commission_2010-2014/hedegaard/about/biography/index_en.htm) (最終アクセス 2014.6.19)
EIB (European Investment Bank) [2013] *EIB and Energy: Delivering Growth, Security and Sustainability: EIB's Screening and Assessment Criteria for Energy Projects*, European Investment Bank.
ENDS [2007.2.22] "Sates Back Unilateral EU Climate Gas Curbs Environment Ministers Back Unconditional Cut of 'at Least 20 Percent' in EU Greenhouse Emissions by 2020", *ENDS, Environmental Daily*.
────── [2008.3.3] "Energy Ministers Welcome Climate Energy Package First Public Debate Hears Ministers Applaud Ambition, Voice Concern over Renewables Trading and Embrace Biofuel Sustainability Criteria", *ENDS, Environmental Daily*.
────── [2008.4.3] "Stricter Rules Urged for EU Renewables Law Conflict Looms over Enforcement, Penalties, National Action Plans and Trade in Guarantees of Origin", *ENDS, Environmental Daily*.
────── [2008.7.8] "Ministers Chew over EU Climate Package Informal Negotiations in Paris Highlight Flexibility on Emission Targets and Funding for New Member States as Key Issues for Debate", *ENDS, Environmental Daily*.
────── [2008.12.08] "Sarkozy Offers New Concessions to Eastern States Polish PM Tusk Says France Has Offered Extension of Free Carbon Allowances to Power Sector until 2020", *ENDS, Environmental Daily*.
EurActive [2014.4.2] "Poland Calls for EU Energy Union".
────── [2014.9.9] "Election of Donald Tusk Puts EU Climate Position in Doubt".
European Commission [2006] *Green Paper: A European Strategy for Sustainable, Competitive and Secure Energy*, COM (2006) 105 final.
────── [2007a] *Limiting Global Climate Change to 2 Degrees Celsius: The Way ahead for 2020 and beyond*, COM (2007) 2 final.
────── [2007b] *An Energy Policy for Europe*, COM (2007) 1 final.
────── [2008] *20 20 by 2020: Europe's Climate Change Opportunity*, COM (2008) 30 final.
European Voice [2014.9.17] "Cañete Sells Oil Shares".
Europolitics [2011.7.18] "Energy/Climate Change: Poland Defends Coal Power", *Europolitique*, No. 4244.
────── [2013.11.21] "Climate Change/Energy: Coal Lobby Speaks in Warsaw", *Europolitique*, No. 4756.
Executive Office of the President [2013] *The President's Climate Action Plan*, The White House.
IEA [2011] *Energy Policies of IEA Countries: Poland 2011 Review*, IEA.
INYT (International New York Times) [2013.11.2] "In Coal Belt, Poles Resist Europe on Clean Energy: Country Works to Block Efforts to Tighten Control of Greenhouse Gases", *International New York Times*, Finance Section, p. 15.

[2013.11.19] "U. N. Environmental Official Says Most Coal Needs to Stay in Ground", *International New York Times*, Finance Section, p. 15.
NP (National Post) [2013.12.4] "The UN's War on Coal", *National Post*, FP Comment Section, p. FP13.
PICR (Platts International Coal Report) [2011.7.18] "Polish EU Presidency Targets Low Emission Rather Than Low Carbon Economy", *The McGraw-Hill Companies*, News No. 1031.
PNB (Polish News Bulletin) [2011.7.26] "EU Energy Policy Dangerous to Poland, Kraszewski Says", *Polish News Bulletin*, Economic Review Section.
　　　　　　[2012.4.24] "Veto against Tough CO_2 Reduction Targets Poland's Only Weapon", *Polish News Bulletin*, National News Section.
　　　　　　[2013.10.31] "Sticking Spokes in EU Climate Policy Bound to Backfire on Poland", *Polish News Bulletin*, Weekend Supplement Section.
　　　　　　[2013.11.8] "Coal to Remain Main Fuel of Polish Economy", *Polish News Bulletin*, Economy Section.
　　　　　　[2013.11.14] "Weglowa Wojna Swiatowa", *Polish News Bulletin*, Weekend Supplement Section.
　　　　　　[2013.11.19] "Warsaw Hosts Coal Summit", *Polish News Bulletin*, Economy Section.
PON (Platts Oilgram News) [2011.6.23] "Poland Derails Bid by EU to Increase Emissions Cuts", *The McGraw-Hill Companies*, Europe, Middle East & Africa Section, Vol. 89, No. 122.
Reuters [2013.7.18] "Ex-Im Bank Won't Finance Vietnam Coal-Fired Power Pland".
The Globe and Mail [2013.11.19] "Like It or Lump It: Coal Isn't Going Anyway Soon", *The Globe and Mail*, Report on Business Column, p. B2.
The Guardian [2013.11.19] "Energy: Leave Coal in Ground, Say UN Climate Chief", *The Guardian*, Guardian Home Pages Section, p. 12.
　　　　　　[2014.8.31] "Donald Tusk's Rise to European Council President Is a Big Moment for Poland", Web News.
The Independent [2013.11.21] "Charities Quit UN Climate Talks over Lack of Action", *The Independent*, World Politics Section.
The Irish Times [2013.11.21] "Climate Talks in Disarray after Group Walk-out; Developing Countries Protest at Blocking of Compensation by Rich Nations", *The Irish Times*, World Section, p. 11.
　　　　　　[2013.11.19] "Most of World's Coal Reserves Will Have to Stay Underground, Say UN Climate Chief", *The Irish Times*, World Section, p. 9.
　　　　　　[2013.11.12] "Country's Envoy in Emotional Plea to End Climate Change Madness", *The Irish Times*, World Section, p. 9.
The World Bank [2013] *Toward a Sustainable Energy Future for All: Directions for the World Bank Group's Energy Sector*, The World Bank.

WRI (World Resources Institute) [2012] *Global Coal Risk Assessment: Data Analysis and Market Research*, World Resources Institute.
Wurzel, Rüdiger K. W. and James Connelly [2011] "Introduction: European Union Leadership in International Climate Change Politics", in Rüdiger K. W. Wurzel and James Connelly (eds.), *The European Union as a Leader in International Climate Change Politics*, Routledge, pp. 3-20.

市川顕 [2012]「ポーランドの再生可能エネルギー──EU 気候・エネルギー政策と自国のエネルギー戦略の狭間で」『ロシア・ユーラシアの経済と社会』第 962 号、19-35 頁。
─── [2013a]「EU における再生可能エネルギー政策と「ポーランド問題」」久保広正・海道ノブチカ編『EU 経済の進展と企業・経営』勁草書房、84-109 頁。
─── [2013b]「EU における気候変動政策──経済成長と環境保護の両立にむけて」羽場久美子編『EU（欧州連合）を知るための 63 章』明石書店、317-321 頁。
─── [2014]「ポーランドにおけるエネルギー政策の概略と方向性」『産研論集』第 41 号、45-57 頁.
日経産業新聞 [2013.10.3]「「環境の欧州」石炭復権」2 面。

第 11 章
非 EU 市民の受け入れ方
―― EU の移民統合政策が進める第三国国民の同化と排除

小山晶子

　EU 市民の権利が、マーストリヒト条約以降に政策のアジェンダとして取り上げられてから、第三国国民のカテゴリー化が進んできた。EU の移民統合政策が対象とする第三国国民とは、EU 加盟国の居住者でありながら EU 市民権を保有しない者、つまり非 EU 加盟国出身者で EU 加盟国の国籍を有しない合法的な居住者を指す。1999 年 10 月のタンペレ欧州首脳理事会においてこの第三国国民の権利と義務の必要性が唱えられた。以来、その実現に向けた政策が、移民の統合政策としてさまざまに展開されている。そうした EU の移民政策と第三国国民の権利保障についての考察が、たとえば長期居住者の権利と域内自由移動についての研究（中坂［2005a］［2005b］）により、また EU 市民権との比較研究（土谷［2009］；Carrera and Wiesbrock［2010］）を通じて、これまでに蓄積されてきた。加盟国での市民統合へ影響を及ぼす EU の移民統合政策についての分析も進んでいる（Carrera and Wiesbrock［2009］）。
　第三国国民の統合を推進するために、EU は 2007 年以降、非 EU 加盟国出身の移民を統合するための欧州の基金（以下、欧州移民統合基金と記す）の分配を通して加盟国の移民統合政策を支援してきた。第三国国民の統合のための欧州アジェンダ（2011 年）では、EU 域内への統合を促すにあたって、第三国国民の多様性を保持すべきとする規範を掲げている。本章は、EU が掲げる「第三国国民の統合」のためのアジェンダに着目し、EU の政策はだれをどこへ統合することを目的としているのかについて分析する。その際、対象となる第三国国民という限定されたカテゴリー、同化主義的で排外主義的なアプローチ、そ

してその評価指標といった三つの側面から検討していく。それにより、欧州アジェンダが掲げる移民統合の規範が、結局は、第三国国民にEU加盟国の文化的価値規範を押しつけている実態を指摘する。こうして本章では、EUの移民統合政策が第三国国民を選別し排除する加盟国の政策を正当化している側面を明らかにしていく。

1．共通移民政策の対象としての第三国国民の権利

（1）第三国国民のための権利保障

　EU域内に居住する非EU加盟国出身者に対する政策は、マーストリヒト条約以後、その必要性が徐々に唱えられてきた。アムステルダム条約により、移民・難民政策に関するEU（当時はEC）の関与が強化され（当時の第三の柱の事項が第一の柱のECの枠組みに移され）、第三国国民も対象とされる「人の自由移動」政策が基本条約（当時のEC条約）に規定されるにいたる。これにより第三国国民は域内を自由移動する権利（第62条）と他の加盟国に居住しうる権利（ただしある加盟国に合法的に居住している場合）（第63条）が保障された。こうしたアムステルダム条約の規定を受けて、タンペレ欧州首脳理事会の議長声明において次のように宣言される。合法的に一定期間EU加盟国に居住した第三国国民に、EU域内で居住する権利、教育を受ける権利、雇用者あるいは自営業者として働く権利といった、EU市民に近い権利が保障されるべきであり、差別は禁止されなければならない（European Council [1999]）。

　こうした流れのなかで、EU市民と第三国国民の差別を撤廃し、第三国国民の統合を促すための政策として、家族再結合指令（2003/86/EC）と長期居住者指令（2003/109/EC）が採択される。前者は、いずれかの加盟国に合法的に1年以上居住しかつ適切な住居、疾病保険、十分な資力をもつ場合に限って、第三国国民に配偶者と未成年の子を合流させ居住させる権利を与えるものである。ただし合流可能な家族は核家族に限定され、それを超える場合の要件や基準については加盟国に裁量が認められている（大西 [2014] p. 166)。

　以上のような動きの背景には、アムステルダム条約により「自由・安全・司

法（正義）の領域（an area of freedom, security and justice：以下 AFSJ と記す）」の構築が政策理念にされたという経緯がある。この政策理念のもと、域内自由移動の障壁撤廃が目指され、その一環として第三国国民の統合を促す権利保障政策が提案されてきたのである。しかし、こうした第三国国民の統合政策は、AFSJ において EU 市民に与えられる権利と同等のものを享受しうるような形で、第三国国民の統合を進めていく施策なのであろうか。EU 市民と第三国国民の両者に明確な差別化が図られるということはないのであろうか。以下、長期居住者指令（2003/109/EC）を取り上げ、この指令に該当する第三国国民を対象に、居住する国以外の加盟国へ移動する権利の行使にともなう障壁にも注目しつつ、考察する。

（2）長期居住者の権利保障と第三国国民の統合？

　第三国国民は、EU 市民とは異なり、EU 加盟国に居住していたとしても長期居住権を自動的に獲得することはできない。また第三国国民が他の加盟国に移動する権利を享受するには、居住する加盟国における合法的な長期居住者の地位を獲得しなければならない。

加盟国に居住する権利
　長期居住者指令は、第三国国民が自由に移動する権利と移住先の加盟国で獲得できる権利について規定し、とくに長期居住権を獲得できる条件を明記するものである。これは注目に値する。なぜなら、第三国国民の居住権に関する基準や条件は、加盟国ごとに異なっているからである。この指令は、第三国国民が長期居住権を取得する条件について、加盟国が国内法を改正していく際の最低基準を定めたものだといえる（中坂［2005b］p. 129）。
　第三国国民が長期居住権を獲得するためには、いずれかの加盟国に合法的かつ継続的に 5 年間居住しなければならない（第 4 条 1 項）。またこれに加えて、当該加盟国の社会扶助に依存せずに自身と家族の生計を維持できる資力を保持しなければならない（第 5 条 1 項）。EU 市民が出身国を離れ他の加盟国に居住する際にも 3 カ月以上の滞在については移住先の社会扶助制度に依存しない程

度の資力が要求されるが、その EU 市民の場合、同様の資力を保持しない場合でも 5 年間の合法的な居住実績があれば、「永住権」を獲得することができる。それに対して第三国国民の場合、十分な資力がないと「長期居住権」を獲得できない。第三国国民は EU 市民とは異なり、「居住期間が長期になることによって得られる直接の保護の強化がない」（中坂［2005b］p. 135）のである。

　長期居住指令はまた、長期居住権を獲得した第三国国民に対して、EU 市民と同様の労働市場アクセス、教育／研修機会、社会保障上の権利を付与するものである（第 11 条 1 項）。しかしこの指令は同時に、EU 市民（および EEA（欧州経済領域）市民）に認められる労働市場または自営業活動へのアクセスを、第三国国民に対しては加盟国が制限できてしまう余地を残している（第 11 条 3 項）。加盟国は同指令のもと、教育／研修機会付与の条件として、一定の言語能力を証明する義務を第三国国民に課すことが認められているのである。

　このように、長期居住指令はもともとは EU 市民と第三国国民の間の差別を撤廃し、第三国国民に公正な処遇を保障する目的で採択されたのではあるが、それはまた他方で、加盟国が第三国国民の権利を制限できるようにしてしまっている。第三国国民が長期居住を認められるには、EU 市民には課されない条件をクリアしなければならないのである。

EU 域内を移動する権利について

　長期居住者指令はまた、第一の加盟国において長期居住権を獲得した第三国国民が第二の加盟国で居住許可を申請できる条件を規定している。これはいわば、第三国国民の域内自由移動を可能にする権利の保障を唱えたものだということもできる。しかし、第三国国民が他の加盟国へ移住する機会は未だ限定的である。というのも、移動先の第二の加盟国が課す条件が、移動を阻みかねないからである。

　第三国国民は、長期居住権を取得した国以外の加盟国へ移住する際には居住許可が必要となる。この居住許可を取得するためには、一定の条件を満たさなければならない（第 15 条）。第二の加盟国の社会保障に依存せずに安定した生計を維持できる資力と、申請者が疾病保険でカバーされていることの 2 点がそれであり、その証明が必要とされる。さらに、たんに移動するだけでなく、就

労や教育の機会を享受するには、移動先の言語能力を証明しなければならない。オーストリア、エストニア、ドイツ、ラトヴィアでは、第一の加盟国において統合条件を満たした長期居住者でも、言語コースへの出席が要求される（European Migration Network Study［2013］p. 25）。第三国国民が一定の資力の条件を満たさずに第二の加盟国に移動し、その国の社会扶助制度に依存しなければならない状態に陥った場合、居住許可は停止される（第22条）。また第三国国民は、移動先の第二の加盟国に及ぼす「公共政策、公共の安全および公衆衛生上の理由」によって、長期居住権を取得した第一の加盟国へ戻されることもある（第22条2項）。

　1999年に発効したアムステルダム条約以降、たしかに、第三国国民の権利保障の枠組みが整いつつあるかにみえた。EU加盟国に合法的に居住する第三国国民の権利をEU市民のそれに近づけることを目的とした指令が採択されたのである。しかし、EU市民と同様に経済的機会を求めて域内を自由に移動するためには、複数の加盟国の言語能力をもち、EU市民（とEEA市民）に限定されない雇用機会を見いだせなければ、事実上不可能である。そのうえ、移動許可の前提条件となる長期居住権を獲得するためには、まずもって、入国した加盟国の言語能力を高め、十分な資力をたくわえなければならない。居住許可なしに複数にまたがる加盟国において雇用機会を求めて自由に移動できる権利を享受するEU市民に対して、長期居住者指令により保障された第三国国民の移動の権利は、限定的である。第三国国民は、権利を最大限に享受し第二の加盟国へ移住可能な者、第一の加盟国で長期居住権を取得できたものの第二の加盟国へ移動する条件は満たせない者、そして第一の加盟国で長期居住権を取得することもできず望まれざる移民として見られる者といった形で、差別化が進んでしまっている。このように、EUによる第三国国民のための権利保障は、EUの移民統合政策にとって望ましい第三国国民を特定しカテゴリー化するための政策となってしまっている。

2. ソフトローによる第三国国民の統合アプローチ

(1) 共通基本原則と統合アジェンダ

　タンペレ欧州首脳理事会における提案と（EU 経済の競争力強化をねらった）リスボン戦略のフォローアップとして、欧州委員会は 2003 年に、第三国国民の雇用機会に関する政策枠組みを提案し、域内に合法的に居住する第三国国民の統合政策の必要性を強調している（European Commission [2003]）。また 2004 年 7 月には加盟国の移民統合政策について概略を報告し、経済移民のための入国政策、第三国国民の権利と義務を定める共通の法的枠組み、そしてそのための共通基本原則を整備していく必要性を訴えている（European Commission [2004]）。

　これを受けて、2004 年 11 月のハーグ欧州首脳理事会は、AFSJ 分野における政策目標をハーグ・プログラムとして設定し、加盟国が移民の統合を検討する際の指標となる共通基本原則（Common Basic Principles：以下 CBP と記す）を提案した（2004 年 11 月 19 日の司法内務理事会で採択）[1]。それは 11 の原則から構成され、住民と移民の双方向的調和が強調されている。つまり、EU の基本的価値を尊重したうえでの移民"統合"が、一方で EU 市民との相互関係と文化的対話（CBP1）、他方で受け入れ社会の言語、歴史、制度についての基本的知識の習得（CBP4）を通じて進められるべきことが規定されている。

　2005 年になると、欧州委員会は「統合のための共通のアジェンダ」を発表し、加盟国の統合政策を補うために、上記の CBP に基づいて第三国国民の統合を促進するための施策を提案する（European Commission [2005]）。その手段として、閣僚レベルの定期的な会合、移民統合に関する加盟国内のコンタクト・ポイント、第三国国民の統合のための欧州の基金、欧州（移民）統合フォーラム、移民統合に関するウェブサイト構築、欧州（移民）統合モジュール、移民統合政策を評価する指標の設置などが提示されている。

（2）欧州移民統合基金が導く統合？

　こうした欧州委員会の政策路線は、ソフトローのアプローチで移民統合を促進しようとするものである。このアプローチによる EU の施策は、加盟国の移民統合政策にどのような影響を及ぼしているのだろうか。とくに欧州委員会の内務総局によって設置された欧州移民統合基金が支援するプロジェクトに着目して、この点を考察したい。欧州移民統合基金は、2007 年 6 月 25 日の理事会決定 (2007/435/EC) により、第三国国民の統合を支援するための基金として設けられた[2]。統合基金によるプロジェクトの約 93％は加盟国主導であり、その他は（共同体アクションとして）複数の加盟国に渡る研究プロジェクトなどに充てられている。欧州移民統合基金による各プロジェクトの拠出割合の上限は 75％であり、プロジェクトはすべて加盟国との共同拠出となっている。

欧州移民統合基金の配分と選考
　欧州移民統合基金はふたつの基準にそくして加盟国に配分される（デンマークは除く）。ひとつは過去 3 年間に合法的に加盟国に居住している第三国国民数、もうひとつが 3 年間の居住許可を加盟国から取得している第三国国民数である。これにより、スペイン、イギリス、ドイツ、イタリア、フランスの 5 ヵ国が全予算の約 68％の配分（2007～09 年）を受けた（European Commission [2011a]）。
　2007 年から 09 年までに 5234 件のプロジェクトの応募があり、そのうち約 47％が選考され、その約 73％が実際に基金の分配を受けた。その分配金を使用するプロジェクトは、それぞれの加盟国で移民の統合政策を担う組織により選考される。この統合政策担当組織が分配金を使用するプロジェクトを募集し、審査し、配分を実施する場合が一般的だが（全体の約 95％）、その当の組織自体がプロジェクトの企画と予算申請を行い、実際に運営する場合もある。フランスでは、両方の手法が実施されており、サルコジ政権下で設置された「移民・統合・国民アイデンティティ・連帯発展省」の下に創設された「受け入れ・統合・市民権総局（Direction de l'accueil, de l'intégration, de la citoyenneté：以下は DAIC と記す[3]）」が欧州移民統合基金のプロジェクトの選考と予算の配分を実施してきた。DAIC が移民・統合事務総局とともに欧州移民統合基金を使い、

新規入国者の調査が実施（2012～13年）される場合もあれば、活動の目的ごとにアソシエーションや公社などに分配する場合もある。

欧州移民統合基金のプロジェクト

　欧州移民統合基金から支援されるプロジェクトは多様であるが、それは四つの優先事項に依拠して選考される。なかでも優先事項1「EU移民統合政策共通基本原則の実行」がプロジェクト全体の74％（2007～13年）を占める。これに優先事項2「移民統合評価指標の開発」が12％で続き、優先事項3「加盟国の多様なレベルにおける統合政策の遂行」が9％、優先事項4「加盟国における統合に関する経験や情報の交換」が4％である。なお、特定優先事項として、第三国国民の参加、女性・子ども・高齢者を対象、革新的なプログラム、異文化間対話、統合プロセスにおける受け入れ社会の関与などが設定されており、こうした特定優先事項が考慮される場合、移民統合基金からの支援がより手厚くされる。

　上述のように、優先事項1のプロジェクトが基金の大半を占めているが、なかでも移住先加盟国の言語・文化を習得するコースの設置が多くみられる。たとえばポーランドでは、幅広い年齢の新規入国者である第三国国民向けに、ポーランド語とポーランド文化についてのクラスが設置された（2011年、Linguae Mundi財団による）。イタリアでは、イタリア語のクラスが50の都市で新規入国者向けに設置（2010年、Starnieri di Perugia大学による）、オーストリアでは6歳から15歳の第三国国民の子どもに放課後の宿題やドイツ語の補習を行った（2012年）。

　こうした移住先加盟国での言語教育のほかに、たとえばドイツでは、第三国国民の地域社会への参加を促すために、ボランティア消防団の募集を実施（2011年）、またフランスでは、女性と家族の権利に関する情報センター（CIDFF）によって、移民の女性向けに権利、差別、暴力への闘いについてのワークショップが開催された（2011年）。イギリスでは、国境局（UK Border Agency）が第三国国民の入国前言語能力の向上を目指した活動を実施し、イギリス国内に新規に入国した第三国国民の英語習得を支援する活動も進めた（2008年）。

第 11 章　非 EU 市民の受け入れ方

欧州移民統合基金が抱える矛盾

　欧州移民統合基金の対象は、新規入国者の第三国国民に限定されている。イギリスでは、2004 年に EU 加盟国となった中・東欧諸国からの入国者が 2007 年以降に急増し、初年度のプロジェクトをすべて実行できなかった。欧州移民統合基金によるプロジェクトの実施は、新規入国者の職業技能と言語能力、出身国の変化に左右される。また、第三国国民が抱える課題として、失業率、高等教育進学率、早期退学などが挙げられるが、こうした問題は当然のことながら、新規入国者に限られるものではない。すでに EU に在住している第三国国民の置かれた状況こそが問題なのである。2012 年の非 EU 加盟国からの新規入国者は、EU に在住する第三国国民の約 5.7％にすぎない[4]。すでに加盟国に長期居住している第二・第三世代が抱える学業不振の問題や解消されない経済・社会格差を克服するためにも欧州移民統合基金を使用できるようにしていくこと、これを課題のひとつとして指摘できる。

　（EU 予算を精査する）欧州会計検査院は 2012 年の報告書のなかで、欧州移民統合基金の評価の難しさを指摘している。それは、大半が 1 年未満のプロジェクトであること、欧州難民基金など他の EU 基金との境界が曖昧であること、加盟国主導のプロジェクトであるため EU レベルのモニタリング制度がないこと、などである（European Court of Auditors [2012] pp. 26-45）。このように短期のプロジェクトを継続的に支援する制度的枠組みが欠如していることから、欧州移民統合基金の効果は、加盟国自身の移民統合政策やその制度的枠組みに大幅に依存するものとなっている。その結果、欧州移民統合基金は第三国国民が現に居住する加盟国への統合を後押ししているにすぎないということになってしまっている。

　欧州移民統合基金の予算規模は、2007 年から 13 年で 8 億 2500 万ユーロであった。同期間の（同じく EU の基金である）欧州社会基金の約 766 億 5400 万ユーロと比較すれば、その影響力は自ずと知れる。しかし、欧州社会基金は労働市場への統合を目的としているため、その対象とならない第三国国民もいる。したがって、義務教育下の生徒や高齢者など、広く EU の基金全体の援助対象からもこぼれてしまっている第三国国民を対象とした統合支援目的の基金の使途も、検討されるべきであろう。

241

さらに、欧州移民統合基金のプロジェクトでは、受け入れ加盟国の言語および文化的価値の習得を促す統合コースの設置が目立っていたが、これは EU がうたう双方向的プロセスによる第三国国民の統合政策であるとはいえない。2012 年から 13 年の間に EU 加盟国のうち 8 ヵ国で行われた調査によると、第三国国民の出身言語および文化的背景に配慮するアプローチが、移民統合政策を評価する項目として挙げられている加盟国は存在しない（Huddleston *et al.* [2013] pp. 65-66）。

3．義務化される第三国国民の統合政策

（1）移民の統合コースと言語習得という義務

　移民の統合コースと言語の習得は、近年になって EU 加盟国に導入されはじめた制度である。まず、帰化手続きにおける統合要件のひとつとして言語能力が問われた。従来は、言語能力と受け入れ社会の知識について非公式なインタヴューが、オランダ、ドイツ、デンマーク、フランスにおいて実施されていた（Strik *et al.* [2010] p. 110）。2000 年以降は、言語能力基準が加盟国間で共有され、言語と受け入れ社会についての試験も導入されるようになった。

　国籍あるいは市民権を取得するための条件として要求されていた言語と文化的価値の習得は、その後、デンマーク、オーストリア、ドイツ、フランス、ラトビア、オランダ、イギリスにおいて、第三国国民が永住権および長期居住権を獲得するための要件として義務づけられるようになる。永住権取得のために要求される言語能力は、帰化手続きの場合とほぼ同様であり、欧州言語参照枠[5] A2 から B1 のレベルの習得が求められる[6]。

　EU 市民は、他の加盟国へ移住する際に、言語能力などを証明する義務はない。そのようなものを証明せずとも、長期居住権を取得することができる。しかし第三国国民の場合、そうはいかない。2003 年家族再結合指令による権利保障と引き換えに、第三国国民は移動先加盟国の言語の習得と価値規範の尊重が義務づけられたのである。

(2) 統合のための義務によって排除される第三国国民

　第三国国民のなかでも、統合コースと言語習得の義務が免除される者がいる。帰化手続きについては、帰化申請国において一定の就学経験があり言語能力が十分であると証明できる場合は免除される。永住権あるいは長期居住権を取得する際には、EU（およびEEA）市民はその義務の対象とならない。難民認定を受けた第三国国民についても、イギリスとオーストリアでは対象外である。入国前の審査についても同様で、高技能労働者、高等教育学位取得者、精神的あるいは肉体的な障がいのために試験を受けることができない場合も免除される（Luiten and van Oers [2010] pp. 86-88）。

　しかしその一方で、統合コースと言語習得の義務を履行することが困難な第三国国民は、統合過程から排除される。入国前の審査で要求される言語と文化的価値の習得は、合流したい家族や庇護申請者にとって厳しいものがあり、審査に合格できないケースも多い（Strik, et al. [2010] p. 116）。統合要件として課される言語能力試験は、高齢者および就学経験が乏しい第三国国民にとってまさに障壁である。こうした人々は、合法的に長期間にわたり加盟国に居住していたとしても、永住権あるいは長期居住権を獲得することは難しく、EUの統合政策が対象とする第三国国民の権利から排除される傾向にある。

4．欧州アジェンダにみる第三国国民の統合の行方

（1）「第三国国民の統合のための欧州アジェンダ」が掲げる新たな目的

　2011年に欧州委員会は、移民が移動先の社会で経済的・社会的・文化的・政治的に参加できるよう促すための「第三国国民の統合のための欧州アジェンダ（以下、新アジェンダと記す）」を公表した（European Commission [2011b]）。新アジェンダは、欧州移民統合基金の使途とその役割をさらに明確にするとともに、2005年に掲げられた「EUにおける第三国国民の統合のための共通アジェンダ（以下、前アジェンダと記す）」とは異なる事項を追加している。前アジェンダで提案された地域レベルにおける第三国国民の参加を促すための対話を通

した双方向の統合プロセスに、貧困地域を対象とした第三国国民の統合政策の必要性が加えられたのである。

参加を通した移民統合過程については、前アジェンダでは受け入れ社会の言語・歴史・制度に関する基本的知識の習得の必要性のみが強調されたのに対し、新アジェンダでは、移民児童の両親に対する言語教育や移民系の教員雇用による多様性への配慮と研修などが提案された。受け入れ社会の言語と文化的価値の習得を促すだけではなく、統合過程のなかで移民の文化的多様性に配慮する必要性が教育分野において提唱されたことは注目に値する。

さらに、出身国との連携があらたに提案されている。潜在的移住者が実際に出国する前に、移住先の言語と社会の知識を習得しておく重要性が指摘されるとともに、出身国と受け入れ国の間を往復する「往復移民（circular migration）」にふれ、一度EUに入り働いても、やがて出身国へ帰国し、労働市場へ速やかに参入していけるようにすることで、移民が送り出し国／受け入れ国双方の利益となるような支援策が求められている。

（2）出身国との連携という名の選択的移民政策

1999年のタンペレ欧州首脳理事会で再確認された「移民の流れの管理」は、EUの共通移民・庇護政策の最重要課題であり続けている。この路線に沿って、移民／難民の出身国・経由国との協力が強調されている（中坂［2010］p. 136）。早急な課題である不法移民の管理については、合法的移住者の情報の共有をはじめとし、人身取引の防止、国境監視システムの設置、第三国との再引きとり条約の締結などが、これまでEUで提案されてきた。不法移民の流入を阻止する政策と同時に、経済移民の受け入れを促進するべく2009年に導入された高度技能労働者のためのEUブルーカードは、その具体化の一環である[7]。第三国との協力に基づく移民の流入管理政策では、第三国支援を目的とした高度技能労働者の頭脳流出を防ぐ「往復移民」の奨励など、包括的なアプローチが掲げられている（土谷［2009］p. 17）。

こうして「移民の流れの管理」を実現するべくEUの移民政策が整備されていくなかで、第三国国民を対象とした入国前審査が導入される。入国後の統合

促進を目的として、たとえば言語能力の証明（大半が欧州言語参照枠 A1）が入国審査に要求されたのである。たとえばオランダは 2006 年に、家族合流のための入国条件として、言語能力および受け入れ社会の基礎知識の習得を義務づけている。2007 年にはドイツも言語能力の証明を要求し始めた。イギリスでは高技能労働者の言語能力証明が 2006 年から義務づけられていたが、2010 年には家族合流の条件として、言語能力試験が導入されている。フランスも家族再結合指令を国内法化するため、合流の要件として、入国前に、言語能力および文化的価値についての審査を導入した（Carrera and Wiesbrock［2009］p. 14）。

　なお、イギリスでは第三国国民の女性に対するプロジェクト「Welcome to the United Kingdom」（2010～13 年）を実施した。これはバングラデシュ出身の女性がイギリスの生活に適応するための情報をバングラデシュ語で提供し、英語も指導するというもので、26 名の教員がバングラデシュへ渡り、渡英前の女性を対象に、英語研修も行っている。こうした入国前第三国国民に対する言語研修も、上述の欧州移民統合基金によって支援されている。

　このようなドイツ、イギリス、フランスによる第三国国民に対する文化的価値と言語の審査は、家族再結合指令を国内法化することを前提として設置されたが、その一環として導入された出身国における選考試験が、そもそも当の指令に適合しているかについて議論が分かれている。というのも、同指令第 7 条 2 項は、家族合流の申請を加盟国が審査するにあたり、受け入れ社会に順応する意思の確認は認めている一方で、民族、言語、宗教に基づく差別はこれを禁じているのである。たとえばオランダは、この側面に配慮して、入国前言語能力試験については、家族再結合指令に規定された「統合措置」として課すのではなく、「統合の基準」を測る政策として導入しているのだと主張している（Groenendijk［2011］p. 22）。批判を回避するために入国前の言語審査を義務づけないデンマークのような加盟国もある。フランスは入国前の言語能力試験を実施しているが、その結果は入国の条件にはせず、入国後の統合コース受講義務の有無を分けるための審査として実施している。

　こうした移住国の言語と文化の試験が導入されたあとに、家族合流のための入国申請者数は減少していった[8]。オランダでは、試験導入後、家族合流のための入国者数が 2012 年まで減少し、ドイツでは、2008 年に 4 万 6500 人の入国

審査受験者がいたが 2009 年には 3 万 4400 人まで減少している（Groenendijk [2011] p. 23）。イギリスでも、2010 年の試験導入後の申請者数は減少をたどり、2012 年までには導入前と比べて約 27％もの減少がみられた。

ただ 2012 年以降は、ドイツ、オランダ、フランスへの家族合流のための入国者数は、再び増加している。しかし出身国における選考審査の導入は、家族に心理的にも物理的にも重い負担となっている。入国前の試験で合格するためには、一定期間集中的に語学コースで学習する必要があり、このようなコースの参加者は高い参加費を支払う金銭的な余裕があり時間に拘束されない人々に限定される。試験を受ける家族の負担のみならず、EU の地で家族の合流を待つ第三国国民に対しても、それは社会統合を阻む心理的かつ経済的負担となりかねない。このように、言語能力および文化的価値についての審査は、出身国との連携を目的に設置された第三国国民の統合政策であるにもかかわらず、審査を受けた者を選別するだけでなく審査を受ける資格をもつ者についても、差別化を助長してしまっている。

移民をサポートする非営利団体の移民政策グループほかが欧州委員会内務総局へ提出した報告書（Huddleston et al. [2013]）によると、EU 加盟各国の統合政策が双方向アプローチに基づいて実施されていないことが明らかである。同報告書は、EU 加盟国が移民の統合の程度を把握するために用いている移民統合指標を分析したもので、雇用、教育、社会統合、能動的市民権のカテゴリーに分けて検討している。たとえば教育分野をみると、高等教育への進学率や早期退学者数については、調査対象となった 8 ヵ国すべてで統合指標として考慮されている。高等教育への進学率や早期退学者数は、受け入れ社会の教育制度に対する移民の適応レベルをはかる指標として重要であり、双方向の統合過程を推進するのであれば、進学を阻み早期退学を促す移民側の経済・社会・文化的要因と関連させて指標を出し、それを政策に反映させる必要がある。それはたとえば社会統合の指標にみられる貧困、家庭の所得、生活保護手当受給率であり、また第三国国民の母語、受け入れ国の公用語に限定されない言語能力、家庭文化資本なども挙げられる。

この報告書によると、教育分野における統合指標のなかで、学校における差別、両親による学校への参加を考慮する加盟国は数少ない（Huddleston et al.

[2013] p.65)。しかし第三国国民の参加を通して差別の実態を調査し、両親を学校行事へ参加させ子どもの学力向上への関心を高めるといった双方向作用による解決策が必要である。受け入れ社会の言語および文化的価値の習得についても、第三国出身者である教員の雇用や現教員への研修を取り入れることにより、第三国国民出身国の言語や文化的な背景に配慮することが可能となろう。

　EU の移民統合政策によって支援される加盟国の政策は、受け入れ社会の言語および文化的価値の習得に重きが置かれ、入国前の段階での選別にまでいたってしまっている。こうした政策アプローチは、受け入れ社会の文化的・社会的価値規範を押しつける同化政策にも等しいものであり、EU が掲げる双方向の統合政策を実現しているとは決していえない。にもかかわらず、EU は、第三国国民が受け入れ社会の言語と文化的価値を優先的に習得することが、受け入れ社会における権利を享受するための近道であるとして、その同化政策を移民統合政策の名のもとに正当化している。

　しかし、第三国国民が加盟国で享受できる権利は EU 市民のように EU 域内を自由に移動できる権利にはほど遠く、受け入れ国における長期居住権の獲得と言語および文化的価値の習得が移民統合の第一条件として義務づけられる。そのような統合条件をクリアし、第二の加盟国へ自由移動が可能となった第三国国民の大半は、先進国出身者かあるいは高技能労働者であり、EU ブルーカード保持者のように限定的な階層の人々である。第三国国民が EU 市民と同等の権利を享受できるようにすることが移民統合の目的とするならば、受け入れ国となる加盟国への統合条件を義務づけるのではなく、EU が尊重する多様性のなかの統合を実現させるための条件を提案していく必要がある。EU が唱える多様性は、第三国国民の言語および文化的価値を排除したものなのだろうか。EU はこの疑問に答えていく必要がある。

注
1) European Council Document [2004] 14615/04 of 19 November 2004.
2) 第三国国民の統合のための欧州移民総合基金決定（Decision 2007/435/EC）。
3) 2013 年 10 月以降は、「外国人の受け入れ・支援と国籍総局」である（Direction de l'accueil, de l'accompagnement des étrangers et de la nationalité, DAAEN）へと改名。
4) 非 EU 加盟国から EU 加盟国への新規入国者数（2012 年）は、117 万 655 名（12 ヵ月以

上の滞在者）に対して、EU に在住する第三国国民は 2067 万 9035 名にのぼる（http://ec.europa.eu/dgs/home-affairs/e-library/docs/infographics/immigration/migration-in-eu-infographic_en.pdf〔2015 年 1 月 5 日アクセス〕）。
5) 欧州言語共通参照枠とは、言語教育のためのカリキュラム、教材、試験の作成や、言語能力の評価のための共通の基準であり、基礎レベルであるAから熟達レベルのCまでのうち各2段階（1と2）の合計6段階のレベルが設定されている。
6) フランスでは永住権については欧州言語共通参照枠のA1 レベルが要求される。
7) EU ブルーカードとは高技能労働者である第三国国民が EU 加盟国における就労をより容易にするための入国および在留許可証のこと（指令 2009/50/EC）。
8) European Migration Network, Country fact sheets 参照。http://ec.europa.eu/dgs/home-affairs/what-we-do/networks/european_migration_network/reports/factsheets/index_en.htm（2014 年 9 月 15 日アクセス）。

参考文献

Carrera, Sergio [2009] "Nationality, Immigration and 'the Republican Integration' in France: Normativisation, Expansionism and Externalisation", in Elspeth Guild (eds.), *Illiberal Liberal States*, Farnham, pp. 315-335.

Carrera, Sergio and Anja Wiesbrock [2009] "Civic Integration of Third-Country Nationals," *ENACT Report*, CEPS. (http://aei.pitt.edu/15100/1/ENACT_report_on_integrating_TCNs_e-version_final.pdf)（2014 年 9 月 24 日アクセス）。

Carrera, Sergio and Anja Wiesbrock [2010] "Whose European Citizenship in the Stockholm Programme?: The Enactment of Citizenship by Third Country Nationals in the EU", *European Journal of Migration and Law*, Vol. 12, pp. 337-359.

European Commission [2003] "Immigration, Integration and Employment", COM (2003) 336.

―――― [2004] "First Annual Report on Migration and Integration", COM (2004) 508.

―――― [2005] "A Common Agenda for Integration Framework for the Integration of Third-Country Nationals in the European Union", COM (2005) 389 final.

―――― [2011a] "Report on the Results Achieved and on Qualitative and Quantitative Aspects of Implementation of the European Fund for the Integration of Third-Country Nationals for the Period 2007-2009", COM (2011) 847 final.

―――― [2011b] "European Agenda for the Integration of Third-Country Nationals", COM (2011) 455 final.

European Council [1999] Presidency Conclusion, Tampere European Council. 15 and 16 October 1999.

European Court of Auditors [2012] "Do the European Integration Fund and European Refugee Fund contribute effectively to the integration of third country nationals?", *Special Report*, No. 22, pp. 26-45.

European Migration Network Study [2013] "Intra-EU Mobility of Third-Country Nationals", *EMN Synthesis Report*.

Groenendijk, Kees [2011] "Pre-Departure Integration Strategies in the European Union: Integration or Immigration Policy?," *European Journal of Migration and Law*, Vol. 13, pp. 1-30.

Huddleston, Thomas *et al.* [2013] *Using EU Indicators of Immigrant Integration*, Final Report for Directorate-General for Home Affairs, European Commission.

Luiten, Maaike and Ricky van Oers [2010] "Integration Tests in the Naturalisation Procedure", in Tineke Strik *et al.* [2010] pp. 77-108.

Morano-Foadi, Sonia and Micaela Malena [2012] *Integration for Third-Country Nationals in the European Union*, Edward Elgar.

Strik, Tineke *et al.* [2010] *The INTEC Project: Synthesis Report, Integration and Naturalisation Tests: The New Way to European Citizenship*, Nijmegen, Centre for Migration Law.

大西楠・テア［2014］「グローバル化時代の移民法制と家族の保護——家族呼び寄せ指令とドイツの新移民法制」『社会科学研究』第65巻2号、157-183頁。

土谷岳史［2009］「EU共通移民政策の展開——「移民」と「我々」の繁栄」『高崎経済大学論集』第52巻3号、11-24頁。

中坂恵美子［2005a］「EUにおける長期居住者である第三国国民の地位（一）——理事会指令2003/109/EC」『広島法学』第29巻1号、45-71頁。

─────［2005b］「EUにおける長期居住者である第三国国民の地位（二・完）——理事会指令2003/109/EC」『広島法学』第29巻2号、117-143頁。

─────［2010］『難民問題と「連帯」——EUのダブリン・システムと地域保護プログラム』東信堂。

コラム⑦
EU へ向かう脱北者たち

金敬黙

北朝鮮と EU

　朝鮮民主主義人民共和国（北朝鮮）は国際社会から孤立状態におかれている、という表現をしばしば見聞するが、実際はどうなのだろうか。たしかに日朝、南北コリア、そして米朝関係において緊張関係が続いていることは事実である。けれども、「国際社会から孤立状態におかれている」という表現が少なからずの誤解を生みだしていることもまた事実である。なぜならば、2011 年 8 月現在、北朝鮮はすでに 161 ヵ国と外交関係を結んでいるからである。

　それでは EU 諸国と北朝鮮はどのような関係におかれているのだろうか。欧州対外行動庁（EEAS）の概要によれば、EU は 2001 年 5 月に北朝鮮と外交関係を樹立し、また多くの EU 加盟国が北朝鮮と二国間の外交関係を樹立している。そして 2014 年現在、イギリスをはじめ、イタリア、オーストリア、スウェーデン、チェコ、ドイツ、ブルガリア、ポーランド、ルーマニアなどの国が大使館を北朝鮮内に設置している。

　EU の場合、北朝鮮情勢と関連し、平和と安全保障、核開発問題、人権問題や人道支援問題に高い関心を持っている。実際、1995 年以降、EU は対北朝鮮人道支援として 3 億 3600 万ユーロの人道支援を行ってきた。2008 年にはピョンヤン駐在の人道援助局（ECHO）事務所が閉鎖されてしまったが、それでも 2011 年には 1000 万ユーロ相当の人道支援を行った。反面、国連と連携を図りつつ人権問題や核開発問題にも取り組むために制裁措置を科してもいる[1]。

　そして、本コラムのテーマである北朝鮮を逃れた"脱北者"と呼ばれる人びとが EU 諸国に難民や移住者として暮らしており、今後、EU 諸国での定住を夢見る彼・彼女らの数は増えていくと思われる。

脱北者とは誰なのか？

　脱北者が国際社会で注目されるようになった発端は 1990 年代半ばから深刻化した北朝鮮の食糧不足問題にある。しかし、強制収容所などの人権問題について脱北者の証言が相次いだことも記憶に新しい。彼ら・彼女らは中朝国境地帯を不法越境し、中国で潜伏生活を終えたすえ、ラオスやタイ、モンゴルなど

の第三国に逃げるか、在中国外国公館などへ駆け込む形をとった。その過程で生命の危険、性的搾取から人身売買まで深刻な人権侵害が頻繁に生じる。したがって、この問題は人権問題に関心の高いEU諸国や北米諸国が積極的に取り組むものとなっている。そして、脱北者の多くが韓国に定住してきた。2014年現在、韓国にはすでに2万7000人以上の脱北者が定住している。しかし、2000年代以降、脱北者をとりまく状況は、複雑かつ多岐化した。脱北者は難民というイメージが先行しがちであるが、最近では政治的な迫害を逃れる場合よりも、より豊かな生活を求めて韓国や海外への移住を企てる"チェーン・マイグレーション"の形態が目立つようになった。韓国に定住すると韓国政府から定着支援金をもらえるが、その後政府からの支援金や個々人が貯めたお金を投じて北朝鮮に暮らす家族や親せきを呼び寄せる。金銭の介在は、ブローカーの存在を意味し、その過程でさまざまなトラブルも頻発している。

　すなわち、政治的な迫害から逃れた難民だけではなく、経済的な動機に基づく移住者としての傾向が著しくなっている。さらに、脱北者の多くは、北米やEU諸国へ再移住することをねらっており、その数は2000人以上とも1万人以上ともされている。その過程においてもすでに海外に暮らす脱北者や移住ブローカーのネットワークに頼ることになる。結果として、不法入国、超過滞在、他人への成りすまし、資格外活動など非合法移住の場合も増えており、まさにグローバル化時代の移住問題の様相を呈している。要するに、脱北者を難民問題として限定することの難しさを物語っている（金［2012］）。

　海外に暮らす脱北者の具体的な人数を把握することは不可能であるが、『朝日新聞』の記事を参照すると、イギリスに3300人以上、ドイツに2200人以上、オランダに300人以上が滞在しており、その他のEU諸国に暮らす人びととの数を足せば数千人以上に及ぶであろう（『朝日新聞デジタル版』2014年3月18日付）。

なぜ、海外へ再移住するのか？

　なぜ、脱北者は"同じ民族、同じ言語、同じ文化"の韓国ではなく欧米諸国へ再移住しようとするのだろうか？　一言でまとめてしまえば、この"同じ民族、同じ言語、同じ文化"という期待とイメージが結果的に差別を生み出しているからである。南北コリアが分断して70年という歳月が経つ。そして南北の政治、経済、社会、文化の隔たりは想像以上に大きい。脱北者の多くは韓国で差別や疎外を経験した。多くの脱北者が北朝鮮出身であることが"足かせ"

にならない外国への再移住を希望することにつながった（金［2013］）。子どもがいる脱北者一家はわが子が差別されない環境を求める。なかには結婚相手を求めて海外へ再移住することもある。人間である以上、さまざまな事情と動機があり、差別を嫌いより豊かな生活を求めることは基本的な権利と欲求であるにもかかわらず、韓国で脱北者がこのようなことを口にすると、贅沢だのわがままだのと批判されてしまうことがある。

　これが韓国から離れたい主な理由であるが、すると脱北者はどのように移住先を選んでいくのだろうか。そこには、「A国に行きたい」という動機と「B国であれば受け入れてもらえる」という期待が複雑に作用する。"行きたい国"の人気は英語圏が圧倒的に高い。北米やオーストラリア、そしてEU諸国においてもイギリスに脱北者が集住する理由はここにある。韓国社会における英語重視の風潮が影響しており、結果として韓国系の移民がすでに英語圏に多く暮らしているために、コリアン・コミュニティと上手に関係を保てば就職あっせんや生活支援なども得られるという事情がある。韓国で受けた差別が嫌で海外に移住しても、完全に韓国との関係を絶つことができないパラドクスがここに散見される。また子どもの教育と関連しても、いずれ英語圏から韓国に戻れば、差別されなくなるかもしれないという期待も作用する。

　だからといって、"行きたい国"が"受け入れてもらえる国"になるとは限らない。EU諸国の場合、イギリス、ドイツ以外にもオランダやベルギー、そしてスウェーデンなどの北欧諸国にも脱北者が暮らしている。難民として受け入れてくれる可能性やすでに定住している知人・親せきとのネットワークに頼ることが多い。

イギリスの事例からみえてきた課題
　イギリスの事例から脱北者をとりまく課題を参照しよう。
　イギリス政府は移民局（Immigration Office）や内務省（Home Office）が脱北者の難民審査を担当する機関にあたるが、その審査の過程で本物の脱北者を見極めるうえでの課題がみえてきた。なぜならば、イギリスやEU諸国への移住を求める人びとのなかには中国の朝鮮族自治州出身者も多数いて、この中国籍朝鮮族が脱北者を装って北朝鮮難民として認められるケースが問題となっているからだ。審査の過程に関わる通訳者に中国籍朝鮮族もいるため、実態を見極めることがさらに困難になることもある。反対に、本当の脱北者であっても難

民審査の際に求められる難解な質問に答えられないという理由で難民申請が棄却されてしまう（たとえば、○月○日は何の日か？ などについて子どもや女性は明確に答えられない）ケースもあると、難民審査にアドバイスをしているオックスフォード大学のチ・ヨンヘ博士は指摘する（Chi［2013］）。

　もうひとつの判断基準は難民申請を行う当事者が過去に韓国に定住したことがあるか、否かである。既述のようにほとんどの脱北者は韓国に定住する場合が多かった。言い換えると、韓国の国籍を取得し、韓国政府の保護におかれることを意味する。差別はあるにせよ、それが難民認定をうけるほどの迫害であるとは認められない。しかし、電子パスポートが導入される前の脱北者はその事実を伏せたまま難民認定を受けることが多かった。以前、調査の過程で韓国経由が発覚し、強制退去にあった人と出会ったことがある。脱北者にとって、韓国経由の事実は EU で定住するための阻害要因になってしまうので事実を伏せるのである。電子パスポート制度の導入で、この方法による難民認定は激減した。2008 年には一連の難民申請をめぐり、イギリス政府が脱北者 450 人分の指紋情報を韓国政府に求め、韓国政府が情報提供に同意したことも報じられた[2]。さらに、もとから厳しいイギリスの入国審査であるが、韓国のパスポート所持者に対して今まで以上に厳しい審査が行われるようになったともされる。脱北者の正確な数を把握することが難しいということは、本当の北朝鮮出身者または難民認定に値する人びとを見極めるのが難しいということをも意味する。

今後の課題と展望
　以上のように、イギリスをはじめ EU 諸国には多くの脱北者がすでに暮らしているし、今後もその数は増えていくであろう。EU 域内の移動の自由が保障されることが EU への移住を目指す大きな要因とみられる。韓国を経由した脱北者にとって難民認定の道はほとんどない。けれども差別のある韓国には暮らしたくないし、北朝鮮にも戻れない。北朝鮮の情勢、韓国の受け入れ態勢が変わらず、またどこかの国が合法的に脱北者を受け入れないかぎり、韓国のパスポートを活用し観光などの短期滞在目的（ほとんどの EU 諸国では 6 ヵ月のノービザ滞在が可能）で渡航し、その後 EU 域内や世界各地で非合法の移住を試みるパターンが増えると考えられる。脱北者に対する人道的な配慮を前提としたEU 諸国、韓国、そして国際社会の協力体制が求められる。

注
1) http://eeas.europa.eu/korea_north/index_en.htm（2014 年 9 月 15 日アクセス）
2) http://nk.chosun.com/news/articleView.html?idxno=107828（2014 年 9 月 15 日アクセス）

参考文献
金敬黙［2012］「北朝鮮問題における市民社会の役割と課題——脱北者問題への多角的な取り組みを事例に」『国際政治』第 169 号、30-44 頁。
——［2013］「南北コリアの政治的統合を超えて」松尾秀哉・臼井陽一郎編『紛争と和解の政治学』ナカニシヤ出版、179-196 頁。

Younghae, Chi [2013] "Problems of Asylum Application by North Korean Refugees in the UK", a paper presented at Hannover University on 7 July.

第 12 章
コカイン、ヘロインを撲滅せよ
——国際組織犯罪と闘う EU

福海さやか

　EU は国際組織犯罪、とくに麻薬密輸を非伝統的脅威ととらえ、安全保障上の課題としている。従来の脅威とは異なり、多民族国家を抱える EU 加盟国の社会構造や民族間の調和に悪影響を与え、不安定な社会を作りかねないという理由である。

　国際組織犯罪の隆盛はグローバリゼーションや EU の拡大、シェンゲン協定により人の移動が盛んになったことによる。合法経済が恩恵を受けただけでなく、非合法経済もその影響を受けたのである。本章では EU で流通する主なハード・ドラッグであるラテンアメリカ——アンデス地方——のコカイン、そしてアフガニスタンからバルカンルートを通って運ばれるヘロインに着目して、EU の国際組織犯罪対策を検証する。

　アンデスでの麻薬規制に対する EU の基本コンセプトは「国際問題への国際社会の一員としての貢献」であり、ラテンアメリカ諸国の唱える「共有責任 (shared responsibility)」を担うためであった。コカイン規制に関わる EU の行動は必要に迫られてというよりも、リベラリズムやコンストラクティヴィズムなどの謳う規範やモラル、義務感などによるものであるといえよう。EU の麻薬規制へのアプローチは、麻薬の押収や犯罪組織の解体を強引に目指すというのではなく、犯罪者を作り出す社会の有り様そのものを改革しようとするものであった。そのため貧困の克服が国際組織犯罪撲滅につながるとし、開発援助を基盤とした麻薬規制政策が採択されている。

　一方、アフガニスタンに対しては、アンデスと同様に貧困撲滅と開発援助を

掲げながらも、EU 加盟国による国際治安支援部隊（ISAF）への貢献を EU の活動計画に含め、軍事による対処にも積極的である。EU としてのプロジェクトは開発援助や警察訓練が主であるが、アフガニスタンの国内安定を重視するという理由でゲリラなどの武装勢力を武力で鎮圧しようという方針は、リベラルではなく古典的なリアリスト的アプローチだといえるだろう。

以下、EU のアンデスとアフガニスタンに対する方針の違いを分析するにあたり、ふたつの麻薬産業のあり方、EU 麻薬規制のコンセプト、そしてアンデスとアフガニスタンで行われたプロジェクトについて検討する。

1. 脅威としての麻薬密輸

国際組織犯罪は冷戦終結後の世界に現れた"新しい脅威"であるとみなされている。特に麻薬密輸は、その影響範囲の広さに加え、テロリストグループの資金源となるなど、社会的影響の大きさから国や地域のみならず、国際社会全体に関わる脅威だと考えられるようになった。麻薬密輸が安全保障上の脅威として国際的に認められるようになったきっかけのひとつに、EU が 2003 年の公式文書のなかで「脅威である」と明示したことが挙げられる（European Commission [2003]）。

アメリカ合衆国は 1980 年代にはすでに麻薬を国家安全保障上の脅威と位置づけた取り組みを行っていたが、それを国際的スタンダードにまで引き上げることはできなかった。しかし、EU が認めることによって、麻薬密輸は国際社会の共通の脅威として認識されるようになったのである。そう考えると、EU には国際社会のトレンドセッターとしての影響力があるといえるだろう。つまり、EU はルールやモラルなどを国際社会に提示する力を持っているのである。

しかし、麻薬密輸とそれに派生する被害への EU 認識は、アメリカによる認識とは異なる。EU の認識によると、麻薬密輸は従来の国家安全保障上の脅威とは異なり、多民族国家である EU 加盟国の社会構造に深刻な影響を及ぼしかねない「社会的脅威（societal security threat）」である。つまり、国家侵略のような国境線への脅威ではなく、階級や民族間の調和、健康、伝統や文化・価値観などに強く影響を及ぼし、社会における信頼や秩序を脅かすものであると考

第12章　コカイン、ヘロインを撲滅せよ

えられている（欧州委員会職員インタビュー［2002/07/09］）。
　本節では、麻薬産業が産地のアンデス諸国とアフガニスタンに与える影響と、EUとの関わりについて検証する。

（1）アンデスのコカイン産業

　1990年代末、EUにとって常用者数の少なかったコカインは深刻な問題ではなかった。しかし、2000年代後半になると欧州コカイン市場は330億ドルにまで拡大し、アメリカの370億ドルに並ぶまでになった（UNODC［2011］p.2）。世界に流通するコカインはラテンアメリカのアンデス地域に属するコロンビア、ボリビア、そしてペルーでほぼ生産される。インカ時代からコカインの原料であるコカを宗教儀式などに利用してきた地域である。そのなかでも国際販路の開拓を行ったコロンビアが中心的な役割を担っている。アメリカ市場に出回るコカインの95.5％はコロンビア産であるが、ヨーロッパ市場の場合、コロンビア産は69％であろうとされている（UNODC［2011］p.8）。コロンビア政府の麻薬規制政策を受けて、コカイン生産地がペルーとボリビアに移行したことに加えて、ヨーロッパでは輸出経路が複雑化したこともあり、産地の特定が困難である。
　1990年代、コカインはメキシコ経由でアメリカ合衆国へ、アフリカ経由でヨーロッパへ運ばれていた。アメリカやコロンビアの麻薬規制政策などによる関係国の状況の変化に伴い密輸ルートに変化がみられ、2000年代後半になるとブラジルやベネズエラ経由や西アフリカ経由でヨーロッパへ運ばれるケースが増加した（UNODC［2010］p.85）。
　コカインの密売には組織犯罪グループに加えて、ゲリラ組織が関わっている。コロンビアのゲリラ組織で麻薬売買に加担していないところはない、とまでいわれている。なかでもコロンビア革命軍（FARC）は麻薬密輸組織の護衛によって資金力をつけていった（GAO［1991］p.20; Committee on Foreign Affairs［1989］p.23）。1990年代末にメデジンとカリを拠点とした二大麻薬組織が弱体化すると、今度はメキシコの麻薬組織と連携し、販路と市場占有率の拡大を図った（Boucher［2000］）。こうして麻薬産業で大きな富を手にしたFARCとコロ

257

ンビア政府の和平交渉は難航した（BBC News［2012/08/28］［2012/09/03］）。

　経済力を背景に麻薬密輸組織は国政や経済に影響を与えた。例えば、ボリビアではクーデターが130万ドルのナルコ・ダラー（麻薬収益）で支えられていたといわれている（Painter［1994］p.59）。また、コロンビアの大統領選挙キャンペーン資金の一部がカリ・カルテルからの寄付で賄われていたこともあった。このような影響力を利用して麻薬密輸組織は自分たちに都合のいい法律やシステムを確保しようとしていた。その目的のため、地方議会のみならず国政に議員として関与した者もあった（Isikoff［1989］）。

　コカイン産業は違法ではあったが、国に対して多くの経済貢献をした。メデジンで麻薬組織が実権を握ったのは、1980年代半ばに繊維工業が衰退したことによる。マネーロンダリングを行うためのフロント企業に市民を雇用して約2万8000の職を作り出し、失業率を30％減少させたという実績もある。ボリビアでは農村地帯から都市への人口移動を促すほどの産業が存在しなかった。しかし、1980年代にコカイン産業がブームを迎えると、都市へ出稼ぎに来る人口が急増した。麻薬産業には人口移動を可能にするだけの力があった（De Farco and Godoy［1992］p.383）。

（2）アフガニスタンのヘロイン産業

　ヨーロッパのヘロインは主にアフガニスタンで栽培された芥子から作られる。アフガニスタンは世界のヘロイン市場の90％を占め、西部・南部の九つの地域で芥子の花の栽培が行われている。アフガニスタンにおけるヘロイン産業従事者は栽培から販売まで含めると330万人にのぼるともいわれており、それは人口の14％を超える数字である（Tomlinson［2013］p.9）。またヘロイン産業の収益はGDPの約4％を占め、アフガン経済にはまさに「麻薬依存」の傾向がみられる（UNODC［2013］p.4）。2005年、ヘロイン産業の市場規模は約30億ドルに及んだと推定されている。これは、アフガニスタンのGDPの60％に当たる数字である（European Comission［2006］p.8）。

　芥子栽培地域では武装勢力が力を持ち、国際連合によって「危険」もしくは「極度の危険」地帯に指定されている（UNODC［2013］p.25）。ヘロイン産業の

収益はかつてタリバン政権の重要な収入源であったのみならず、武装勢力の収入源にもなっている。潤沢な資金源が武装勢力を支え、政府に対抗できるだけの力を保持し続けている。それが内紛の長期化や過激化を引きおこしている。さらに、麻薬栽培地域を仕切る有力者と政府が対立することもあり、アフガニスタン政府の治安維持や権力掌握の障壁になっている。たとえば南部地域では、強力な武装勢力がアフガニスタン政府やNATOの活動を妨害している (European Commission [2006] pp.7-8)。

アフガニスタンからヨーロッパへの密輸ルートには海路と陸路がある。海路の場合、アフリカ経由でヨーロッパに持ち込まれる。陸路の場合は、パキスタンやイランを経由して行くことが多い。その後は、バルカンルート経由がもっとも多く、特にコソボの麻薬密輸組織が関与して行われる。2010年、ヨーロッパで入手可能なヘロインの約40%がコソボ経由のものであった。かつてコソボは民族紛争の影響で治安維持機能を担うはずの警察が実質的に不在だったため、犯罪組織が跋扈していた。加えて、ここでも麻薬密輸はゲリラ集団の資金源になっていた。コソボ解放戦線（KLA）が直接麻薬密輸に関わっているという証拠は確認されていないが、麻薬密輸組織がKLAに活動資金の援助を行っていることは報告されている (O'Kane [2000])。

EUにとって、麻薬密輸組織、もしくは麻薬密売とゲリラ組織の結びつきはテロの脅威の増幅を意味する。それと同時に、EU域内でも麻薬そのものが脅威として認識されている。なぜなら、EU域内では毎年100トンものヘロインが消費されているからである (European Commission [2008] p.15)。EUは他の地域に比べてヘロインやアヘンの常用者が多く、以前から問題視されていた。人口の約1.2から1.3%、つまり約130から140万人のアヘン・ヘロイン常用者がいると推定されており、これは国際的にみてかなり高い割合である (Tomlinson [2013] p.8)。

このように、EUにとって、アフガニスタンのヘロイン産業は健康を脅かし、犯罪者をEU域内にはびこらせる手助けをする違法産業であるのみならず、ヨーロッパにも害を及ぼす可能性のあるテロ組織やゲリラ組織の強大化を助ける危険な産業でもある。しかし、貧困にあえぐアフガニスタンにとっては、決して好ましい存在ではないが、ヘロイン産業は貴重な外貨獲得の手段であり、

人々の生活の糧でもある。

2．EUの麻薬規制政策

EUは麻薬規制において一貫して開発政策重視の姿勢を示し、「バランスのとれた取り組み」を行うことを公式文書で謳っている。国際組織犯罪の根絶は貧困の根絶と同義であるというのがEUの見解である。EUによれば、麻薬の生産のみならず消費もまた貧困の弊害である（欧州委員会職員インタビュー［2002/04/22］［2002/04/23］［2002/07/09］［2002/07/10］；欧州首脳理事会職員インタビュー［2002/07/08］）。つまり、麻薬取引や使用は表面的なものであり、根本的な原因である生活水準の改善を行わなければ真の意味での麻薬規制は効果がでない（EMCDDA［1999］pp. 13-14）。そのため、EUは武力を用いて麻薬密売人の取り締まりや麻薬の押収に尽力する法執行を政策の中心とせず、麻薬生産に変わる商品作物を導入する代替開発政策を中心とした経済援助政策を行ってきた[1]（Garber and Jensen ed.［2001］）。

経済・社会開発政策に基づく麻薬規制は時間と資金を要する。また、新作物の導入により地方経済の改革を目指すプロジェクトであるため、地域の反発なども考えられる。それゆえ、地方行政機関や農民たちの協力とコミットメントが不可欠である。そのため規制は主流の政策とは言い難かった。しかし、2000年代後半になると過激な法執行のみで麻薬密輸組織を撲滅するのは不可能であるとの議論がなされ、麻薬規制における経済援助や開発支援の重要性が見直されている。

EUはアメリカ式麻薬規制が幅を利かせていた1990年代からすでに開発政策に力を入れており、時代の先端をいくかにみえたが、経済政策重視の背景にはEUの組織としての限界があった。国際組織であるEUは独自の軍隊を保持していないため、加盟国のコンセンサスが得られなければ軍を動かすことができない。しかし、麻薬規制に対して加盟国間で温度差があったため、武力行使を伴う麻薬規制活動を承認してもらうのは難しかった。そのため、法執行を基軸にしたプロジェクトは選択肢に入らなかった。

EU域外の麻薬規制政策に対する加盟国の温度差は、各国の麻薬被害の状況

や歴史的背景から生じている。例えば、ヘロインはヨーロッパでは深刻な問題である。中毒者の数が多いことはもとより、アフガニスタンは地理的に近い。さらに、歴史的に問題の多いバルカンルートを通ってくることに加えて、アフガニスタンのタリバンやアメリカの9.11テロに関わったアル・カイーダなどイスラム過激派の資金源になっている。このため、アジアのヘロイン産業は直接的かつ深刻な脅威だとみなされるようになった。

一方、ラテンアメリカのコカイン産業はヨーロッパにとっては地理的に遠い国で発達しているもので、植民地時代の宗主国であったスペイン、ポルトガルそしてイギリスが政治的・経済的つながりを持ち、オランダのように麻薬密輸のハブとして使われている国などの限られた国にとってのみ重要性を持つ事柄であった。また、ラテンアメリカでこそテロやゲリラ活動が盛んであっても、ヨーロッパにまでは影響は及ばないと考えられていた。そのため、EUはラテンアメリカに対して安全保障上の関心をほとんど持っておらず、特にコカイン生産国を含むアンデス地方には関心がなかった（Dorn［1996］p.259）。コカイン規制を貧困対策で解決しようとした背景には、このようにラテンアメリカに対して大西洋を越えてまで軍隊を派遣するだけの動機がなかったという事情もあった。

（1）麻薬規制を支えるコンセプト

直接的な脅威としてみえにくく、加盟国の間でも評価のわかれる麻薬の供給規制をEUが継続した理由としては、国際社会の一員であるという自負を指摘できる。国際社会の一員であることはとりもなおさず国際法の縛りを受けるということである。明確な利害がなくとも、EUにとって国際社会で禁止されている麻薬の規制に協力することは消費国として当然の義務であるし、国際社会のリーダー的存在としては果たさねばならない責務である。ラテンアメリカへの援助は国際社会の一員としての責任感、そして国際法遵守の精神に裏打ちされた行為である（欧州委員会職員インタビュー［2002/07/10］）。国であれば自国の国益のみの追求に走りがちであるが、EUは国際組織であったがために共同体の利益追求のための多国間協力を可能にしたのである（Manners［2002］p.253;

European Commission [2003])。また、国際組織であるがゆえに、法の尊重と共同体精神の重視を謳ったのだともいえる。

このような原則に基づき、また麻薬密輸は国際社会全体で取り組むべき問題であると捉えていた EU は、ラテンアメリカ諸国の提唱したコンセプトである共有責任（shared responsibility）を受け入れた。麻薬問題は生産国と消費国ともに共有責任があり、麻薬生産抑制における EU の利益と義務は不可分であるとの見解が示されている（Patten [date unknown]）。欧州コカイン市場の形成はコカイン産業拡大に貢献するものであり、国際社会に対して共有責任を負うと考えたからである（European Commission [1997] p.12）。他方でラテンアメリカ諸国は、共有責任という枠組みを作ることでコカイン消費者である欧米社会がコカイン産業で担っている役割を明確化し、先進国の注意喚起と積極的な対応を促そうとしたのである（コロンビア大使館職員インタビュー [2002/07/10]）。こうした認識をベースに、共有責任の概念はラテンアメリカとの麻薬規制協力の始まりとなる 1996 年のコチャバンバ宣言（the Declaration of Cochabamba）および 1998 年のリオ・グループ会議成立の礎となったのである。

法の尊重を主張する EU は、EU スポンサーのプロジェクトを行う際にホスト国が国連憲章その他の国際規範に則った行動をとるよう求めている（欧州委員会職員インタビュー [2002/07/10]）。これはホスト国に国際共同体メンバーとしての自覚や法遵守の原則を認識させ、規範に沿った行動を徹底させようとする EU の意志でありパワーの現れだといえよう。なぜなら、EU は己の影響力を認識したうえで国際法秩序の重要性を説くとともに、模範的なアクターとして国際社会で認められたいと願っているからである。これはマナーズの論じる規範パワー（normative power）の行使とみなすことができよう。まさに国際社会における「常識」の構築に寄与できる能力だと考えられているのである（欧州委員会職員インタビュー [2002/07/10]；European Union [1999]）。

（2）EU とホスト国の関係

開発協力プロジェクトはプロジェクトのホスト国、そして実施地域の協力なしにはうまくいかない。特に、麻薬撲滅のためのプロジェクトはその傾向が強

く、地元自治体や参加者の強い意志がなければ麻薬栽培に容易に戻ってしまう。なぜなら、合法的な商業作物は価格、収穫回数、買い手など様々な面で麻薬植物に劣るからである。しかし、往々にしてプロジェクトは援助を受ける側ではなく、援助をする側の都合で進められる。このようなスポンサー目線の援助を回避するため、EUはプロジェクトの主導権をホスト国（プロジェクト実施国）が握るべきであると考え、EUはあくまで支援者として関わることにしている（欧州委員会職員インタビュー［2002/04/23］）。つまり、プロジェクトを誰が提案したか、誰が中心になって進めるかに関わるプロジェクトのオーナーシップが、ホスト国にあることを強調する。

　ホスト国がオーナーシップを確認し、主導権を握ることでプロジェクトの運営や維持、そして改善に貢献することをEUは期待している。なぜならオーナーシップの所在が、プロジェクトの成果に直結するからである。ホスト国が積極的にプロジェクト運営に関わることで、単に麻薬撲滅を推進するだけではなく、プロジェクトの計画実行や運営について学ぶ場にもなるとEUは考えている（コロンビア大使館職員インタビュー［2002/7/10］）。プロジェクト運営を通じて、途上国が遅れをとっていることの多い行政管理能力など、より汎用可能なスキルを培う場が提供されているともいえる。このため、EUはホスト国との資金援助の話し合いの際に、EUの都合をすりあわせるための取引はしない。ホスト国からの要請やプロジェクトの優先順位や実行可能性について議論し、よりよいプロジェクト実施に向けて案を練ることを目的としている。

　しかし、ホスト国はEUとは異なる印象を受けている。例えば、コロンビア政府筋によると、プロジェクトの承認を得るために取引が必要になり、コロンビアが高い優先順位をつけて提示したプロジェクトが却下されることもあったという（コロンビア大使館職員インタビュー［2002/7/10］）。また、EU国別戦略報告書（the EU country strategy paper）によると、実施プロジェクトはEUとホスト国の合議で決定されるとあるが（European Commission［2000］）、この原則がすべてのプロジェクトに適用されるわけではなく、ホスト国に対してEUが一方的にプロジェクトの通知をしてくることもある。ホスト国は自国の状況を認識し、問題点の提示が可能な二者の話し合いの場があることを歓迎している。しかし、それと同時に、必ずしもEUが謳っているような対等に近い関係での

パートナーシップだとは見受けられない場合もあると感じている（ラテンアメリカ政府職員インタビュー［2002/1/23］）。

　プロジェクトの選択に対し、ホスト国からの批判が出る一因には EU プロジェクトの出資先が関係していると考えられる。EU プロジェクトのなかで実際に EU が出資するものの数は少ない。国際組織の限られた予算で必要とされるプロジェクトを運営することは不可能だからである。よって、多くのプロジェクトは加盟国の資金援助で成り立っている。つまり、ホスト国が提案したプロジェクトの多くは EU の承認だけでは実行できず、加盟国が出資に同意して初めて実現可能になる。しかし、地域によっては加盟国の関心が薄く、スポンサーがつかないプロジェクトも多い。2000 年、ラテンアメリカとカリブ諸国における麻薬規制プロジェクトへの出資国はスペイン、ドイツ、イギリスといった数ヵ国に限られていた（Consejo de la Unión Europea［2000］）。

　スポンサーの不在はプロジェクトにとって大きな問題である。それに加え、時間のかかる開発プロジェクトには、政権交代による政策プライオリティの変化に伴う出資打ち切りなどのリスクもある。通常、出資打ち切りの場合は、そのプロジェクトは立ち消えとなる可能性が高いが、EU では続行される可能性もある。加盟国のひとつが始めたプロジェクトを別の加盟国が引き継ぐことがあるからである。EU は加盟国に政策執行を強制しないが、相互補完できるような政策を推奨しており、国独自で他国と同調して EU としての目的達成に近づくよう加盟国を促している（Council of European Union［2004］）。

　プロジェクトの調整機関として働くのが EU の麻薬規制政策を担当するコレペール（常駐代表委員会）内ワーキンググループであるホリゾンタル・グループ（HDG）である。これは、麻薬関連事項がマーストリヒト条約で導入された三つの政策担当領域（三本柱）にまたがっていたため、領域を越えて関わるという意味でホリゾンタルと名づけられている。HDG にはコレペールや欧州首脳理事会に提出されるすべての麻薬関連書類が集められる（European Commission［1999a］）。HDG は麻薬政策全般を司る機関として関連する部署や域外のアクターとの連絡・調整を行い、EU の資源が有効活用されるよう計っているのである（European Union Committee［2012］）。

　EU は主体性と話し合いによるリベラルなアプローチを重視し、ホスト国が

プロジェクトに積極的に参加し、責任を持って遂行することを望んでいる。また、開発援助のように長期間にわたる支援が必要なプロジェクトは、加盟国が自国の政策として引き継ぎ支援を実施していくことで、スポンサーは変わってもプロジェクトとして続く可能性がある。このような取り組みは国際組織ならではの強みであり、国家単独では難しい対処である。

3．麻薬規制プロジェクト

EUの行う麻薬規制政策は、同じ麻薬戦略に基づき人権保護など同様の文言が並ぶものの、ラテンアメリカとアフガニスタンでは強調される領域がかなり異なる。プロジェクトが実施されるホスト国の事情が異なるということが影響を与えるのは当然であるが、軍隊投入の有無など大きな違いがみられる。以下、アンデスとアフガニスタンに対するEUの援助についてそれぞれ特徴的なところを検証する。

（1）アンデス諸国におけるプロジェクト

アンデスでは、EUの麻薬政策は開発プロジェクトを軸に展開された。それはコカやコカインに変わる商業作物を導入してコカノキの撲滅を目指すという代替開発プロジェクトによって、地方経済メカニズムを刷新もしくは確立しようと意図するものであった。このプロジェクトは、地方経済の活性化により中央政府やそれ以外の地域の発展をも助けることができると見込まれたほか、最貧困層が収入源を手に入れる機会にもなると考えられていた。

1990年代後半から2000年代にかけていくつかのプロジェクトが主にボリビアで実施された。ボリビアは当時コカイン密輸に関わる国のなかでは最も政情が安定しており、EUのプロジェクトチームが比較的安心して任務を遂行できる場所であったため、プロジェクトサイトとして選ばれたのである。言い方を変えれば、ボリビア以外の国は危険すぎて長期的な農業プロジェクトに入ることができなかったのである（欧州委員会職員インタビュー［2002/04/23］）。特に問題の多いコロンビアでは護衛なしにプロジェクトは行えなかった。ボリビア

では地元警察に協力を仰ぎ、プロジェクトサイトを守ってもらっていた。

しかし、ボリビアでも開発援助サイトが襲われることはあった。特に激しい武力行使中心の取り締まりを行っていたアメリカのプロジェクトサイトは焼き討ちにあったりしている。このため、EU はアメリカとは政策や信条が異なることを強くアピールし、頑ななまでにアメリカとの協力や武力行使の絡むプロジェクトを否定し続けていた。アメリカの協力者とみなされると EU のプロジェクトサイトも狙われる可能性が高くなるからである。アメリカの政策から距離を置き、経済開発政策と対話を重視する路線をアピールした結果、EU はリベラルな援助を行うという好意的な評判が広まり、プロジェクト実施地域の住民も比較的協力的であった。

そのようななかで行われたプロジェクトのひとつがチャパレ代替開発援助プログラム（PRAEDAC）である。2001 年から 2004 年の 4 年強にわたり、1900 万ユーロの予算がつけられたプロジェクトであった。その PRAEDAC では、市場として可能性のある大都市に近く、空路で近隣の国に輸出も見込めるチャパレで代替作物の導入が行われた。インフラ整備・土地改革・農民への資金貸与などに加えて、地域共同体のマネジメント能力の育成が目標とされた。天然資源や援助プロジェクトの維持・運営が適切にできる能力を自治体が持つ必要があると EU が考えていたからである[2]（PRAEDAC［2001］pp. 6-7）。

コカ組合からプロジェクトへの支持を取り付け、参加者を獲得するために区画整備やインフラ整備など目に見える形で成果を出す必要があった（European Commission［1999b］pp. 10-12）。代替開発プロジェクトは地域農民の参加率によってもその効果に差がある。プロジェクトサイトの人々が EU チームを信頼し、結果が出るまでの期間を耐えてくれなければならないからである。PRAEDAC は比較的よい成果を出したと評価されているが、より広域なプロジェクトにするためには地方政府のさらなる協力や努力が必要であった[3]（European Commission［2002］p. 5）。

このほか、2002 年から行われているコロンビアでの「ピースラボラトリー」プロジェクトでは、マグダレナメディオが武装勢力と政府そして地域共同体が安定のための話し合いをする場として認知されている。マグダレナメディオではコカ栽培も行われているが、むしろゲリラなどの武装勢力の活動のほうが問

題であったため、このプロジェクト採択決定時はコロンビア政府は麻薬規制政策としてはやや不満に感じていた。成果について両論あるものの、これは安全保障政策としての性格が目立つ、EUのアンデスでのプロジェクトとしては珍しい取り組みである。

 9.11以降、アフガニスタンなど中央アジアでの麻薬規制と対テロ対策に注目が集まり、アンデスでの麻薬規制の規模縮小が懸念されていた。しかし、民間企業レベルでの欧州・アンデスの協力や麻薬取り締まりに関する情報共有網の整備など、2000年代初頭に手がけられ始めたプロジェクトが徐々に拡大してきている。また、2010年代にはEUとスペインがラテンアメリカに行う支援がアメリカを抜くまでになった。麻薬対策を含むラテンアメリカへの対応は開発と安全保障の関連性に言及しない不十分なものであるという批判もあるが（Gratius［2010］p.4）、コカイン産業がEUにとって深刻な問題になっていることを示すものであると考えられる。

（2）アフガニスタンにおけるプロジェクト

 EUにとってアフガニスタンは戦略的に重要である。そのため、2002年から2010年の間で80億ユーロもの支援をアフガニスタンに対して行っている（Flanagan, Cipoletti, and Tuninetti［2011］p.193）。実質的にEUがアフガニスタンの最大の支援国であるといえる。

 EUは麻薬問題をアフガニスタンの最も重要な脅威のひとつであるとみなしている。麻薬とゲリラの活動の関係性から、麻薬産業は長期的な国内安定の確立に強い影響を与えるからである。さらに、アフガニスタンのGDPに占める麻薬産業の割合が大きいことが問題である。よって、アヘン以外の商業作物による生計を可能にするための開発援助が効果的な麻薬規制には肝要である。そのため、安定と治安維持のためには麻薬問題に取り組まねばならず、また、麻薬問題に取り組むためには経済的安定をもたらすための開発にも取り組まねばならないとEUは考えている（European Commission［2006］p.7）。

 そうした麻薬戦略においてEUは麻薬撲滅のための強硬な手段と開発のための穏やかな手段の2種類をうまく組み合わせたバランスのとれたアプローチで

臨み、法遵守と人権尊重に重きを置くことを強調してきた（Council of European Union［2004］）。これを受けて、EU が採択したプロジェクトは統治・治安維持・開発・教育など多岐に渡ったが、予算の 40％が治安維持を目的とした警察組織の改革にあてられたのに対して、開発には 35.8％にとどまった（Delegation of the European Union to Afghanistan［date unknown］）。アフガニスタンにおける EU とその加盟国の関心は主に治安維持と国内の安定に向けられているのである。これは警察や軍関係の治安に絡むプロジェクトが多いことに加え、EU はアフガニスタンでの活動を共通安全保障防衛政策（CSDP）の枠組みで取り組むべきものとみているためである。NATO、国際治安支援部隊（ISAF）やアメリカと協力することも明言している。

　EU として軍事活動を行うことはないが、マルタとキプロスを除く EU 加盟国はアフガニスタンの治安回復および維持のために ISAF を通じてアフガニスタン国軍の訓練などに助力している。その結果、2010 年には加盟国から約 3 万 5000 の軍隊がアフガニスタンに派遣されている（European Union Council Secretariat［2010］）。EU 加盟国は武力行使には慎重な態度で臨んでいるが、アメリカの増兵に伴い徐々に部隊数を増やさざるをえなくなってきている。

　また、NATO との協力関係において、EUPOL（EU Police Mission）がアフガニスタンに派遣され、アフガニスタン警察の訓練などが実施されてきた。EUPOL は NATO の行う大規模な警察訓練（NTM-A）を補完するプロジェクトで、2007 年に設立された。人権尊重や法に基づく適正手続きの徹底などを含めた警察への訓練や司法制度の改革などに貢献している（Common Security and Defence Policy［2014］）。

　EUPOL の活動期間は少しずつ延長され、2016 年までの派遣が決定されている。EU の EUPOL 活動採択の裏には、EU 加盟国が NATO の枠内でアメリカとともに進める麻薬規制戦略の失敗によって、EU が行うプロジェクトに悪影響を与え、EU の評判を落としてしまうことへの懸念があった。アフガニスタン政府が武力行使に頼らず、警察組織を使って治安を維持できるまでに組織的能力を向上させることを目的として訓練に携わり続けているのには、そうした理由がある。しかし、欧州首脳理事会と欧州委員会の連携が悪い、加盟国が民事関係者を送りたがらない、などの問題があり、支援の成果は限定的であると

いう見方もある (Gurbanov [2014])。

　開発援助に関し、EUは女性や子供の自立を助けるためのプロジェクトに加え、水資源や灌漑設備の整備、そして農業技術支援プロジェクトを展開している (Delegation of the European Union to Afghanistan [date unknown])。しかし、これらのプロジェクトは実施地域にある程度の安定と法治体制が整っていることが成功の前提となるため、武力抗争の多発する芥子栽培の盛んな地域では実施が困難である。そのため、本当にプロジェクトが必要な地域にはなかなか支援が届かないことが多い。

　また、アフガニスタン政府は麻薬規制政策の柱として代替開発と代替生計手段の導入を望んでいる (Ministry of Counter Narcotics [2012] pp. 17-23)。これは農業に変わる別の産業を立ち上げ、麻薬生産地域へ異なる商業作物と加工技術を導入し、農民を芥子栽培から徐々に離脱させることを目的としている。しかし、EUの行うプロジェクトは短期もしくは中期の規模の小さいものになる傾向があり、ホスト国の望む形でのプロジェクトからは乖離しているように見受けられる。

　アンデスとアフガニスタンの麻薬産業を比較すると、EUが地理的に遠く、またあまり関連性がないと感じていたアンデス地方に対しては軍隊の派遣は期待できず、EUと加盟国有志が行う開発援助が精一杯であったようにみえる。また、加盟国のモチベーションをあげるために共有責任や国際社会の一員としての義務などの大義名分を必要としたともいえる。しかし、こうした否定的な側面ばかりではなく、非軍事政策方針が地域に浸透するにつれ、地元の支持を受けるようになっていった。また、国際社会が開発を中心とした麻薬規制のあり方を検討する牽引力になったともいえよう。

　しかし、アフガニスタンについては、地理的に近いこと、同じヨーロッパのゲリラ組織や宗教過激派につながっていること、ヘロイン中毒者が多いことなどから、EUは同地のヘロイン産業に早くから危機感をつのらせていた。また、9.11やタリバン政権の樹立などヨーロッパにまで飛び火しそうなテロ活動に不安を感じていた。よって、ゲリラ組織平定は重要なアジェンダであり、古典的な意味でも安全保障上の脅威だと受け入れられやすく、加盟国の軍事支援を

見込むことができた。そのため、アンデスでは強硬に拒否していた軍隊の関与も、アフガニスタンでは積極的に受け入れている。

以上のことから、EU が実際に法遵守・規範志向のアプローチでもって麻薬規制政策に臨むのは、それ以外にオプションがないときに限られるといえるであろう。EU は積極性の度合いこそ議論の余地があるものの、軍事力を使った強硬な麻薬撲滅政策も視野に入れている。規範志向のアプローチには、EU が自らの限界を乗り越えるために身につけた処世術のような意味合いもあるのではないだろうか。

注
1) 武力行使や法執行を中心とした麻薬規制はアメリカが行っていることで知られている。
2) このプロジェクトが導入しようと試みていた主な代替作物は、米、ユッカ、麦、バナナ、とうもろこし、レモン、パイナップルなどであった。
3) このプロジェクトの初期段階で2万 ha の土地改正に成功した。その後、第2段階で8万 ha に及んだ。

参考文献
BBC News [2012/08/28] "Colombia Embarks on Rocky Road to Peace Again". (http://www.bbc.com/news/world-latin-america-19395401) (accessed on 13 November 2014)
――― [2012/09/03] "Farc Leader Confirms Colombia Peace Talks under Way". (http://www.bbc.com/news/world-latin-america-19468179) (accessed on 13 November 2014)
Boucher, R. [2000] "Colombian Rebel Connection to Mexican Drug Cartel", November 29.
Committee on Foreign Affairs [1989] *US Narcotics Control Program in Peru, Bolivia, Colombia, and Mexico*, GPO.
Common Security and Defence Policy [2014] "Police Mission in Afghanistan", updated February 2014. (http://eeas.europa.eu/csdp/missions-and-operations/eupol-afghanistan/pdf/factsheet_eupol_afghanistan_en.pdf) (accessed on 13 November 2014)
Consejo de la Unión Europea [2000] *Consejo de la Unión Europea: Proyectos propuestos por los Estados miembros y la Comisión*, 6008/01, Bruselas, 8 de febrero.
Council of European Union [2004] *EU Drug Strategy 2005-2012*, 15074/04, Brussels, 22 November 2004.
De Farco, M. and R. Godoy [1992] "The Economic Consequences of the Cocaine Production in Bolivia: Historical, Local and Macroeconomic Perspectives", *Journal of Latin American Studies*, Vol. 24, No. 2, pp. 375-406.
Delegation of the European Union to Afghanistan [date unknown] *Cooperation for Development*. (http://eeas.europa.eu/delegations/afghanistan/eu_afghanistan/development_cooperation/index_en.htm) (accessed on 15 September 2014)

―――― [date unknown2] *Case Studies.* (http://eeas.europa.eu/delegations/afghanistan/projects/case_studies/index_en.htm) (accessed on 16 September 2014)
Dorn, N. [1996] "Borderline Criminology: External Drug Policies of the EU", in N. Dorn, J. Jepsen and E. Savona (eds.), *European Drug Policies and Enforcement*, MacMillan.
EMCDDA [1999] *Euro-Ibero American Seminar: Cooperation on Drugs and Drug Addiction Policies*, Conference Proceedings, Office for Official Publication of the European Communities.
European Commission [1997] "Communication from the Commission to the Council and the European Parliament with a View to Establishing a Common European Union Platform for the Special Session of the UN General Assembly on International Cooperation in the Fight against Drugs", COM (1997) 670.
―――― [1999a] "The European Union Action Plan to Combat Drugs (2000-2004)", COM (1999) 239.
―――― [1999b] Unpublished Working Paper.
―――― [2000] *Country Strategy Paper: Colombia 2001-2006.*
―――― [2002] Unpublished Working Paper.
―――― [2003] *The EU International Policy on Drugs*, July. (http://europa.eu.int/cgi-bin/etal.pl) (accessed on 9 January 2005)
―――― [2006] *Country Strategy Paper Islamic Republic of Afghanistan 2007-2013.*
―――― [2008] "Impact Assessment, Commission Staff Working Document Accompanying the Communication from the Commission to the Council and the European Parliament on an EU Action Plan on Drugs (2009-2012)", SEC (2008), Brussels, 18 September, p. 15.
European Council [2003] *A Secure Europe in a Better World: European Security Strategy.*
European Union [1999] *Evaluation of EU Development Aid to ALA States: Phase III— Synthesis Report, Final Report*, 15 March, European Commission Joint Relex Service For the Management of Community and to Non-Member Countries.
European Union Committee [2012] *Twenty-Six Report the EU Drugs Strategy.* (http://www.publications.parliament.uk/pa/ld201012/ldselect/ldeucom/270/27002.htm) (accessed on 15 September 2014)
European Union Council Secretariat [2010] *Factsheet: EU Engagement in Afghanistan*, updated: January.
Flanagan, S., T. J. Cipoletti and A. Tuninetti [2011] "Afganistan: A Stress Test for Transatlantic Security Cooperation" in *The Transatlantic Relationship and EU-U. S. Cooperation in Security*, CSIS.
Garber, J. and E. L. Jensen (eds.) [2001] *Drug War American Style: The Internationalization of Failed Policy and Its Alternatives*, Garland Publishing.
GAO [1991] *Drug War: Observation on Counternarcotics Aid to Colombia*, GPO.
Gratius, S. [2010] "The EU and the Vicious Circle between Poverty and Insecurity in Latin America", *FRIDE Working Paper.*

Gurbanov, I. [2014] "The Civilian Crisis Management Policy of the European Union in Afghanistan: Challenges for Police Mission". (http://www.strategicoutlook.org/publications/EUPOL_Afghanistan.pdf) (accessed on 16 September 2014).

Isikoff, M. [1989] "Colombia's Drug King Becoming Entrenched", *Washington Post*, 8 January.

Manners, I. [2002] "Normative Power Europe: A Contradiction in Terms?", *Journal of Common Market Studies*, Vol. 40, No. 2, p. 253.

Ministry of Counter Narcotics [2012] *National Alternative Livelihood Policy*, pp. 17-23. (http://mcn.gov.af/Content/files/AL_En.pdf) (accessed on 17 September 2014)

O'Kane, M. [2000] "Kosovo Drug Mafia Supply Heroin to Europe", *The Guardian*, 13 March.

Painter, J. [1994] *Bolivia and Coca: A Study in Dependency*, Lynne Rienner Publishers.

Patten, C. [date unknown] *3rd Meeting of the Support Group of the Peace Process: Colombia: A European Contribution to Peace*. (http://europa.eu.int/comm/externall_relations/colombia/3msg/template_copy(1).htm) (accessed on 28 March 2005)

PRAEDAC [2001] *Potencialidades de los productos forestales no maderables en el Trópico de Cochabamba*, Comision Europa.

Tomlinson, E. T. [2013] *Drug Trafficking from Afghanistan as a Threat to European Security*, Doc. 13309, 24 September.

UNODC [2010] *World Drug Report 2010*.
―――― [2011] *The Transatlantic Cocaine Market: Research Paper*, April.
―――― [2013] *Afghanistan Opium Survery 2013*.

欧州首脳理事会職員インタビュー［2002/07/08］ブリュッセル
欧州委員会職員インタビュー［2002/07/09］ブリュッセル
欧州委員会職員インタビュー［2002/07/10］ブリュッセル
欧州委員会職員インタビュー［2002/04/22］ブリュッセル
欧州委員会職員インタビュー［2002/04/23］ブリュッセル
コロンビア大使館職員インタビュー［2002/07/10］ブリュッセル
ラテンアメリカ政府職員インタビュー［2002/1/23］ブリュッセル

第13章
アメリカの譲歩とEUの妥協
―― 国際刑事裁判所（ICC）とEUの規範政治

小松﨑利明

　「人を殺した者は罰せられなければならない」というのは、あらゆる社会に見出される普遍的な法規範である。他方、「ひとりを殺せば犯罪者だが、戦争で百万人殺せば英雄である」といわれることがある。しかし、戦争では誰彼の区別なく殺してもよい、というわけではない。「社会あるところ、法あり」という格言があるように、国際社会にも戦争や武力紛争（国際法上の正規の戦争の形態をとらない内戦などの武力衝突を含む表現）については「国際人道法」と呼ばれる一群の法が存在する。したがって、国際人道法に反して人を傷つけたり殺めたりした者は、その責任を問われ処罰されなければならないというのが、現代の国際社会の普遍的な規範である。

　ところが実際には、一般市民を無差別に殺戮したような戦争犯罪者が「英雄」とされることもある。あるいは、国益に適う行為であるという理由でその犯罪が不問に付されることがある。いわば、国家という壁の前で、国際社会の普遍的な規範はその力を奪われるのである。こうした現実に対して20世紀後半の世界は、たとえ国家が裁かなくとも国際社会が裁くべきであるという規範意識を醸成し、国際刑事裁判所（ICC）という形に結実させた。

　さまざまな分野においてみずからが目指す価値を世界に投影しているEU（遠藤・鈴木編［2012］）は、この過程にどのように関わってきたのであろうか。本章では、「人間の尊厳の尊重、自由、民主主義、平等、法の支配、および……人権の尊重」（EU条約第2条）という「規範化された価値」（庄司［2013］p.199参照）を実現するためのEUの規範政治について考える。

1．国際刑事裁判規範の歴史

（1）国際刑事裁判規範形成の歴史

国内問題としての戦争犯罪

　近代国家システムでは、戦争犯罪人の処罰は、各国の刑法や軍刑法に基づく軍事法廷などにおいて行われた。戦闘行為を規律する各国の軍事規制は、当然国際人道法に則ってその内容が定められており、そうした意味では戦争犯罪人は国際規範を侵した、あるいは国際法益を侵害したともいえる。しかし、国際法上の法主体は原則的に国家（およびその集合体である国際機構）のみであり、たとえ国際人道法の法益を侵すような行為を兵士が行ったとしても、当該兵士個人に国際法上の責任が発生するわけではない。犯罪者個人の処罰は、内政不干渉原則の下で当該所属国の主権的行為だと理解されており、その意味で「戦争犯罪を犯した者は罰せられなければならない」というのは、個々の国家の領域内でのみ実効性をもちうる規範であった。

　他方、個々の兵士による犯罪を含む戦争によって生じた国家の損害の責任は、戦争終結後、敗戦国が戦勝国に対して賠償（金銭や領土）という形で支払うことによって果たされていた。戦争を主導した国家元首や政治家たちは、自国民に対して敗戦などの責任を果たすように求められることはあっても、交戦国（および第三国を含めた「国際社会」）から戦争を行ったことに対する法的な個人責任を問われることはなかった。

戦勝国による個人の訴追

　ところが、第一次世界大戦後、この原則に変更が加えられることになる。ヴェルサイユ条約において連合国側は、敵国ドイツに対する通常の賠償請求に加えて、戦争犯罪人の引渡しを求める（228条）とともに、元首・ヴィルヘルム二世を「国際道義と条約に対する最高の罪」により国際的な特別法廷において裁くことを決定した（227条）。ヴィルヘルム二世に対する裁判は、彼の亡命先であったオランダが引き渡しを拒否したために実現はしなかったが、国際法違反

の責任を国家に対してではなく、本来は国際法上の主体ではないはずの個人に対して問うことがありうるのだということが示された。これが ICC の設立につながる国際的な刑事裁判規範の嚆矢となる。

　第二次世界大戦の終結に際しては、連合国がドイツおよび日本の戦争犯罪を裁くため特別の軍事法廷をそれぞれ設置した。前者はニュルンベルクの国際軍事裁判所、後者は東京の極東国際軍事裁判所である。イギリス、アメリカ、フランスおよびソ連の間で締結された国際軍事裁判所憲章（いわゆるニュルンベルク憲章）には、この裁判所は、ヨーロッパ枢軸国の主要戦争犯罪人を裁くために設立され（第1条）、平和に対する罪、交戦法規・慣例違反（通例の戦争犯罪[1]）および人道に対する罪について個人責任を問う（第6条）と定められている[2]。つまり、ニュルンベルクおよび東京裁判が示したのは、戦争犯罪は主権国家の壁──「連合国の交戦相手国の主権の壁」に限定されていたという意味では、部分的な壁──をも超えうるということである。

普遍的制度創設の試み

　こうした戦争犯罪人の国際的な訴追という考え方については、それが戦勝国の敵対国に対する「復讐」行為に過ぎないという評価もあり、そうした意味において国際社会の普遍的な規範に基づいた規範政治のあり方ではないかもしれない。しかし他方、それを事後的に追認する形で国際刑事裁判規範を発展させようとする意志も国際社会には存在した。1948年に国連総会が採択したジェノサイド条約[3]は、ジェノサイド罪（およびその関連犯罪）に問われた者は、犯罪が行われた国の裁判所または国際刑事裁判所による裁判を受けると規定している（第6条）。これに伴って国連総会は、国連国際法委員会（ILC）に普遍的な国際刑事裁判所（international penal tribunal）設置憲章の起草を要請した[4]。実際にはILCはこの草案を完成させるにはいたらず、それ以後、冷戦の影響もあって総会でも審議されることはなくこの計画は事実上の棚上げとなった。

　このように、20世紀前半の世界では戦後処理という文脈のなかで国際刑事裁判規範が生み出されてきた。ただし、それは歴史的な大戦後という特殊な状況を背景とした「軍事法廷の国際版」であり、あらゆる事態に対してあらかじめ管轄権を設定しておく普遍的な刑事裁判所を設置する機運は満ちていなかっ

た。

（2）冷戦後の展開

臨時国際刑事法廷の設置

　冷戦構造の崩壊によって、国際刑事裁判規範の歴史は新たな局面を迎える。ユーゴスラビア連邦を構成する共和国の間で起きた分離独立をめぐる対立によって、いわゆる「民族紛争」が激化した。この紛争では「民族」を理由とした民間人に対する人権侵害や虐殺行為が数多く報告され、アメリカやヨーロッパ各国は事態収拾のために当事者との外交交渉に動いた。しかし事態は好転せず、国際社会のより積極的な介入が求められるなか、1993年、国連安保理は強制措置を伴う国連憲章第7章の規定に基づいて、戦争犯罪人を処罰する「旧ユーゴスラビア国際刑事法廷（International Criminal Tribunal for the former Yugoslavia: ICTY）」の設置を決めた[5]。さらに翌年には、ルワンダで進行していた大量虐殺を伴う民族間の衝突に対しても、これを「国際の平和と安全に対する脅威」と認定し、「ルワンダ国際刑事法廷（International Criminal Tribunal for Rwanda: ICTR）」を設置した[6]。

　ICTYは、1991年以降旧ユーゴスラビア領内で行われた国際人道法の重大な違反について、個人の刑事責任を追求することを目的に設置された（ICTY規程第1条）。ここでいう国際人道法の重大な違反とは、ニュルンベルクおよび東京の両裁判でも処罰対象であった通例の戦争犯罪と人道に対する罪に加え、ジェノサイド罪、そして武力紛争の犠牲者の保護を目的に1949年に締結された四つのジュネーブ条約違反を指す（同第2条～第5条）。またICTRは、ルワンダでの武力衝突が主としてルワンダ国内で行われたことに鑑みて、ジェノサイド罪と人道に対する罪のほか、1949年ジュネーブ四条約の共通第3条に規定された「国際的性質を有しない武力紛争」における犠牲者保護義務違反を加えている（ICTR規程第2条～第4条）。

国際安保理による規範の蘇生

　こうした犯罪については、まずは犯罪行為地であるユーゴスラビアの各共和

国およびルワンダの国内裁判所が管轄権を有するというのが、近代主権国家システムにおける国際法上の基本原則である[7]。しかし ICTY および ICTR の場合は、それら国際裁判所の管轄権が国内裁判所に優越することが定められている (ICTY 規程第9条2項、ICTR 規程第8条2項)。さらに ICTY では、ユーゴスラビア連邦が解体し各共和国が順次独立していくという現在進行形の紛争について、それが国際紛争であるか否かという問題が提起され、実際の裁判においてもこの点が争われた。ICTY は、若干の訴因を除き、基本的にユーゴ紛争は国際的性質を有する紛争であるとして、ジュネーブ条約の適用を認める判断を下した[8]。

こうしたことが意味するのは、内戦もしくは「国内的性質を有しない武力紛争」であっても、安保理決議など一定の条件下では、国際法における内政不干渉原則は修正されうるということである。国際社会の安全保障措置について普遍性を有する国連安保理が、国家主権の壁に守られた「不処罰の文化」を克服し、半世紀近くなおざりにされていた国際刑事裁判規範を蘇生させたともいえる措置であった。したがって、戦勝国による敗戦国指導者の訴追という「政治的」な――したがって、その普遍性に疑問符が付されうる――裁判と比較して、紛争の勝敗や敵味方の区別に基づかずに訴追を行う ICTY および ICTR は、国際刑事裁判規範の普遍性を一段高める意義をもつものだといえるだろう。ただし、これらふたつの裁判所は、特定の事象への対応に限定された臨時の (ad hoc) 裁判所であることから、他方で国際人道法違反に一般的に対応できる常設裁判所の設置が求められることになる。

2．ICC 規範の形成と EU

(1) ローマ会議と EU

EU の立場

1994 年、ILC は常設裁判所設立文書の起草作業を再開し、国連総会に草案を提出した[9]。総会は翌年、条約検討のため2度の「臨時委員会 (Ad Hoc Committee)」の開催を決議し[10]、常設の国際刑事裁判所設立に向けた動きが本

277

格化した。しかし臨時委員会では、裁判所の権限や管轄犯罪の定義に関して国家間の合意が得られず、総会は新たに「準備委員会（Preparatory Committee）」の開催を決定した[11]。その後会合を重ねた準備委員会は、1998年4月に最終報告書（規程案）[12]を提出し、それを外交会議での検討に委ねた。

同年6月から開催された外交会議（ローマ会議）には、160ヵ国以上の代表団および多くの国際機構やNGOの代表が集結した。EUは欧州委員会人道援助局（ECHO）担当のエマ・ボニーノ欧州委員会委員を代表に、オブザーバー地位で参加した。全体会議3日目に発言の機会を与えられたボニーノは、野蛮な局地戦争が頻発する時代においては国際刑事裁判所がとくに求められていると訴えた。市民が付随被害の犠牲者ではなく攻撃の主要目標になり、ジェノサイドが紛争の手段ではなく目的になり、そして国際人道法において合意されている人道性の最低基準が偶発的にではなく戦略的に侵害されている現状に会議参加者の注意を喚起した。また重大犯罪については、内戦の過程で犯されたものに対しても裁判所の管轄権を認めるべきこと、そして各国政府から独立し、強い権限を有する検察官を設置することも要請した[13]。

このボニーノの主張には、伝統的な国家主権の壁を相対化し、ICCを通じて国際刑事裁判規範を普遍的なものにしようとする意図が表われている。しかし、他の国際機構やNGOの代表の発言と比較すると、その表現は一般的かつ抽象的なものであるとの印象を拭えない。たとえば、欧州人権裁判所長官（当時）のルドルフ・ベルンハルトからは、コア・クライム（「最も重大な犯罪」とされるジェノサイド、人道に対する罪、通例の戦争犯罪および侵略罪）に対しては裁判所の強制管轄権を認めるようにするべきであること、さらに検察官の独自の判断によって管轄権が始動することが裁判所の効率性と信頼性にとって重要であることが訴えられた[14]。

また、ICTY所長のカーク・マクドナルドは、ICTYの経験から、裁判所命令に従う義務を国家に課すことや、判決に対する各裁判官の個別意見および反対意見を認めることが国際刑事法の発展にとって有意義であることなど、国際刑事裁判規範を実効的なものにするべく具体的な提案が行われた[15]。さらに、国際機構のみならず、アムネスティ・インターナショナルなどのNGOからも、普遍的管轄権を設定することや被告の人権擁護の観点から公正な裁判を受ける

権利を保障することなどが説得的に主張された[16]。

「有志国グループ」の形成

　会議の公式記録ではボニーノの発言はこのほかに見当たらない。全体会議に関するかぎり、参加したすべての国が、その発言内容に濃淡はあれ、何らかの形で裁判所の設立に支持を表明していたことも考えあわせれば、国際刑事裁判規範の形成と普遍化に対してEUとして突出して積極的貢献を果たしたとは言い難い。だが、EU加盟国の代表が「EUを代表して」と前置きしたうえで規範形成に積極的な姿勢を示していることを、いわばEUの「ひとつの声（one voice）」として聴くこともできる。さらにEU加盟諸国は、フランスを除いて、カナダの呼びかけによって結成された「有志国グループ（Like-minded group; LMG）」に加わり、交渉過程において牽引役を果たした。

　このLMGには、ヨーロッパ以外からも含めておよそ60ヵ国が参加した（Washburn［1999］pp. 367-369）。LMGは、コア・クライムに対する固有の管轄権を裁判所が有すること、訴追に際して国連安保理の拒否権を排除すること、独自に（*proprio motu*）訴訟手続きを開始する独立した権限を検察官に与えること、そしてICC規程に対する留保を禁止することを主張して、主に非公式の場で活動を展開し、徐々に公式な交渉の趨勢を決める役割を果たすようになった（Schabas［2001］pp. 15-16）。また会議の最終段階にいたって、国連安保理の常任理事国間や他のグループ内で意見の相違が目立つようになるなか、LMGは最後まで規程締結に向けて結束し、会議の結末に大きな影響を及ぼした（Kirsch and Holmes［1999］p. 11）。さらに、当初からアメリカがICC創設に反対の立場を崩さなかったなかで、ドイツが普遍的管轄権の設定に主導的役割を果たし、また安保理常任理事国でもあるイギリスがLMGに参加したことをふまえると、ローマ会議においてEUおよびその加盟国が国際刑事裁判規範の強化および普遍化に果たした役割は大きいといえるであろう。

（2）ICC 規範と EU の対外政策

EU 加盟条件としての ICC 規範

　こうして、みずからが積極的にその形成に携わった ICC 規程とそこに具現化された規範を、その後 EU はどのように扱ったのであろうか。ここでは、ふたつの事例についてみてみたい。ひとつは、EU への加盟交渉における取り扱いであり、もうひとつは域外諸国との条約締結に関するものである。

　2001 年 6 月、EU の閣僚理事会は「共通の立場[17]」を採択した。それは、ICC 規程の諸原則が EU の原則および目的と完全に一致すると述べて、ICC に対する全面的な協力を表明している。また、EU と EU 加盟国は ICC 規程の批准過程を進めるとともに、関係諸国や地域的機構との交渉・政府間対話において、規程の実施を進めることも打ち出している。すなわち、EU は域内で ICC 規範を普遍化させるのみならず、域外諸国に対してもその受容を積極的に求める対外姿勢を示すことが言明されたのである。

　2003 年 6 月の「共通の立場[18]」では、その姿勢が新規加盟交渉という具体的な場面に関連して言及されている。同文書はまず、法の支配と人権尊重を確固たるものにすることは EU にとって最重要課題のひとつであるという認識を示す。そのうえで、すべての EU 加盟国が ICC 規程を批准していることに鑑みて、ICC 規程が広く批准されるようにイニシアティブをとることを確認するとともに、EU への加盟交渉国であるルーマニア、ブルガリア、トルコおよび欧州自由貿易連合（EFTA）諸国がこれと同じ立場に立つように求めている。

　つまりここでは、ICC 規範の受容が EU への実質的な加盟条件とされているのである。EU に加盟するためには共通外交・安全保障政策（CFSP）を含めた EU 諸政策をアキ・コミュノテールとして受容することが求められるが、実際にクロアチアの加盟に際して欧州委員会が作成したモニタリング・リポートでは、ICC 規程の締約国として EU の共通の立場を「完全に支持している」ことが特記されている[19]。欧州議会もトルコおよび将来の加盟候補国、さらには欧州近隣政策の対象国に対して、ICC 規程への加入を求める決議を出している[20]。

多分野の協定に組み込まれた ICC 規範

対域外諸国については、2000 年に EU がアフリカ・カリブ海・太平洋（ACP）諸国との間に締結したコトヌー協定[21]が注目される。同協定の目的は、平和と安全の促進、そして安定的な民主主義体制の環境整備を目指して、ACP 諸国の経済的、文化的、社会的発展を推進することにある（第 1 条）。2000 年締結の原協定では国際刑事司法への言及はないが、2005 年に改定された際、第 11 条に国際刑事裁判を通じた刑事司法促進への取り組みに関する条項（第 6 項）が追加された[22]。そこでは締約国は、ICC 規程の批准および実施に向けて国内法制調整の経験を共有し、ICC 規程を念頭に国際法の下で国際犯罪に立ち向かう「決意を再確認する」とされている。

また欧州議会も 2011 年、EU が様々な外交手段を通じて域外国および他の国際機構へ働きかけ、ICC への支持を広げること、そして ICC 規程の批准・実施に貢献するよう強く要請する決議を採択している[23]。とりわけ欧州委員会および欧州対外行動庁（EEAS）に対しては、第三国との合意文書のなかに規程の批准を求める ICC 条項を含めることをより体系的に推進するよう求めている[24]。このように EU は、あらゆる外交的場面で交渉相手に働きかけるのみならず、幅広い合意内容を含む協定に ICC 規程の批准に関する規定を組み込むことも行っている。それは、経済分野などで EU の積極的支援を期待する相手国が ICC 規範の受容という選択を取らざるを得ない状況を作り出す戦略であるといえよう。

（3）双方可罰性の原則をめぐる EU の規範政治

ヨーロッパ逮捕令状に関する枠組み決定

ICC 規範を普遍化しようとする EU の戦略は、一方で伝統的な国際法上の原則との間に緊張を生み出している。2002 年に閣僚理事会が採択した「ヨーロッパ逮捕令状と引渡し手続きに関する枠組み決定[25]」は、テロリズムや人身取引など 30 あまりの犯罪とともに ICC の「管轄権内の犯罪」については、一定の条件のもと「当該行為の双方可罰性を検証することなく、ヨーロッパ逮捕令状に従って引渡し義務が生じる」と規定している（第 2 条 2 項）[26]。この決定には、

EU加盟国間の警察・刑事司法協力を促進し、EU域内でICC規範を実効的なものにするという意図が窺えるが、他方、伝統的に尊重されてきた国際法上の基本原則と齟齬を来す可能性も指摘される。

犯罪人の引渡しについては、一般に「双方可罰性の原則」（引渡し請求が行われる犯罪は、請求国のみならず被請求国においても犯罪とされていなければならないという原則）が適用される。これは、被疑者の人権に配慮するという意味で、伝統的に国際刑事法において尊重されてきた基本原則である（山本［1991］pp. 202-205）。しかし上記枠組み決定の下では、被請求国には自国の刑法上犯罪を構成しない可能性のある行為を行った者を請求国に引き渡す義務が生じることになる。

自己規定されたEUの規範パワー

実際エストニアはEU加盟に際して、枠組み決定に沿う形で刑法を改正し、「当該犯罪がエストニア刑法の下で罰しうるか否かにかかわらず、引き渡し請求国において次に掲げる犯罪〔を犯した〕者は引き渡されうる」という条項を設けた[27]。これは、罪刑法定主義（犯罪およびそれに対する刑罰は、あらかじめ法により定められていなければ処罰できないという考え方）の観点からも慎重な検討が求められる。

つまり、ここでの問題は、理事会決定というEUの域内法によって、双方可罰性の原則や罪刑法定主義という国際刑事法の根幹をなす理念を損ないうる法改正が加盟国および加盟候補国に対して事実上強制されることである。被疑者の人権擁護および法の支配という価値を毀損させてまで、みずからが推進する国際的な刑事裁判規範を普遍的に実現することがいかなる意味をもつのかについて検討することが求められる。ICC規程の交渉会議からも明らかなように決して一体とはいえないEUが、みずから自己規定した「普遍的規範」を用いて望ましい方向に世界を導こうとする、その規範政治の姿を垣間みることができる。

3．ICC 規範をめぐる政治

（1） ボスニア PKO 派遣をめぐる EU の規範政治

ICC に対する国連安保理の優越

　ローマ会議での交渉の結果、検察官による捜査および訴追に関しては、国連安保理が憲章第 7 章の規定に基づいて採択した決議により裁判所に対して 12 ヵ月間「延期」するよう要請することができることが合意された（ICC 規程第 16 条）。もともとこの規定は、個別の状況に応じて判断し必要とされる場合に限って許容されるもの、すなわち ICC による捜査および訴追がかえって「国際の平和と安全」を脅かすことになる場合に限られると解釈されるべきものである（Cassese［1999］p.163）。しかし現実には、ICC に対する安保理の優越性を担保する効果を有し、安保理においていわゆる拒否権を有する常任理事国 5 カ国の意向が捜査および訴追に反映されるという意味において、ICC 規範の普遍性に重大な制限を課すものである。

　そうした懸念が早くも ICC 規程発効のおよそ 10 日後に現実のものとなった。安保理が ICC の管轄権行使をあらかじめ一般的に制限する決議 1442[28] を採択したのである。その第 1 項は次のように述べている。

> 国連によって設置されもしくは授権された活動に関連する作為または不作為について、ローマ規程の非締約国から派遣された現在もしくは過去の職員あるいは要員が関与する事件が生じた場合、安保理が別段の決定を行わない限り、ローマ規程第 16 条の規定に従って、ICC が 2002 年 7 月 1 日から 12 カ月間、捜査または訴追を開始または継続しないことを要請する。

EU 加盟国の妥協

　この決議案を支持する理由についてアメリカは、ボスニアに展開している自国の国連平和維持活動（PKO）要員が、不測の事態に直面して「法的危険（legal jeopardy）」に晒されることによって任務の遂行に支障を来す懸念がある

からだという[29]。これに対して、EU議長国として出席したデンマーク代表は、ICCは補完性の原則（a principle of complementarity）の下にあり、事件の捜査および訴追に関しては関係国の管轄権が優先することを確認して、ICC規程の統一性（integrity）を損なうことのないようアメリカに要請した[30]。この討議では、ICTYと比較してもはるかに実質的な国家主権尊重のためのセーフガードをICC規程は提供している[31]にもかかわらず、アメリカが不必要な決議を採択しようとしているという批判が大勢を占めた。

　しかしながらこの決議案は、PKOに対するアメリカの貢献を継続させたいという各国の思惑が優先されて全会一致で採択された。つまり、イギリス、フランス、アイルランドといったEU加盟国、および加盟交渉中であったブルガリアが、ICC規程の統一性を損なう恐れのあると指摘された決議に賛成票を投じたということである。これは、ICCへの全面的な支持を表明した2001年および2003年の「共通の立場」との間に齟齬を来す行動である。さらに規程交渉過程でLMGに参加してICC規範の強化を目指していたイギリスが賛成し、LMGとは距離を置いていたフランスが決議案には反対の意を表明する[32]など、EU加盟国の政策にも立場の振れがみられる。このとき安保理の議長を務めていたイギリスの立場を、その時点で国際社会が最も関心をもっていたことを追求したという意味において「賢明な判断であった」とする見方もある（Soares [2010] p.83）。しかし、状況に応じて変化するICC規範をめぐるEUおよび加盟国の規範政治のあり方のひとつの象徴ともいえる出来事である。

（2）ダルフールをめぐるEUの規範政治

アメリカの譲歩

　2005年3月、国連安保理はスーダン・ダルフールの事態が「国際の平和と安全に対する脅威」であると認定し、制度創設後初めて事態をICCに付託することを決定する決議1593を採択した[33]。同決議では、スーダン政府ならびにダルフールの紛争当事者は裁判所および検察官に「完全に協力する」ことを「要請」ではなく「決定」するという強い文言が用いられている。しかしスーダンはICC規程の締約国ではなく、同規程第12条3項に定められた事前にICCの

管轄権を受諾するという宣言も行っていない。同じくICC規程非締約国であるアメリカは当初、安保理がICCへの付託を行えばICCの存在自体を正統化することになるとして異なる形態での訴追を模索していたが、結局、国際社会の声にあわせる形で妥協し、アルジェリア、ブラジル、中国とともに棄権に回った[34]。

拒否権行使となる反対ではなく棄権という選択をとった理由についてアメリカは、「スーダンにおいて不処罰の風潮に終止符を打つことを国際社会が求めている」こととあわせて、自国民が「捜査や訴追の対象とならないような保護規定」が決議に盛り込まれていることを挙げている[35]。すなわち、決議1593にはアメリカの要請によって、決議1422で示されたようなセーフガード条項が挿入されている。アフリカ連合（AU）諸国にも配慮しつつ、ICC規程の非締約国から派遣された政府当局者や要員は当該派遣国の排他的管轄権に属することを決定するという文言が明記されたのである[36]。

EU加盟国の再びの妥協

一方でアメリカは、「政治的訴追（politicized prosecution）」の可能性があるとして今後もICCには強く反対していくこと、さらに将来においても非締約国の国民に対して管轄権を行使する場合は安保理決議によることを主張している。この決議案を提出したイギリスとアイルランド[37]をはじめとするヨーロッパ諸国は、ICCへの付託がスーダンの紛争に対する「唯一の解決策[38]」であるという意志の下、ICC規範を損なわない決議を目指した。しかし、「決議が採択できず人道法の侵害が処罰されない状態よりは、異なる見解を考慮した決議を採択するほうがはるかに重要である[39]」と考えて、最終的にはアメリカの立場を最大限尊重する決議案を作成するにいたった。

ここでも「共通の立場」に反するEU加盟国の「妥協」をみることができる。EUとしては、「共通の立場」や「枠組み決定」などによってICC規範に対するその積極的関与と推進を世界に示してきた。他方、国際政治、とくにICCに一貫して反対の立場をとってきたアメリカとの関係においては、EUとしての「一体性」を掲げつつも、実際の政策においては揺らぎがみられる。ダルフールの付託問題についてもEU加盟諸国は、セーフガード条項の挿入を「意味あ

る妥協[40]」と位置づけその意義を強調する。しかし、こうした問題を通してICC規範が世界に示される一方で、「管轄権が安保理により管理される裁判所」（Soares［2010］p.85）という側面があることも露呈したのである。

（3）規範の普遍性と規範創造主体の普遍性

CFSPに関しては、「EUは加盟国の自立を最大限維持しつつ相互依存という現実に対応する、という加盟国の要望の制度的表出である」（Allen［2012］p.645）ともいえる。つまりEUを「一体」とみなして、EUが独自の規範を創造し推進していると単純に考えることには注意を要するということである。これまでの議論からもわかるように、一体としての「EU」が普遍的な存在として一貫した普遍的規範を創造し世界を主導するというのは、少なくともICC規範をめぐるEUの規範政治に関するかぎり、現実の精確な描写であるとはいえない。

EUの対外活動を象徴するもののひとつとして「戦略的パートナーシップ」があるが、これに関してもEUの「非一体性」が指摘されている。2010年9月の欧州理事会は、このバイラテラルで締結される戦略的パートナーシップを、「EUと国家レベルとのシナジーが求められる」と指摘して強化する必要性を指摘した[41]。さらにそれを受けたアシュトンEU外務・安全保障政策上級代表は、理事会へ提出した経過報告書のなかで、「加盟国のために欧州対外行動庁が準備すべき「望ましい結果」とは、一般に口にされる「ひとつの声（single voice）」ではなく、27の声によるひとつのメッセージ（one message, twenty-seven voices）である」と指摘している（Allen［2012］p.653）。すなわち裏を返せば、加盟国の声は決して単一になることはないということである。

そうした状況においてもEUは、EUとしての「メッセージ」に「普遍的規範」を織り込み、対内的にも対外的にもみずからの立場や政策の影響力強化と維持をはかっているともいえる。ICC設立への積極的関与は、EUの伝統的な人権外交の重要な一部として位置づけられる（山本［2013］pp.76-77）。しかし、本章でみてきたように、その関与のあり方は、状況によって、また相手によってその態様を変える。ICCは、そうしたEUの規範政治のありようを象徴する

第 13 章　アメリカの譲歩と EU の妥協

ひとつの場となっている。

本章は、科学研究費補助金（特別研究員奨励費）「国際刑事裁判制度を中心とした平和的紛争解決および平和構築に関する研究」の成果の一部である。

注
1 ）「戦争犯罪」は、一般的には戦争に関連するさまざまな犯罪をさす言葉として用いられるが、国際人道法においては「交戦法規または戦争慣例の違反」という特定の意味で用いられる場合があり、後者は「通例の戦争犯罪」という語で言い換えることも多い（たとえば、極東国際軍事裁判憲章第 5 条）。本章では、用語上の混乱を避けるため、後者の意味において用いられる際には、条文などで「戦争犯罪」と書かれている場合でも「通例の戦争犯罪」と表記する。この点についての詳細は、藤田 [2003] などを参照。
2 ）極東国際軍事裁判所憲章にも同様の規定がある（第 1 条、第 5 条）。
3 ）集団殺害罪の防止および処罰に関する条約（A/RES/260（III）A, 9 December 1948）。
4 ）A/RES/260（III）B, 9 December 1948. なおこの決議では、「国際司法裁判所の刑事法廷（a Criminal Chamber of the International Court of Justice）」という用語も使用されており、国連から独立した裁判所が想定されていたかについては定かではない。しかしいずれにしても、個人を国際的に刑事訴追するための機関を創設しようとしていたことは確かであり、普遍的な国際刑事裁判規範を形成しようとする試みの一里塚であると位置づけてよいであろう。
5 ）S/RES/808（1993）, 22 February 1993.
6 ）S/RES/955（1994）, 8 November 1994.
7 ）こうした考え方を属地主義というが、国際法上の国家管轄権の適用基準については、同主義を原則としつつ、海賊行為についてはいずれの国も管轄権を行使することができるとする「普遍主義」や、殺人など重大犯罪については実行者や被害者の国籍等を基準にして管轄権の領域外適用を認める「属人主義」などの考え方も場合に応じて認められている。ただし、いずれも属地主義の例外として個別に位置づけられるものであり、犯罪の「重大さ」が自動的に犯罪行為地国の管轄権を制限しもしくは他国（および国際機構）の管轄権を優越させるわけではない。この問題については、たとえば酒井・寺谷・西村・濱本 [2011] p. 88-95 などを参照。
8 ）*Prosecutor v. Dusco Tadic*, IT-94-1-T, 7 May 1997; IT-94-1-A, 15 July 1999.
9 ）A/Cn.4/L491/Rev.2, 14 July 1994.
10）A/RES/49/53, 17 February 1995.
11）A/RES/50/46, 18 December 1995.
12）*Report of the Preparatory Committee on the Establishment of International Criminal Court*, A/CONF.183/2, 14 April 1998.
13）A/CONF.183/SR.3, paras. 114-115（United Nations [2002] Vol. II, p. 80）.
14）A/CONF.183/SR.3, paras. 100-104（United Nations [2002] Vol. II, p. 79）.
15）A/CONF.183/SR.3, paras. 105-109（United Nations [2002] Vol. II, pp. 80-81）.

16) A/CONF.183/SR.3, paras. 122-125 (United Nations [2002] Vol. II, p. 80).
17) *Council Common Position of 11 June 2001 on the International Criminal Court*, 2001/443/CFSP, OJ L 155/19, 12.6.2001.
18) *Council Common Position of 16 June 2003 on the International Criminal Court*, 2003/444/CFSP, OJ L 150/67, 18.6.2003. この「共通の立場」は 2011 年に理事会決定としてその内容が再確認されている。*Council Decision of 21 March 2011 on the International Criminal Court and repealing Common Position 2003/444/CFSP*, 2011/168/CFSP, OJ L 76/56, 22.3.2011.
19) *Commission Staff Working Document: Comprehensive Monitoring Report on Croatia*, SWD (2012) 338 final, 10 October 2012, para. 4.31.
20) *European Parliament resolution of 17 November 2011 on EU support for the ICC: facing challenges and overcoming difficulties* (2011/2109 (INI)), OJ C 153 E/115, 31.5.2013, para. 40.
21) *Partnership agreement between the members of the African, Caribbean and Pacific Group of States of the one part, and the European Community and its Member States, of the other part, signed in Cotonou on 23 June 2000*. OJ L 317, 15/12/2000.
22) *Agreement amending the Partnership Agreement between the members of the African, Caribbean and Pacific Group of States, of the one part, and the European Community and its Member States, of the other part, signed in Cotonou on 23 June 2000*. OJ L 209, 11/8/2005. 2010 年の再改定（2010/648/EU）により、同項は第 7 項に変更された（OJ L 287, 4/11/2010)。
23) *European Parliament resolution of 17 November 2011 on EU support for the ICC: facing challenges and overcoming difficulties* (2011/2109 (INI)), OJ C 153 E/115, 31.5.2013, paras. 31, 35, 37 and 44.
24) *Ibid.*, para. 36.
25) *Council Framework Decision of 13 June 2002 on the European arrest warrant and surrender procedure between member states*, 2002/584/JHA, OJ L 190, 18/7/2002.
26) この問題は、国際刑事法および国家間の刑事司法協力における双方可罰性の原則からの「離脱」として注目されている（北村 [2013] 参照）。
27) *Act Amending the Information-Society Service Act, the Penal Code, the Code of Criminal Procedure, the Code of Criminal Procedure Implementation Act, the State Secrets Act and the Code of Misdemeanour Procedures*, adopted 28 June 2004, promulgated by Decision No 676 of the President of Republic on July 2004, §491 (http://ec.europa.eu/internal_market/media/docs/elecpay/natimpl/estonia/estonia_28062004_en.pdf).
28) S/RES/1422, 12 July 2002.
29) S/PV.4568, 10 July 2002, pp. 9-10.
30) *Ibid.*, pp. 7-9
31) フランス代表の発言（*Ibid.*, p. 11)。
32) 翌年この決議は更新された（S/RES/1487, 12 June 2003)。しかしその後は、アメリカの対イラク政策に対する批判の高まりや、決議の成立を阻むことのできる拒否権行使をフラ

ンスが示唆したこともあり再更新されることはなかった (Soares [2010] p.84)。
33) S/RES/1593, 31 March 2005.
34) S/PV.5158, 31 March 2005, p.3.
35) *Ibid.*
36) S/RES/1593, 31 March 2005, para.6.
37) S/2005/218, 31 March 2005.
38) フランス代表の発言 (S/PV.5158, 31 March 2005, p.8)。
39) ギリシャ代表の発言 (*Ibid.*, p.9)。
40) デンマーク代表の発言 (*Ibid.*, p.6)。
41) *European Council Conclusions*, 16 September 2010, EUCO 21/1/10, REV 1, CO EUR 16, CONCL 3.

参考文献

Allen, David [2012] "The Common Foreign and Security Policy", in Erik Jones, Anand Menon and Stephen Weatherill (eds.), *The Oxford Handbook of the European Union*, Oxford University Press, pp.643-658.

Ambos, Kai [2013] *Treatise on International Criminal Law: Volume I: Foundations and General Part*, Oxford University Press.

Cassese, Antonio [1999] "The Structure of the International Criminal Court: Some Preliminary Reflections", *European Journal of International Law*, Vol.10, No.1, pp.144-171.

───── [2003] *International Criminal Law*, Oxford University Press.

Cini, Michelle and Nieves Pérez-Solórzano Borragán (eds.) [2010] *European Union Politics*, Oxford University Press.

de Búrca, Gráinne [2013] "EU External Relations: The Governance Mode of Foreign Policy", in Bart van Voore, Steven Blockmans and Jan Wouters (eds.), *The EU's Role in Global Governance: The Legal Dimension*, Oxford University Press, pp.39-58.

Hiller, Tim [1998] *Sourcebook on Public International Law*, Cavendish.

Kirsch, Philippe and John T. Holms [1999] "The Rome Conference on an International Criminal Court: The Negotiating Process", *American Journal of International Law*, Vol.93, No.2, pp.2-12.

Lavenex, Sandra and Frank Schummerlfennig (eds.) [2010] *EU External Governance: Projecting EU Rules beyond Membership*, Routledge.

Schabas, William A. [2001] *An Introduction to the International Criminal Court*, Cambridge University Press.

Soares, Patrícia Pinto [2010] *The ICC at Eight: Assessing US Policy and International Criminal Law: Reciprocal Influences*, Center for Transatlantic Relations, SAIS John Hopkins University.

Strapatsas, Nicolaos [2002] "The European Union and Its Contribution to the Develop-

ment of the International Criminal Court", *Revue de droit de l'Université de Sherbrook*, Vol. 33, pp. 399-424.
United Nations [2002] *Official Records of the United Nations Diplomatic Conference of Plenipotentiaries on the Establishment of the International Criminal Court, Rome, 5 June - 17 July 1998*, Volume I: Final Documents; Volume II: Summary Records of the Plenary Meetings and the Meetings of the Committee of the Whole; Volume III: Reports and other Documents, United Nations.
Washburn, John [1999] "The Negotiation of the Rome Statute for the International Criminal Court and International Lawmaking in the 21st Century", *Pace International Law Review*, Vol. 11, No. 2, pp. 361-377.

遠藤乾［2013］『統合の終焉――EUの実像と論理』岩波書店。
遠藤乾・鈴木一人編［2012］『EUの規制力』日本経済評論社。
大沼保昭［2005］『国際法――はじめて学ぶ人のための』東信堂。
北村泰三［2013］「ヨーロッパ諸国間における犯罪人引渡法制現代的変容（２）――効率性と人権原則との調和・両立を目指して」『中央ロー・ジャーナル』第10巻1号、63-117頁。
酒井啓亘・寺谷広司・西村弓・濵本正太郎［2011］『国際法』有斐閣。
庄司克宏［2013］『新EU法　基礎篇』岩波書店。
藤田久一［2003］『国際人道法　新版再増補』有信堂。
村井伸行［2009］「国際刑事裁判所（ICC）によるバシール・スーダン大統領の逮捕状の発行及び逮捕・引渡請求の送付に関する法的検討」『外務省調査月報』No. 2、31-61頁。
山本直［2013］「グローバル世界の中のEU人権外交――発現・源泉・制約」日本EU学会編『グローバルアクターとしてのEU（日本EU学会年報）』第33号、有斐閣、74-98頁。
山本草二［1991］『国際刑事法』三省堂。

第14章
EU の文民的危機管理政策
——ソーセージと EU の文民的危機管理政策がどう作られるかを
知る人は、もはやぐっすりと眠ることはできない

小林正英

　「EU の文民的危機管理政策」と聞いて、どのようなイメージを抱くだろうか。「EU は二度と戦争のないヨーロッパを実現するための平和的な統合プロジェクトであり、その理念を世界に広げるための安全保障政策も、非軍事的手段を中心に据えた理想的かつ画期的なものなんだな」といったところだろうか？残念ながら、話はそう単純ではない。
　以下では、まず EU の文民的危機管理政策の概要を整理したのち、文民的危機管理政策が含まれる EU の安全保障政策と規範の問題について検討し、そして実際の文民的危機管理政策の生い立ちと、そこに働いた生々しい政治力学を学んでみることにしよう。本章ではあえて結論めいたことを押しつけることはしない。安全保障政策において規範とどう向き合ったらよいか、EU の安全保障政策においてはどうか、特に文民的安全保障政策においてはどうなのか、考えるきっかけにしてもらえればよい。

1. 文民的危機管理とはなにか

（1）文民的危機管理とは

　文民的危機管理とは、危機管理における文民的側面である。紛争などの際には、もちろん軍事的対応が必要となることが多い。しかしながら、特に冷戦後の地域紛争や内戦、テロや組織犯罪といった新たな脅威に際しては、紛争対応、

291

第Ⅲ部　対外関係の規範政治

紛争後の対応および紛争予防に際して、文民的手段が必要とされることも多い。警察、法の支配の強化、文民行政および文民保護の強化といった対応を通じて、危機管理における文民的側面を担うのが、文民的危機管理である。

　2014年夏の時点で、EUとして11の文民ミッションを展開中であり、すでに完了した文民ミッションも10にのぼる（他方、軍事ミッションはそれぞれ5である）。また、派遣可能な警察官は5000名（うち1400名は30日以内に派遣可能）、法の支配強化要員（検察官や判事など）は300名、文民保護要員は2000名以上とされている。

（2）EUの文民的危機管理政策の位置づけ

　EUの文民的危機管理政策は、EUの共通外交安全保障政策（CFSP）の一環としての共通安全保障防衛政策（CSDP）に含まれるものである。したがって、まずはCFSP全体の基本的なあり方を理解する必要がある。CSDPを含むCFSPは、リスボン条約によってEU全体が原則として超国家的に運営されることとなったのちも、例外として政府間主義的に運営されている。つまり、欧州委員会の権限によってではなく、あくまでもEU加盟各国代表の議論と合意によって展開されるのである。EU加盟各国による決定は、首脳級で構成される欧州首脳理事会と、閣僚級で構成される外務理事会を通じて行われる。外務理事会での決定を支援するのが、大使級で構成される政治・安全保障委員会（PSC）である。

（3）CFSPの意思決定過程

　CFSPの意思決定過程は、欧州首脳理事会が決定した基本的方針に従って外務理事会が具体的決定を行い、現場の活動をPSCが監督する、というものになる。ただし、CSDPにおける危機対応などは、特に問題解決型の対応を迫られることも多いので、現場の情勢を把握しているPSCから情報が外務理事会にあげられ、欧州首脳理事会での議論を視野に入れながら外務理事会で決定が採択されて実際の活動が展開されていく、というボトムアップ的な流れもあり

うる。PSC を参謀的に補佐するのが、軍事的には EU 軍事委員会（EUMC）、文民的な側面に関しては文民的危機管理委員会（CIVCOM）である。EU 軍事委員会は加盟各国の参謀総長から、文民的危機管理委員会は専門家から、それぞれ構成される。PSC は、これらの助言を得ながら、外務理事会の議論の準備を行う。

（4）欧州首脳理事会常任議長と CFSP 上級代表

　CFSP における意思決定支援には、以上のような純"政府間主義的"な構造に加えて、"共同体的"な構造も加えられている。欧州首脳理事会と外務理事会の議長は、それぞれ常任職として欧州首脳理事会常任議長（通称「EU 大統領」、第 4 章参照）と CFSP 上級代表（以下、上級代表と略）が任命される。両職の任命は、ともに欧州首脳理事会による。上級代表が特殊であるのは、欧州委員会の副委員長を兼ねるとともに、EU の欧州対外行動庁（EEAS）の長でもあることである。つまり、閣僚理事会の側の立場と、欧州委員会側の立場を兼ね備えているのである。

　上級代表を支える欧州対外行動庁内には、戦略企画部門として、軍事的には EU 軍事幕僚部（EUMS）、文民的には文民的企画・実施能力（CPCC）、そして民軍的な危機管理を担う危機管理・企画局（CMPD）が設置されている。これらはすべて欧州対外行動庁内で上級代表の権限の下にあるものの、文民的企画・実施能力と危機管理・企画局は PSC の、そして EU 軍事幕僚部は EU 軍事委員会の指示に従うこととされており、組織構成は錯綜的な状況にある。

　以上、CFSP の基本的なしくみと構造を概観してきた。CFSP は EU の意思決定過程のなかでも最も複雑なもののひとつで、なおかつ現在でも統合過程が活火山のようにうごめいている政策分野であるので、詳細な把握はなかなか難しい。ここでは、最低限、基本的に外務理事会が意思決定を行い、欧州対外行動庁がそれを支えるという全体像と、その扇の要の位置に置かれた上級代表の存在、そのなかで軍事部門と文民的危機管理部門が並列的な構造になっていることが理解できれば十分である。

2．EU 安全保障政策の規範志向性の現在

(1) 安全保障における規範論としての正戦論

正戦論とは

　まずは安全保障と規範について考えてみよう。実は、安全保障論には、規範についての議論の蓄積がある。正戦論である。

　古代から現代に至るまで、戦争と平和は人類社会のテーマであり続けている。特に戦争について、戦争は絶対に許されないという立場も、最終的に戦争に訴える自由は束縛されないという立場も、ともに長い歴史を生き抜いてきた。この長い歴史のなか、これら両極の立場をともに排する中庸として論じられてきたのが正戦論であり、戦争と規範の議論である。すなわち、実力行使がなくならない、あるいはなくせないのだとしたら、それはどのように制御されればよいのかという議論である。これは、必然的に規範的視点を持つ。

開戦法規と交戦法規

　戦争と規範の議論は、一般に開戦法規と交戦法規に分けて考えられる。すなわち、「(やむをえずに行う) 戦争の正しさ」のあり方と、「(やむをえずにはじまってしまった) 戦争における正しさ」のあり方である。開戦法規としては、「1．正しい理由の存在、2．正統な政治的権威による戦争の発動、3．正当な意図や目的の存在、4．最後の手段としての軍事力の行使、5．達成すべき目的や除去すべき悪との釣り合い」といった五つの条件があるとされ、交戦法規では「1．戦闘員と非戦闘員の区別 (差別原則)、2．戦争手段と目的の釣り合い (釣り合い原則)、つまり不必要な暴力の禁止」が条件とされる (木村 [2003] p.111)。前者は、例えば自衛のための戦争は許されるといった議論であり、後者は、例えば無差別大量破壊兵器は使用してはならないといった議論である。正戦論に準拠した力の行使は、一般に警察力としてのそれに近づくといえる。

無差別戦争観と非無差別戦争観

　戦争と規範の議論には、これに加えて、無差別戦争観をめぐる議論がある。そもそも、前段で言及されたような"正しさ"は判定可能なのかという議論であり、可能であるとすれば正戦論が成立するが、不可能であるとすれば正戦論は成立しえない。現代の国際社会は、主権国家システムであると理解されている。ここから「国家は平等であり独立であって、相互に裁判官たりえないものであるから、疑わしい場合においては、すべて双方によって遂行される戦争は、少なくともその外部的効果に関し、かつ、正否が決定されるまでは、平等に合法的なものと見なされなければならない」(佐藤 [2006] p.237) との立場に立つのが無差別戦争観である。ただし、この考え方を反転させ、一律にすべての戦争を禁止する立場もありうる。前者は近代にみられたもので、後者は第二次大戦後に国連においてみられる基本的な立場と理解すればよい (国連憲章第1章2条3項および4項)。

　他方、この価値的な"正しさ"を、判定しうるとするのが、非無差別戦争観である。これは、手続き的な"正しさ"を超えた、根源的な"正しさ"(あるいは"正しくなさ")を判定しうるとする考え方である。主権国家システム成立以前のヨーロッパにおける十字軍の"正しさ"や、現代の人道的介入をめぐる議論が念頭に置く"正しさ"がこれにあたる (臼井 [2013] p.272)。あるいは、"正しさ"の基準こそ明示していないが、国連憲章第7章にみられるように、安保理の授権によって強制措置を正当化しうるしくみであると考えれば、国連安全保障システムも非無差別戦争観の立場に立つと、とらえられなくもない。

(2) CSDPと規範

　以上の正戦論における議論をふまえ、CSDPと規範について考えてみよう。その際、条約などのEUの文書とともに、初代上級代表であったハビエル・ソラナと、彼の後任となったキャサリン・アシュトンのスピーチをつぶさに読み込んでみることにしよう。

CSDPでEUが掲げる価値

　まず、CSDPにおいてEUが掲げている価値は民主主義、法の支配、人権および基本的自由の普遍的な有効性および不可分性、人間の尊厳の尊重、平等の原則、連帯の原則とされる（EU条約第21条1項）。また同項には前述の内容に続き、手続き的な正しさと解釈できる、国連憲章および国際法の諸原則の尊重が述べられている。EUの安全保障政策上の基本文書ともいえる欧州安全保障戦略は、伝統的な安全保障戦略文書の体裁にならい、脅威認識とそれへの対応という構成になっており、特段に個別的な価値については記述されていない。

上級代表の基本姿勢

　次に、歴代上級代表のスピーチを確認すると、まず、ソラナは、驚くほどに価値について言及しない。1999年にNATO事務総長から転身してきたソラナは、NATO時代にみずからが手がけた旧ユーゴ紛争の宿題を強く意識し、すでにそこにある課題に取り組むために、どのような能力が必要かということを述べることが多く、非常に実務的・実際的である。他方で、手続き的な正しさについては繰り返し言及がみられる。そしてそのなかで、間接的に価値について言及するのである。例えば、「国連憲章および他の国際レジームや諸条約に結実している基本的な価値」といったようにである（Solana [2003]）。

　他方でアシュトンは直接的に価値について言及する。特に法の支配を確立することによって得られる「深い民主主義（deep democracy）」という言い回しは独特なものである（Ashton [2011]）。そして、価値の側面をEUの対外政策に織り込んでいく、としている（「われわれはまた、われわれの価値と人権を促進しなければならない。わたしは、これを、われわれの対外政策のすべてを貫く銀の糸と呼んでいる」（Ashton [2013]））。

　あえて手続き的な"正しさ"や価値的な"正しさ"について言及していることからも推測されるように、両上級代表は手段としての非軍事性に拘泥しない。特に、ソラナには、軍事的手段について、"最後の手段"としたうえで、あえて言及する言説が何回かみられる。

CSDPと正戦論の親和性

　安全保障における規範論としての正戦論を参照しながら歴代上級代表のスピーチを通じてCSDPについてみた場合、以下のことがいえる。まず、CSDPは、文民的危機管理政策を内包しているとはいえ、絶対的平和主義の立場はとらない。また、戦争是認型はもちろんのこと、非戦型であっても、無差別戦争観の立場をとるものでもない。CSDPが規範に対してとる態度は、現代の人道的介入をめぐる議論、特に"保護する責任"論にみられる趨勢同様、価値と手続きを尊重した差別戦争観、すなわち正戦論の規範に準拠する。この背景には、最終的な自衛権を担保する各加盟国と、EU加盟国の大半が集団的自衛権を担保する枠組みであるNATO双方との棲み分けを図りつつ、それでもヨーロッパ統合過程の必然として安全保障分野に足を踏み入れようとする、EUの「中二階」的な安全保障主体としての立ち位置もあるのではないだろうか。

（3）規範パワー？

規範パワー論とは

　以上、安全保障論一般およびEUの安全保障政策と規範について検討してきた。これに加えて、EUと規範をめぐる議論には、規範パワー論がある（第2章参照）。これは、EUを「より公正で、よりコスモポリタンな世界を通常化する能力」である規範パワーとしてとらえる視点である（東野［2010］p.74）。狭義の（国）益を超えて価値目標を追求するとともに、その際に強制手段は最大限使用しない、あるいはすべきでないEUの姿を描出しようとするものである。この議論に照らして、アシュトンのスピーチには興味深い言い回しがある。

アシュトンのスピーチにみる規範パワー論との親和性

　アシュトンは、まず世界で実現されるべき原則として協力、主権、民主主義と安定の四つをあげる。そのうえで、その共通の基盤としての法の支配に着目する。そしてそれをどのように実現するかとの問いを立て、次のように述べるのである。

まず、EUは明らかに国家でも伝統的な軍事的パワーでもありません。軍艦や爆撃機を差し向けたりしないし、侵略や植民地化もできないのです。〔……〕EUの強みは、逆説的ですが、その重みを押しつけることができないところにあります。その影響力は、民主主義、開発、法の支配を支援することに無関心であるところから生じているのです。EUは、誠実な仲介者、しかしながら外交、援助、多大なる経験に裏打ちされた誠実な仲介者たりえるのです。〔……〕つまり、EUはハード・エッジを備えたソフト・パワーなのです。それは、単に模範を示し、われわれの価値を促進する以上のパワーです。そしてEUの意志を強制するまでには至らないパワーです。〔……〕われわれが提供できるのは、特別なものです。ポスト帝国主義時代におけるポスト帝国主義的パートナーシップなのです。(Ashton [2011])

これは一見、非常に複雑な言説である。しかし、規範パワー論を補助線に引くと、非常にわかりやすくもある。まさに規範パワー論が描くEU像そのものだからである。

3．EU文民的危機管理政策構築の政治力学

(1) 文民的危機管理政策の導入をめぐって——1999年

最後に、実際のEU文民的危機管理政策の形成過程に働いた政治力学の検討を通じて、この政策の規範志向性について考察することにしよう。

アナ・リンドという政治家

EUの文民的危機管理政策導入を主導したのは、冷戦終焉後の1995年にEU加盟を果たしたスウェーデンとフィンランドという、中立政策を採用する北欧両国、特にスウェーデンであり、なかでもアナ・リンド外相である。彼女は、叩き上げの社民党政治家であり、1998年から外相を務め、次期首相との呼び声も高かった。親EU派であり、2003年9月11日に暗殺されたのは、ユーロ導入をめぐる国民投票のキャンペーンで賛成派として活発に活動していた最中で

あった（結局、その国民投票でユーロ導入は否決された）。死後、彼女の名を冠した基金が設立され、異文化理解の促進のための活動を支援している。

1999年前半——文民的危機管理政策導入をめぐるたたかい

　リンドがEUの文民的危機管理政策導入に際して力を発揮したのは、1999年であった。同年5月のアムステルダム条約発効を受け、EU各国はCFSPの軍事的側面の整備を急いでいた。これに"待った"をかけたのである。1995年から1997年にかけてアムステルダム条約の交渉が行われた際には、北欧両国は、「ペータースベルク任務」（人道支援における軍の活用などの、いわゆる戦争外任務）をEUの任務に含めることは容認しつつも、EUの"軍事化"、すなわちEU自体が軍事的資源を企画、組織および利用する能力を構築することは回避されるべきと主張し、これを認めさせていた（必要な場合には、EUは他の軍事機構の能力を活用してオペレーションを行うこととされた）。しかし、1999年にアムステルダム条約がいよいよ発効する段になると、1990年代中盤のボスニア紛争の教訓の学習や、1998年以降のコソヴォ紛争の顕在化により、EUの軍事的役割の強化があらためて議論されるようになった。特に、1998年の英仏首脳会談での合意（サン・マロ宣言）を経て、EU"軍事化"慎重派と目されてきたイギリスが積極派に転じると、この方向性はもはや押しとどめきれなくなった。

　この流れのなかでリンドによって模索されたのが、CSDPに文民的危機管理の側面を構築することで、"軍事化"をバランスする戦略であった。リンドは、"軍事化"への強硬な抵抗を続け、1999年前半の議長国を務めたドイツのヨシュカ・フィッシャー外相から、EU脱退勧告すらちらつかされていた。それでも、リンドの交渉努力の結果、最終的には1999年6月のケルン欧州首脳理事会での議長総括に、非軍事的安全保障条項が挿入されることとなったのである。また、集団防衛条項をEUに持たせないようにすることにも成功した。

1999年後半——文民的危機管理政策のための機構整備をめぐるたたかい

　6月のケルン欧州首脳理事会での大枠合意を経て、12月のヘルシンキ欧州首脳理事会では具体的な機構整備についての議論が行われた。ここでも、リンドは文民的危機管理政策の構築を推進していく。リンドは当初、軍人のみから

構成されるEU軍事委員会が設立されてEUが「軍事化」したという印象をあたえることを避けるべく、民軍両面のスタッフから構成される「ペータースベルク委員会」を設立することを主張していた。しかしながら、この提案はフィンランド以外に支持を広げられず、最終的に政治・安全保障委員会の下にEU軍事委員会が設立されたが、これと並列的に文民的危機管理委員会が設置された。このように、政治・安全保障委員会を頂点として軍民両面に均衡のとれた機関配置となったのは、リンドの交渉努力によるところが大きい。ヘルシンキ欧州首脳理事会でリンドがこの提案をまとめたのは、ジャック・シラク仏大統領が会場を離れた20分の隙をついた早業だった。

　リンドがここまでEUの"軍事化"を警戒した背景には、何があったのだろうか。まず、スウェーデンの中立政策があったのは当然であろう。しかし、さらに興味深い指摘として、隣国でありロシアとの緩衝地帯でもあるバルト三国のEU加盟をロシアに警戒されずに進めるためだったともされている。1999年までの文民的危機管理の発展過程は、このように、良くも悪くもEU内の加盟国間政治によってかたちづくられていった。

（2）EU内政治力学（欧州委員会と閣僚理事会と欧州議会）

理解のひろがりと争奪戦

　1999年以後しばらくの文民的危機管理政策の発展は、EU内の欧州委員会と閣僚理事会の間の縄張り争いを引き起こすこととなった。これは、ある意味で逆説的なものであった。

　というのも、この時期、特にスウェーデン政府による規範の浸透努力によって、EU加盟国政府や欧州委員会、閣僚理事会事務局に文民的危機管理の理念の共有が進んだと指摘されているからである。また、1999年から2000年にかけて、EUの主要国や各部局間にも、理解は広がっていったとされる。結果、EUの文民的危機管理政策にはEU内の様々なアクターが入り乱れ、時に衝突を起こしたのである。

閣僚理事会と欧州委員会の争いと欧州議会の参戦──グレイ・エリアをめぐって

　実際、2005年2月に、アフリカにおける小型武器対策支援に関して、欧州委員会が理事会を欧州司法裁判所に提訴するという事態が発生したことは注目を集めた。安全保障政策と開発政策のグレイ・エリアをめぐる閣僚理事会と欧州委員会の争いであったが、最終的に2008年5月の欧州司法裁判所判決によって欧州委員会側の勝利に終わった。

　欧州委員会と閣僚理事会の争いに欧州議会まで加わったのが、欧州委員会による緊急対応措置設立をめぐる問題であった。欧州委員会による緊急対応措置とは、紛争などの緊急時に、人道支援などの措置を迅速に行うための予算措置のことを指す。当初、1999年のヘルシンキ欧州首脳理事会での決定を受けて、2001年に当時の議長国スウェーデンのもとで、緊急対応メカニズム（RRM）として設立された。緊急対応メカニズムは、欧州委員会による文民的安全保障に関する最大6カ月間の緊急対応措置の実施を可能にする予算措置であった。緊急対応メカニズムは、2006年までの時限措置であったため、2007年より安定支援措置（IfS）に引き継がれた。しかし、当初、この安定支援措置への継承の過程で、欧州委員会が平和維持や平和構築をその対象に含めるなどの変更・拡大を提案し、結果として欧州委員会と閣僚理事会の意見対立と、その過程で欧州議会までもが議論に割って入ることとなったのである。なお、安定支援措置も2013年末までの時限措置であり、2014年からは平和・安定支援措置（IcSP）と改称されたが、これは実質的な変化というよりも、名称に"平和"を含めてほしいという欧州議会からの要請に応じたものとされている。

（3）EU内政治力学（文民部門と軍事部門）

　EU内に、純軍事的でもなく、純文民的でもない、民軍融合的な能力を構築する試みもまた、生々しい政治的駆け引きの産物である。

民軍班──軍事部門と文民部門のインターフェース

　EU内の民軍的能力としては、EU軍事幕僚部内に設置されている民軍班（CCM）がある。一般のPKOでも、軍事部門と文民部門のインターフェースが

必要となる場合があるが、対象は外部・現地の民間機関・勢力であることが多い。ところが、EUの場合には、当初から自己完結的に民軍融合型の活動を目指すがゆえに、そのような対外的なインターフェースとしての機能のみならず、EU内部で、主に文民的手段・支援を司る欧州委員会と軍事的手段を司る閣僚理事会の間の摩擦が生じるのである。これを担う中心的存在が民軍班である。

民軍班設置までの政治力学

　民軍班設置に関する議論の出発点は、イラクへの武力行使をめぐる2003年から2004年にかけての米欧論争のなかで提起された、ヨーロッパの自律的軍事活動能力を構築しようという動きであった。これは、集団防衛までを視野に入れ、参謀本部と実動部隊を備えた欧州安全保障・防衛連合（ESDU）を構築しようとする仏独ベルギー・ルクセンブルグ4ヵ国主導の構想であった。しかし、NATO・EU内の「大西洋派」諸国の抵抗にあい、実現しなかった。実現しなかった欧州安全保障・防衛連合構想は、リスボン条約のなかに、様々なかたちでその残滓をとどめることとなった。そのひとつが、民軍班である。民軍班は、EU軍事司令部設立構想の亡霊なのである。

民軍班のニッチな、しかし手堅い立ち位置

　このような数奇な運命をたどって設立された民軍班は、あくまでもEU軍事司令部ではない。EUの軍事的・文民的ESDPオペレーションの計画立案と活動実施能力生成の責任を負うのみであり、常設の司令部機能は保有しない。

　民軍班は何重もの消去法のうえにようやく立ち位置を見つけた非常にニッチな存在として生まれた。すなわち、危機が発生した場合、まず各国がNATOとして対応することを選択しなかったときで、さらにはEUとしてNATOの装備や人員を用いて対応することも選択されず、加えてEUが加盟各国軍の個別司令部を活用して対応することも選択しなかった場合、ようやく民軍班に「お鉢が回ってくる」のである。ただし、この三つの消去法的条件は、民軍両面の能力を必要とする場合には、自動的にクリアされるものでもある。

民軍班の運用

民軍班は、最終的に2005年5月10日にEU軍事幕僚部内に設立された。構成員には連絡要員として2名の委員会代表者を含み、それによって欧州委員会と閣僚理事会の、そして軍事部門と文民的部門の調整を体現している。2005年9月15日から公式に開始されたインドネシアにおけるEUのアチェ監視ミッション（AMM）では、調査団派遣の段階から民軍班は完全に関与し、軍事的知見を活用しながら文民ミッションとして実施されたアチェ監視ミッションの展開に貢献した。また、コンゴ民主共和国で武装解除・動員解除及び社会復帰を支援するミッション（EUSEC RD Congo）やダルフールにおけるアフリカ連合支援ミッション（Support for AMIS）にも、民軍班は関与した。

（4）EU内政治力学（欧州対外行動庁設立をめぐる混乱）

リスボン条約発効と欧州対外行動庁設立

2009年にリスボン条約が発効すると、欧州首脳理事会常任議長とCFSP上級代表兼欧州委員会副委員長のポストが設置され、後者にはアシュトンが着任した。アシュトンの下で欧州対外行動庁が設立され、いよいよ欧州委員会と閣僚理事会に分かれていたEUとしての民軍CFSP関連部局が1カ所にまとめられることとなった。しかしながら、当初はかなりの混乱がみられた。

欧州対外行動庁設立をめぐる混乱

まず、欧州対外行動庁には、欧州委員会から引き継いだ担当地域ごとの部局と閣僚理事会から引き継いだ機能ごとの部局が併存し、一種の二重構造となった。結果、活動によって予算の仕組みが全く違うという複雑な状況が出現した。

さらに、閣僚理事会の下に置かれていた軍事戦略を担う部局と文民的危機管理を担う部局を統合して、民軍融合的な戦略部局を創設することが目指されたが、その結果として設立されることになった危機管理・企画局を閣僚理事会の下にとどめようとしたフランスと、欧州対外行動庁に移設しようとしたフィンランドの間で綱引きとなった。結果、フィンランドの要望通りに欧州対外行動庁に移設しつつ、局長ポストをフランスが得るという妥協が成立したものの、

そのようにして"押し込まれた"局長は能力的にも関係的にも問題を抱え、結局1年半で交代するというドタバタぶりであった。

　加えて、このような問題を取り仕切るべき上級代表アシュトンの業務量は、遂行不能な量に達していた。シャトル外交をこなすかたわら外務理事会議長を務め、同時に欧州委員会副委員長としての職務も果たしながら欧州対外行動庁の立ち上げと運営も切り盛りする、というものだったからである。アシュトンが着任後最初の3カ月間に出席した会合は、閣僚会合だけで46にのぼったとされる。そのような状況のなかで、足元での軍事部門と文民部門の文化的摩擦や、大国と小国の方向性の違いなどに対応していかなければならなかった。

欧州対外行動庁の麻痺？

　このような欧州対外行動庁の麻痺状況を物語るデータがある。実は、2008年12月にアタランタ作戦（EUNAVFOR Somalia）が開始されてから、2012年7月にニジェールでの能力構築支援ミッション（EUCAP Sahel Niger）が開始されるまでの3年半の間、言い換えればリスボン条約が発効してからの3年半、新たに展開開始されたCFSPミッションが、わずか一つにとどまったのである。

　CSDPミッションは、約10年間で約30を数えるまでになっているので、単純計算で1年あたり3前後のミッションが展開開始されていることになる。それが、リスボン条約発効直前から、ぱたりと新規ミッションの展開が止まり、長い停滞期間に入ったのである。国際情勢としては"アラブの春"が吹き荒れていた時期なので、ヨーロッパ周辺が平穏無事であったわけではないこの時期に、CFSPは"眠って"いたことになる。

　実際、リビアEU部隊（EUFOR Libya）は、2011年4月に閣僚理事会で合意されたにもかかわらず、最終的に実施されることはなかった。直接的な原因はこの合意が前提とした国連人道支援局（OCHA）からの派遣要請がなかったためであるが、上級代表のリーダーシップの欠如、作戦概念をめぐって実際に部隊を拠出することとなっていたスウェーデンが反対したこと、各国間の方向性の不一致、EUリーダーシップの連携不足（欧州首脳理事会常任議長と上級代表と欧州委員会委員長はバラバラに声明を出した）、創設期の欧州対外行動庁をめぐる様々な混乱、軍事的活動と文民的活動の間の重点の置き方が定まらなかった

こと、などが背景にあったとされる。

（4）包括的アプローチをめぐる問題

包括的アプローチとは

　2011年以降のCSDPには新たな展開がみられる。それが包括的アプローチである。すなわち、一般に様々な政策手段や政策主体が一体的に問題に取り組むアプローチである。EUの場合には、従来、同一の問題あるいは同一の地域に対し、欧州委員会各部門、欧州委員会と閣僚理事会、文民と軍などがバラバラに対処していたものを、欧州対外行動庁設立を契機としてパッケージ化して対応しようとするもので、単一の戦略文書を採択し、その下に各種の活動を「ぶら下げていく」手法がとられる。これまで、ソマリア沖海賊問題を主眼としてのアフリカの角地域と、サヘル地域を対象として実現されている。

アフリカの角地域とサヘル地域における実践

　2008年11月、EUは初の海上CSDPミッションであるアタランタ作戦を開始した。続いて、2010年4月にはソマリア軍兵士の訓練プログラム（EUTM Somalia）を開始した。2012年7月には同地域の沿岸警備能力の訓練プログラム（EUCAP NESTOR）を開始している。これら三つの活動のほか、欧州委員会はコトヌー協定に基づいて開発支援、政治対話、通商関係、人道支援などを実施しており、関連の部局がすべて関わっている。また、予算的にも、軍事的CSDPオペレーションについては各国の拠出、文民的CSDPオペレーションについては安定支援措置、そして開発支援に関しては欧州開発基金（EDF）といったように多岐にわたる。これらすべての活動を束ねるものとして、2011年11月に理事会は「アフリカの角に向けた戦略枠組み」文書を採択した。

　サヘル地域では、2011年3月に「サヘルでの安全と開発に関する戦略」文書を採択している。2012年7月にニジェールでの能力構築支援ミッションを開始し、2013年2月にマリでの訓練ミッション（EUTM Mali）を開始している。

包括的アプローチと政治的中立性

　包括的アプローチの試みは非常に興味深いものだが、評価にはまだ早い。ただし、現時点ですでに政治的中立性をめぐる摩擦が生じていることは指摘されている。すなわち、一定の価値、換言すれば戦略的達成目標を掲げる CSDP のなかに、政治的中立性を重視する人道支援部門が包摂されてしまうことの問題である。結果、これまでのところ、人道支援部門は包括的アプローチから独立した行動をとっている。しかしながら、縦割りや非効率を脱するためにも今後ますます EU が包括的アプローチの手法を取り、CSDP 全体に価値の次元を付加していくにつれて、この問題は摩擦を強めていく可能性がある。

4．文民的危機管理政策の（非）規範性──まとめにかえて

　以上、EU の文民的危機管理政策の規範との距離について概観してきた。ここでひとこと、本章冒頭の問いかけについて、コメントしておきたい。EU の文民的危機管理政策は、ヨーロッパ統合の神話的出自から生み出されたものでもなければ、理想の世界像を指し示す模範でもない。その導入過程にも、実際のありようにも、生々しい政治力学がうずまいている。
　EU の文民的危機管理政策が、どのように規範的であり、どのように規範的ではないか、あるいは今後どのように規範性とつきあっていくべきか、そこから何が学べるかなどについて、ぜひ、醒めた頭で考えてみてほしい。

参考文献

Solana, Javier [2003] "On the Occasion of the Award of the 'Honoris Causa' Doctorate in Social Science, University of Wroclaw", October 2.
Ashton, Catherine [2011] "A World Built on Co-Operation, Sovereignty, Democracy and Stability", speech at Corvinus University, Budapest, February 25.
Ashton, Catherine [2013] "Speech at Forum Nueva Economia (Madrid)", June 13.

臼井陽一郎 [2013]「国連の規範枠組みと EU の平和活動」松尾秀哉・臼井陽一郎編『紛争と和解の政治学』ナカニシヤ出版、270-286 頁。
木村正俊 [2003]「正戦と聖戦」小林正弥編『戦争批判の公共哲学』勁草書房、109-131 頁。
小林正英 [2011]「EU 文民的安全保障政策の成立と発展」『法学研究』第 84 巻 1 号（田中俊郎教授退職記念号）、303-337 頁。

佐藤哲夫［2006］「国際法から見た「正しい戦争」とは何か」山内進編『「正しい戦争」という思想』勁草書房、233-261 頁。
東野篤子［2010］「「規範的パワー」としての EU をめぐる研究動向についての一考察」森井裕一編『地域統合とグローバル秩序』信山社、69-88 頁。

コラム⑧
ウクライナ危機は"西側の責任"か？
―― 国際社会の EU に対する注目、期待、理解

東野篤子

> 欧米社会は自らの普遍的価値観は絶対不動であり、どこでも適用され、ほかの価値観は間違っているとの強硬な立場で、ロシア側の主張をほとんど理解しなかった。これに対し、ロシア側は欧米価値観の普遍性に疑義を呈し、自らの主張が受け入れられないことにイライラし、粗暴な態度をとった。(石郷岡 [2014] p.14)

「ベルリンの壁崩壊以降、最大の脅威」（バローゾ欧州委員会委員長）であるとされてきたウクライナ危機は、依然として収束の兆しをみせていない。ロシアによるクリミアの編入は、力による現状の変更が 21 世紀の世界で強行されたという衝撃的な事件であり、国際社会から大きな非難を浴びたものの、クリミアがウクライナに戻される可能性はもはや限りなく低くなっている。また、激戦地となったウクライナ東部をめぐっては、2014 年 9 月と 2015 年 2 月の 2 度にわたって停戦合意が成立したものの、停戦が機能しているとは言い難い状況となっている。

EU はこの一連の問題に対し、重大な懸念を抱き続けてきた。ウクライナは、EU の東方拡大を契機に EU 加盟国と国境を接しており、EU にとって同国の安定化は、EU 自らの平和と安定と切っても切り離せない。このため EU は、ウクライナを EU の近隣諸国のなかでも最重要とみなし、長年にわたって同国に対する関与を続けてきた。2003 年に具体化した欧州近隣政策（ENP）にしろ、2008 年に基本合意された東方パートナーシップ（EaP）にしろ、ウクライナとの関係構築と改善こそがその大きな動機であったといっても過言ではない。

まさにこのために EU は、今回の危機に際しても、仲介や調停を試み、事態の打開に向けた貢献を行おうとしてきた。しかし同時に今回の危機は、EU の対外的影響力や、とりわけその規範の持つ力を考察するにあたり、無視できない状況を露呈することにもなった。すなわち、EU がこの危機に際し、国際社会から規範パワーとして認識されるどころか、ほとんど注目も期待もされず、さらにはその意図や行動、過去の政策などに十分な理解や評価が得られていないケースが少なくなかったのである。

このことは、ウクライナ危機をめぐる（とくに英米系の）国際的な報道や論

評において、EUの影響力や役割に関する考察が非常に少ないという点にも如実に示されている。すなわち、ウクライナ国内の情勢や、親ロシア派と新政権との攻防、停戦プロセスなどの分析に加え、ロシアがこの一連の危機をめぐって何を考え、次はどのような行動に出ようとしているのかを考察しようとするものが圧倒的多数を占める。そしてその少なからぬものが、ウクライナの民族構成上の複雑さやクリミアにおけるロシア人居住者の割合の高さ等を強調し、「ロシアによるクリミア編入はある意味で必然であった」、「ウクライナにとって頭痛の種であり続けるであろうクリミアは、ロシアに編入されてしまったほうが結果的にウクライナにとって都合がよい」（アメリカの元ソ連大使のマトロック、Matlock [2014]）、今回の一連の行動に向かわざるをえなかったロシアの事情も考慮・理解すべきである（たとえば、ウクライナはロシアにとって「単なる外国ではない」（アメリカの元国務長官・国際政治学者のキッシンジャー、Kissinger [2014]）などロシアの姿勢に対する理解を促す傾向にあった。

　一方で、こうした議論のなかで扱われるEUは、"米欧"や"西側"という言葉で代替され、中心的な考察の対象になることが非常に少なかった。断片的に言及されるのは、ヤヌコヴィッチ元大統領によるEUとの連合協定の棚上げが、ウクライナにおけるデモ激化のきっかけとなったこと、ロシアによるクリミア編入を経て経済制裁の実施が検討されてきたものの、EU諸国のロシアに対するエネルギー依存が強いため域内での足並みが乱れがちであり、かろうじて実施されてもアメリカによる制裁よりも限定的な内容にとどまっていること、などである。このため、EUによる積極的な介入や役割を求める声が非常にまれであったのは、ある意味当然のことであった。このことがまさに、国際社会のEUに対する注目の欠如と、EUへの期待の低さを物語っているといえよう。EUがウクライナ危機を解決するにあたって決定的に重要なアクターとして語られる契機が実はさほど多くないということは、EUの規範志向性とその影響力を検討するにあたり、決して無視できないのである。

　さらには、EUをはじめとした西側諸国にこそ、今回の一連の危機を引き起こした責任があるとの議論も稀ではなかった。アメリカの国際政治経済専門ジャーナルの*Foreign Affairs*に掲載されたミアシャイマーの「なぜウクライナ危機は西側の責任なのか」（Measheimer [2014]）は、まさにそうした主張の典型である。ミアシャイマーは、西側はウクライナ危機をプーチンによる侵攻に原因があるとみているが、実際にはこの危機のほとんどの原因を作ったのは

「アメリカとヨーロッパの同盟国」であったと断じる。すなわち、NATO 拡大、EU 拡大、オレンジ革命以降の西側による民主化支援という「三つの失策のパッケージ」が、長年ウクライナですでにくすぶっていた火種に油を注ぐ結果をもたらしたというのである。

　ここでのミアシャイマーの議論の大半は、(ミアシャイマー自身が 1990 年代半ばから一貫して反対し続けてきた) 中・東欧への NATO の拡大や、ウクライナの政権交代をめぐるアメリカ政府の関与がいかに間違った政策であったかをめぐる主張で占められているため、ここでもまた EU は考察の中心的な対象とはなっていない。そしてかろうじて語られる EU の姿は、問題解決に向けて役割を果たしうるアクターではなく、無意識のうちにロシアを挑発し続けてしまう、問題の当事者として描かれる。ミアシャイマーは、ロシアの指導者の目には EU 拡大は「NATO 拡大の隠れ蓑」としか映ってこなかったこと、また 2008 年に合意された EaP が EU の「東への歩み」であり、ロシアにとっては挑発以外のなにものでもなかった等の議論を展開している。したがってミアシャイマーは、EaP の開始も、バローゾ元欧州委員会委員長による「われわれはこの国〔ウクライナ〕と連帯する義務を負っている。われわれは彼らを、可能なかぎりわれわれに近づけるよう努力する」という発言も、「すでに悪い状況をより悪化させるにすぎない」とする。しかしミアシャイマーの議論は、EU が (NATO 拡大はもちろんのこと) ENP および EaP を自らの拡大プロセスから切り離すよう苦心してきたことや、そしてロシアの側もウクライナが EU との間で深く包括的な自由貿易協定（DCFTA）を含む連合協定の署名を目前に控えるまで、ウクライナと EU との関係構築をさほど問題視していなかったという点を見落としている。さらに、対ロシア経済制裁をめぐる EU 内部の意見の相違も大部分が乗り越えられつつあり、EU としての一体性は徐々に確保されつつある。2014 年 6 月 27 日に実現した DCFTA 署名も、結局のところはロシアに対する配慮から、その実施を 2015 年末まで見送っていることも見逃せない。

　しかし、ミアシャイマーの議論を単なる事実誤認に基づくものとして片付けては、国際社会が EU にどのようなまなざしを向けているのかについての理解もまた誤らせることになろう。というのも、ミアシャイマーがこの論考でもっとも強く断罪していたのは、EU に根差す（と彼が主張する）リベラルの発想だからである。ミアシャイマーは、21 世紀においてリアリズムの論理はほとん

ど有効ではなく、ヨーロッパは法の支配、経済的相互依存、民主主義などといったリベラルな原理の基礎に立って一体かつ自由でありつづけられると信じる傾向がヨーロッパにあると論じる。そして結局のところ、「EUの過去の達成からすると」ヨーロッパ人のほうがアメリカ人よりも、地政学はもはや問題ではなく、すべてを内包したリベラルな秩序がヨーロッパの平和を達成することができるという考えに固執していたという。この、自らの規範や価値観に凝り固まり、多様な考え方に理解を示しにくいというEUの性質は、今回の危機に限らず、様々な事例で内外から指摘されてきたものである。こういった懐疑的な見方も、EUによる規範の推進の在り方に対し、再考を促すものとなろう。

　そして実際に、今回の危機に際し、EUが実際に果たしてきた役割は決して高く評価されうるものではなかった。ウクライナ問題が先鋭化して以降、G7などの場で停戦の仲介者として名指しされてきたのは常に国連と欧州安全保障協力機構（OSCE）であった。EUが積極的に関与した2014年4月のジュネーブ合意は、成立後まもなく形骸化した。同9月のミンスク合意（ミンスクⅠ）も、その形成を主導したのはOSCEだったのであり、EUが役割を発揮する余地はほとんどなかった。そもそもミアシャイマーが指摘する通り、（少なくともロシアからみれば）EUが今回の危機の「原因」であり「当事者」である以上、EUによる積極的な働きかけの余地はもとよりあまりなかったのかもしれない。さらに、EU自体も、ウクライナ問題の抜本的解決を目指しているわけでもないことにも留意すべきであろう。すなわち、EUとしては、同国内で停戦がある程度機能し、これ以上の流血を防ぐことができるのであれば、一定の評価に値するとみなしている側面がある。2015年2月にドイツとフランスが仲介して成立した停戦合意（ミンスクⅡ）は、ウクライナ東部の激戦地デバリツェボが親ロ派勢力の支配下に入ることを事実上認める内容となっており、まさにそうした妥協の産物であったと指摘されている。同国における諸問題の解決に向け、EUおよび加盟諸国が過度に野心的な目標を抱いていないという点は、EU的な規範のあり方を考えるうえでも重要なポイントとなりうるであろう。

　しかしそれでも、ウクライナの安定化に向けた長期的な働きかけを行いつつ、ロシアとの間で地道な対話を継続していくことが可能なアクターは、やはりEUしかないのも現実である。OSCEは停戦合意の仲介や監視を行うことはできても、その後のウクライナの安定化と発展を多方面から支える機能、能力、

マンパワーを持ちあわせているわけではない。同国の汚職や経済停滞などの根本的諸問題を徹底的に分析し、改善のための貢献を継続できるアクターは、EUをおいて他にはいないのである。そうであるからこそEUは、近隣地域における規範と秩序の推進者を自任していた自らのイメージと、その役割に対する注目の欠如や期待の低さのギャップを直視しつつ、自らの規範の対外的な投影と、それがロシアのような第三国に与える影響とのバランスをつねにとり続けていく以外にないのである。

参考文献

Kissinger, Henry [2014] "How the Ukraine Crisis Ends", *Washington Post*, 6 March.

Matlock, Jack [2014] "Let Russia Take Crimia", *Time*, 18 March.（http://time.com/author/jack-matlock/）

Meashimer, John J. [2014] "Why the Ukraine Crisis Is the West's Fault", *Foreign Affairs*, September-October, pp. 1-12.

石郷岡建［2014］「NATOとロシアの最前線となるウクライナ――どうなる？「境の線引き」」『Janet e-world premium』vol. 9、14頁。

東野篤子［2014］「ウクライナ危機をめぐるEUの対応――経済政策、連合協定、和平調停」『ロシア・ユーラシアの経済と社会』第987号、17-37頁。

あとがき

　本書は、国際政治特論（EU の対外行動）として利用可能な中級レベルの大学教材を目指して編まれたものである。EU の機構や歴史について紹介することを目的にした国際機構論系の、いわば事典のようなテキストにするつもりはなかった。目指したのは、国際政治の主体としての EU の、グローバル社会における振る舞いを批判的に考察する専門書であった。それは（現在までのところは）軍事パワーになりえなかった EU の、規範を第一次的に志向する対外行動をとらえようとするものであり、これを批判的に評価しようとする学術的な試みであった。EU はいまやグローバル・ガバナンスの有力な担い手である。それもアメリカや中国とは異質な、規範志向性が真っ先にイメージされることの多いグローバル・パワーである（破綻の危機にあるギリシャがユーロ圏を揺さぶり、反 EU のポピュリスト的政治勢力が選挙のたびにメディアを賑わしてはいるものの、EU のそうしたグローバル・パワーとしての存在が崩れさろうとしているわけではない）。近年の EU 研究では、その国際規範を重視する独特の対外行動のあり方が注目されてきた。それは規範概念に着目したコンストラクティヴィズム系国際政治研究の弛まぬ流れとも軌を一にしている。本書はそうした研究潮流をふまえ、EU 研究の先端の一角を読者に提示しようとねらうものでもあった。ただし、EU 賛美に傾きがちな規範論的研究とは一線を画し、批判的な視点を重視し、計算高い EU、出来損ないの EU、ヨーロッパしか考えない EU といった、負の側面をしっかりと認識してもらうための材料も、手を抜くことなく盛り込んだ。よって本書は（一世を風靡した）規範パワー論の流れを汲みつつも、これを批判的に再検討しようと試みるものであった。それゆえ本書編集の最終目的は、制度の説明には終始しない、パワーの現代的なあり方にも注視した理論志向の、専門性の高い EU 政治論文集に仕立て上げることであった。ただし、中級レベルの学習者がはじめてトライする専門書であることもイメージして、難易度は極力抑えた。といって、わかりやすさを口実に初学者に口当たりよくすりよるような安易な妥協は、これを徹底して避けた。

その成否奈辺にあるか。読者の判定をまつよりほかはない。

　いつのことであったか。規範をキーワードに EU の本をつくろうとの話が本書執筆メンバーの一部で交わされ、学会や研究会の合間に、また懇親会の席上テーブル越しに温められ、すでに数年の時が経っていた。2013 年春、これが本格的に始動した。そのきっかけがいつどういうものであったか。すでに記憶の彼方である。気がつくとメンバーが固まり、入稿までに 4 度の研究会が開催されていた。全員参加とはいかなかったものの、慶應義塾大学で 2 回、名古屋大学で 1 回、新潟国際情報大学で 1 回、研究会が行われ、それぞれ三田で、金山で、古町で、夜半まで懇親会が続いた。規範とはそもそも何なのか、その広がり、伝播とは何を意味するのかといった、基本中の基本の論点があらためて議論され、各自の認識の微妙な（しかし決定的な）ズレが確認されることもしばしばであった。研究会を重ねていくうちに、メンバー 4 人が大学に専任の職を獲得するという、何にも増してうれしいニュースもあった。まさにグッドラックなプロジェクトになったのである。

　執筆者全員が EU プロパーとはいえないものの、日本の EU 研究陣営の厚みを示す一冊になったのではないかと、編者として自負するところもある。本書が基本的には教科書企画によるものである以上、学術専門書として思う存分各自の研究を披露してもらうことはかなわなかった。その制約のなか、それぞれの筆の力を十二分に発揮してくれた執筆者全員に、この場を借りて御礼申し上げるしだいである。

　今回もまた、ナカニシヤ出版・酒井敏行氏にお世話になった。厳しい出版事情のなか、本書の企画をこころよく引き受けて下さり、的確にアドバイスいただいた。ここにあらためて感謝の意を表したい。また美味しいお酒をご一緒させていただける時を、楽しみにしています。

2015 年 3 月 10 日
臼井陽一郎

人名索引

ア行
アシュトン Catherine Ashton　　102, 286, 295
アチャリア Amitav Acharya　　30
ウェント Alexander Wendt　　31

カ行
キッシンジャー Henry Alfred Kissinger　　309

サ行
サルコジ Nicolas Sarközy　　107, 108, 221
サンテール Jacques Santer　　142
シキンク Kathryn Sikkink　　139, 150
シメルフェニヒ Frank Schimmelfenig　　36
シュルツ Martin Schulz　　107
シラク Jacques René Chirac　　300
ソラナ Javier Solana　　295

タ行
デハーネ Jean-Luc Dehaene　　142
ドゥグフュト Karel De Gucht　　188
ドゥシェーヌ Francois Duchene　　46
トゥジマン Franjo Tudman　　161
トゥスク Donald Franciszek Tusk　　221

ナ行
ニコライディス Kalypso Nicolaidis　　174

ハ行
ハース Ernst B. Haas　　34
パットナム Robert D. Putnam　　69
パパンドレウ Georgios Andreas Papandreou　　108
バローゾ José Manuel Durão Barroso　　101, 107, 108, 111, 184, 308, 310
ファンロンパイ Herman Van Rompuy　　16, 21, 99, 100, 101, 102, 103, 105-110, 111, 129
フィッシャー Joschka Fischer　　299
フィネモア Martha Finnemore　　139
ブル Hedley Bull　　46
ブレア Tony Blair　　99, 101, 102
プロディ Romano Prodi　　142
ヘデゴー Connie Hedegaard　　212, 214

マ行
マナーズ Ian Manners　　45, 67, 77, 78, 180, 190
マンデルソン Peter Mandelson　　184
ミアシャイマー John J. Meashimer　　309
ミロシェビッチ Slobodan Milošević　　161
ミルワード Alan S. Milward　　34
ムニエー Sophie Meunier　　174, 179, 180
メチア Vladimír Mečiar　　161
メルケル Angela Dorothea Merkel　　87, 107-111
モラフチーク Andrew Moravcsik　　30, 34, 43

ヤ行
ヤヌコヴィッチ Viktor Yanukovych　　309

ラ行
ラミー Pascal Lamy　　181, 182
リンド Anna Lindh　　298
ルテルム Yves Leterme　　105

事項索引

あ行

ILO（国際労働機関） 187
アイデンティティ 29, 31, 119, 150, 178, 180-182, 191
アカウンタビリティ 141, 167
アキ・コミュノテール 14, 23, 144, 280
ASEAN（東南アジア諸国連合） 10, 186
アチェ監視ミッション（AMM） 303
アドボカシー（政策提言／権利擁護） 36, 138, 139, 148
　　——NGO 150
　　——連合 148, 149
アフリカ連合（AU） 285
　　——支援ミッション 303
アムステルダム条約 13, 141, 178, 299
アムネスティ・インターナショナル 62, 148
アメリカ 9, 10, 174, 175, 179, 181-183, 188, 189, 256
アラブの春 166
アル・カイーダ 261
安定連合協定 159
安保理 277, 279, 283, 284
EEA（欧州経済領域）市民 236
ECSC（欧州石炭鉄鋼共同体） 13, 120, 140
EU 99, 102, 103, 107, 109-112
　　——アザラシ製品事件 204
　　——ガバナンス 136, 141, 150
　　——・韓国FTA 186
　　——気候変動規範 212
　　——機能条約 13, 179, 197, 198
　　——基本法条憲章 13, 62
　　——軍事委員会（EUMC） 293
　　——軍事幕僚部（EUMS） 293
　　——市民 13, 21, 149, 233
　　——条約 13, 18, 129, 179
　　——新規加盟 155, 157, 170
　　——大統領 14, 99, 101-103, 111
　　——チリFTA 202
　　——認識 65-67, 70, 72-75, 77, 78, 81, 91
　　——法 12, 15
　　——POL（EU Police Mission） 268
　　重商主義的—— 176, 185
域内自由移動 236
遺伝子組み換え食品 169, 183
移民 21
　　往復—— 244
　　共通——政策 234
　　選択的——政策 244
ウクライナ 22, 165-167, 308
　　——危機 308
受け入れ・統合・市民権総局（DAIC） 239
ウルグアイ・ラウンド 176, 182
SPS措置（衛生植物検疫措置） 199, 203
NGO（非政府組織） 62, 67, 137-139, 141, 142, 146-150
　　トランスナショナル—— 148-150
NPO（非営利組織） 137
エネルギー安全保障 216, 228
エネルギー・ロードマップ2050 221, 222
自由貿易協定（FTA） 186-190, 193, 197, 201
　　——モラトリアム 182, 185
　　深遠で包括的な——（DCFTA） 186, 310

316

新世代―― 186
欧州委員会　13, 21, 140-143, 145, 146,
　　148, 149, 174
　　――委員長　18
　　――総局　145
欧州移民統合基金　233
欧州対外行動庁（EEAS）　293
欧州会計検査院　241
欧州ガバナンス白書　142
欧州環境ビューロー　148
欧州議会　13, 21, 101, 117, 128, 140, 141,
　　148, 149, 179, 301
欧州基本権憲章　63
欧州近隣政策（ENP）　18, 21, 155, 157,
　　163, 170, 308
欧州言語参照枠　242
欧州憲法条約　13, 100, 142
欧州司法裁判所　13, 23, 301
欧州社会基金　241
欧州社会党（PES）　122, 126
欧州自由民主連盟（ALDE）　128
欧州首脳理事会　13, 21, 99-103, 109, 292
　　――常任議長　18, 100, 101, 111, 293
欧州審議会　61-63
欧州人権条約　62
欧州人民党（EPP）　122, 126
欧州対外行動庁（EEAS）　14, 179, 293
オレンジ革命　166
温室効果ガス（GHG）　212

か行
開発　21, 147, 183, 184
　　――規範　183, 190
　　――総局　146
外交安保上級代表職　14, 18
外務理事会　292
閣僚会議　148
閣僚理事会　13, 140, 187
家族再結合指令　234
価値の共同体　150, 178, 180

GATT（関税と貿易に関する一般協定）
　　184
ガバナンス　139-141, 143, 145, 146, 148,
　　150, 180, 181
加盟候補国　71, 157
管轄権　276-279, 285-287
環境　91, 147, 175, 183, 189
　　――汚染　169
　　――基準　177, 185, 187
　　――条約　183
　　――政策　168
　　――総局　146
　　――保護　149, 177
関係性のパワー　65, 67
韓国　87, 186, 187, 188
関税同盟　176
環大西洋貿易投資パートナーシップ
　　（TTIP）　186, 188
危機管理・企画局（CMPD）　293
気候変動　21, 84
　　――政策　212
気候変動枠組条約締結国会議（COP19）
　　223
規制国家　177
規範　29, 92, 95, 111, 139, 180
　　――起業家　21, 36, 117, 118, 129, 138,
　　139, 145, 148, 150
　　――志向性　12, 29
　　――政治　11, 12, 17, 19, 20
　　――の衝突　50
　　――の「ライフサイクル」　117, 139,
　　150
　　――パワー　15, 20, 22, 45, 65, 68, 69,
　　77, 78, 144, 150, 180, 183, 190, 297
　　国際――　10, 11, 12, 70, 136
　　社会的――　177, 179, 180, 183, 187,
　　189, 190
　　人権――　179
　　政治的――　177, 179, 180, 182, 187
　　メタ――　218

317

旧ユーゴスラビア国際刑事法廷（ICTY）
　　276, 277, 279, 284
共通安全保障・防衛政策（CSDP）　174,
　　268, 292
共通外交安全保障政策（CFSP）　13, 292
　　──上級代表　293
共同決定方式　140
共同体方式　13, 15
京都議定書　150, 213
ギリシア支援問題　107
緊急対応メカニズム（RRM）　301
グリーン経済　21, 217
Green 10　148
グローバリゼーション（グローバル化）
　　68, 70, 173, 175, 180
　　──の管理　173, 181-186, 188, 189,
　　190, 193
グローバル・ガバナンス　9, 150
グローバル市民社会　149, 150
グローバル貿易ガバナンス　180, 183
「グローバル・ヨーロッパ──国際競争へ
　　の対応」　184, 185
軍事パワー　46, 190
経済社会評議会　149
経済リベラリズム　175, 180
警察刑事司法協力　13
権威主義　157, 161, 170
言説（ディスコース）　31, 36, 142, 181,
　　212
憲法条約　143, 147
コア・クライム　278, 279
公共圏　137, 145, 147, 148
広報外交（パブリック・ディプロマシー）
　　74, 75, 78
コカイン　21, 255
国際気候ネットワーク　148
国際基準（スタンダード）　200
国際刑事裁判所（ICC）　21, 22, 61, 136,
　　139, 150, 275, 276
国際刑事法　279, 282, 288

国際人道法　273, 274, 276-278
国際組織犯罪　21, 255, 256
国際治安支援部隊（ISAF）　256
国民投票　141, 143
コスモポリタン　150, 176, 182
コソボ解放戦線（KLA）　259
コチャバンバ宣言　262
コトヌー協定　281, 305
コペンハーゲン基準　158
コレペール（常駐代表委員会）　64, 264
コンストラクティヴィズム　9, 10, 20, 22,
　　29
コンディショナリティ　156, 157, 178
コンベンション　143, 147

さ行
参加デモクラシー　136, 141-144, 146
サンテール欧州委員会　141
ジェノサイド　61, 275, 276, 278
シェンゲン協定　255
GATT　175, 176
死刑執行停止（モラトリアム）決議　62,
　　64
死刑廃止　22, 61, 71, 78
持続的発展条項　145
市民社会　21, 63, 69, 136-138, 140,
　　142-144, 173, 187
　　──コンタクトグループ（CSCG）
　　147, 148
　　──組織　16, 136, 137, 141, 144, 145,
　　147, 148
市民発議　143
社会運動　137
社会総局　146
社会的公正　180, 185
社会的セーフティネット　181
自由権規約　62
　　──第二選択議定書　62, 63
自由貿易　21, 83, 175
自由貿易協定（FTA）　18, 145, 165, 175,

181
自由貿易レジーム　175
ジュビリー 2000 キャンペーン　139
ジュネーブ合意　311
食の安全性　169, 177
消費者保護総局　146
シンガポール・イシュー　182, 184, 186, 189
新機能主義　29, 32
人権　23, 64, 118, 144, 147, 155, 158, 177, 179
　——規範　→　規範
　——尊重　159, 160, 163, 164
人道支援総局　146
人道に対する罪　61, 275, 276, 278
侵略罪　61, 279
政治・安全保障委員会（PSC）　292
正戦論　22, 294
制度主義　29
政府間主義　143
石炭・気候サミット　226
説得　156, 164, 170
全欧安保協力機構（OSCE）　311
戦争犯罪　274
　通例の——　275, 276, 279, 287
戦略的パートナーシップ協定　187
相互防衛条項　160
双方加罰性の原則　282, 288
ソフトロー　19, 238, 239

た行
第三国国民の統合のための欧州アジェンダ　243
対人地雷禁止条約　136, 150
対人地雷全面禁止条約　139
多角的貿易交渉　174
多国間環境協定　187
多国間自由貿易レジーム　175
多国間主義　181, 182, 190
多国間貿易交渉（ラウンド）　173, 181,

190
脱北者　22, 250
WTO（世界貿易機関）　149, 173, 175, 176, 181-184, 186, 188, 193, 197
　——紛争解決手続　204
単一欧州議定書　100
単一市場　174
　——プログラム　176, 177, 179
　——モデル　180, 181, 185, 188, 189, 191
チェーン・マイグレーション　251
知的財産権保護　183
チャパレ代替開発援助プログラム（PREADAC）　266
中核的労働基準　187
長期居住権　237
長期居住者指令　234
超国家主義　100
超国家統合　140
通商政策　146, 173, 175, 181, 189, 191
　規制的——　176, 179, 182, 186
　共通——　174, 179
　社会的——　177, 179
　伝統的——　176, 179
適切性の論理　133, 150, 180, 189, 191
デモクラシー　23, 118, 138, 144, 155, 158-160, 163, 164, 177, 179, 187
　——と人権のための欧州機関（EIDHR）　145
　——の赤字　144
　——の学校　137, 139
同化政策　21, 247
ドーハ・ラウンド　183, 186, 191
動物の権利　91
動物福祉　21, 69, 149, 177, 197
　——基準　202, 206
東方パートナーシップ（EaP）　308
途上国　178, 183, 184
特恵貿易待遇　165
ドーハ・ラウンド　173, 182, 183

トリプル20　220

な行

内省主義　33
NATO（北大西洋条約機構）　10, 159,
　　160, 259, 268, 310
難民　168
　　——認定　253
ニース条約　13
二国間関係　193
日EU・FTA　193
2レベルゲーム　69
ネオリアリズム　32
ネオリベラリズム　21, 32, 176, 177, 180,
　　183
ノーベル平和賞　87

は行

バイラテラル　173
　　——FTA　191
バーゲニング　32
ハードロー　19
パリ条約　13
庇護申請者　243
筆頭候補制　117, 128
PIIGS　107
ヒューマンライツ・ウォッチ　62, 148
「武器以外すべて（EBA）」イニシアチブ　184
不執行条項　187
不戦共同体　175
BRICS　185, 188
文化の多様性　183, 185
文民の安全保障　21
文民的企画・実施能力（CPCC）　293
文民的危機管理　291
　　——委員会（CIVCOM）　293
平和・安定支援措置（IcSP）　301
平和維持活動（PKO）　22
平和に対する罪　275

ペータースベルク任務　299
ヘルシンキ欧州首脳理事会　299
ヘロイン　21, 255, 258
貿易外関心事項　183
貿易ガバナンス　184
貿易総局　146
貿易パワー　173, 174, 187
貿易を通じた規範パワー　175, 179, 180,
　　185
「貿易・成長・世界情勢」戦略　186
包括的アプローチ　10, 22, 305
報道の自由　158, 161, 162, 167
法の支配　144, 155, 158-160, 163, 164,
　　177, 179, 182
補完性の原則　139
保護主義　183

ま行

マーストリヒト条約　13, 100, 141, 198
マルチラテラル　16
マルチ・レイヤー・ストラテジー　228
麻薬密輸　256
緑の党　122
民主化　164
　　——支援　144
民主的の正統性（インプット正統性）　141
ミンスク合意　308
民生パワー　46, 67
民族紛争　276
メディア　66, 72, 73, 74, 77, 78
メルコスル（南米南部共同体）　203

や行

UNHCR（国連難民高等弁務官事務所）
　　168
有志国グループ（LMG）　279, 284
ユーロ危機　106, 185
ユーロ政党　14, 21, 116
四つの自由移動　176
ヨーロッパ・アイデンティティ　37

ヨーロッパ化　31, 142, 146, 147
ヨーロッパ協定　159
ヨーロッパ公共圏　16
ヨーロッパ逮捕令状　281
ヨーロッパ統合　12, 20, 22, 30, 124
ヨーロッパ統合研究　29
Europe 2020　217
ヨーロッパの将来に関する諮問会議（コンベンション）　142
予防原則　183
世論調査　66, 72, 73, 75, 77

ら・わ行

リアリズム　9
リージョナリズム　9
利益集団　138, 140, 142
利益誘導　156, 157, 163, 164, 170
利害関係者　142
陸生動物衛生規約　200
履行監視メカニズム　187
リスボン条約　13, 99, 100, 129, 136, 143, 144, 179, 191, 303
リスボン戦略　238
リベラリズム　9, 179
リベラル政府間主義　29, 32
ルワンダ国際刑事法廷（ICTR）　276, 277
連合協定　157, 159
労働者の権利　177, 189
ローマ会議　277, 283
ローマ条約　13
枠組協定　187

執筆者一覧（執筆順、＊は編者）

＊臼井陽一郎（うすい・よういちろう）　序章
1965年生まれ。早稲田大学社会科学部卒業、同大学院経済学研究科博士課程単位取得退学、英国・リーズ大学大学院法学研究科論文修士課程修了。現在、新潟国際情報大学国際学部教授。EU政治専攻。『紛争と和解の政治学』（共編著、ナカニシヤ出版、2013年）、『環境のEU、規範の政治』（ナカニシヤ出版、2013年）、他。

東野篤子（ひがしの・あつこ）　第1章、第2章、コラム①⑧
1971年生まれ。慶應義塾大学法学部政治学科卒業、同大学院法学研究科政治学専攻博士課程単位取得退学。英国・バーミンガム大学大学院政治・国際関係研究科Ph.D取得（政治学）。広島市立大学国際学部准教授を経て、現在、筑波大学人文社会系国際公共政策専攻准教示。専門は国際関係論、ヨーロッパの国際政治。『ヨーロッパの政治経済・入門』（分担執筆、有斐閣、2012年）、「ウクライナ危機をめぐるEUの対応――経済制裁、連合協定、和平調停」（『ロシア・ユーラシアの経済と社会』第987号、2014年）、他。

福井英次郎（ふくい・えいじろう）　第3章、コラム③④⑤
1973年生まれ。慶應義塾大学法学部政治学科卒業、慶應義塾大学大学院法学研究科政治学専攻修士課程修了、ウォーリック大学政治国際学部国際関係論専攻修士課程修了、慶應義塾大学大学院法学研究科政治学専攻後期博士課程単位取得退学。現在、ジャン・モネEU研究センター（慶應義塾大学）研究員。専攻はEU政治学・対外認識研究・震災研究。「EU認識研究に関する一考察――日本のエリート調査を事例として」『日本EU学会年報』（第28号、2008年）、他。

松尾秀哉（まつお・ひでや）　第4章
1965年生まれ。一橋大学社会学部卒業、東邦ガス株式会社、株式会社東海メディカルプロダクツ勤務を経て、東京大学大学院総合文化研究科博士課程修了。博士（学術）。聖学院大学政治経済学部等を経て現在、北海学園大学法学部教授。ヨーロッパ政治、比較政治学専攻。『ベルギー分裂危機――その政治的起源』（明石書店、2010年）、『模索する政治――代表制民主主義と福祉国家のゆくえ』（分担執筆、ナカニシヤ出版、2011年）、『紛争と和解の政治学』（共編著、ナカニシヤ出版、2013年）、『物語ベルギーの歴史――ヨーロッパの十字路』（中公新書、2014年）、他。

スティーブン・デイ（Stephen Day）　第5章
1968年生まれ。PhD（University of Warwick）。現在、大分大学経済学部教授。比較政治学、EU政治専攻。"The 2014 European Parliamentary Elections: Emerging signs of a shift from 'solidarity' to 'politicization' at the EU-level"（『日本EU学会年報』第35号（2015）、77-102頁。"Between 'Containment' and 'Transnationalization': Where Next for the Euro-parties?"（*Acta Politika*, Vol. 49(1) 2014）、他多数。

明田ゆかり（あけだ・ゆかり）　第6章、第8章
1956年生まれ。慶應義塾大学法学部卒業、慶應義塾大学大学院法学研究科博士課程単位取得退学。慶應義塾大学大学院法学研究科特別研究講師を経て、現在外務省経済局国際経済課課長補佐。国

際関係論、EUの通商政策（EU政治）専攻。外務省では日EU・EPA交渉に従事。『EUの国際政治』（分担執筆、慶應義塾大学出版会、2007年）、『EUのガヴァナンスと政策形成』（分担執筆、慶應義塾大学出版会、2009年）、他。なお本書の担当章で示された見解は筆者個人のものである。

武田　健（たけだ・けん）　第7章
1978年生まれ。早稲田大学政治経済学部卒業、同大学院政治学研究科修士課程修了、英国・ブリストル大学博士課程修了（Ph. D, Politics）。現在、早稲田大学政治経済学術院助教。政治学・国際関係論。「EU政府間交渉における威圧的な脅し」（『国際政治』第177号、2014年）、"Resolving the Impasse through Creative Solutions: The Role of Supranational Legal Experts in the Process of EU Treaty Reform" (*Japanese Journal of European Studies*, vol. 2, 2014)、他。

関根豪政（せきね・たけまさ）　第9章、コラム⑥
1981年生まれ。慶應義塾大学法学部卒業、同大学院法学研究科博士課程修了。現在、名古屋商科大学コミュニケーション学部専任講師。国際経済法専攻。『EUの規制力』（分担執筆、日本経済評論社、2012年）、『EU環境法』（分担執筆、慶應義塾大学出版会、2009年）、他。

市川　顕（いちかわ・あきら）　第10章
1975年生まれ。慶應義塾大学総合政策学部卒業、同大学院政策・メディア研究科修士課程・同博士課程修了。博士（政策・メディア）。現在、関西学院大学産業研究所准教授、同副所長。国際公共経済学会理事、政策情報学会理事。国際関係論、拡大EU、環境ガバナンス専攻。『EUの社会経済と産業』（編著、関西学院大学出版会、2015年）、『体制転換とガバナンス』（共編著、ミネルヴァ書房、2013年）、『EU経済の進展と企業・経営』（分担執筆、勁草書房、2013年）、『グローバル・ガバナンスとEUの深化』（共編著、慶應義塾大学出版会、2011年）『ロシア・拡大EU』（分担執筆、ミネルヴァ書房、2011年）、他。

小山晶子（おやま・せいこ）　第11章
1973年生まれ。ストラスブール大学政治学博士後期課程修了。現在、東海大学教養学部国際学科特任准教授。政治学専攻。「移民系児童に対する教育政策の仏英比較——政治社会学的考察の意義」『国際教育』（第18号、2012年）、イヴ・デロワ『国民国家——構築と正統化』（共訳、吉田書店、2013年）、他。

福海さやか（ふくみ・さやか）　第12章
1973年生まれ。関西大学法学部政治学科卒業、英国・バーミンガム大学大学院政治科学国際学研究科 MA・MPhil 修了、英国・ノッティンガム大学博士課程修了。現在、立命館大学国際関係学部准教授。安全保障論専攻。*Cocaine Trafficking in Latin America: EU and US Policy Responses* (Ashgate, 2008年)、他。

小松﨑利明（こまつざき・としあき）　第13章、コラム②
1974年生まれ。国際基督教大学教養学部卒業、同大学院行政学研究科博士後期課程博士候補資格取得退学。現在、聖学院大学政治経済学部助教。国際法・平和研究専攻。『紛争と和解の政治学』（分担執筆、ナカニシヤ出版、2013年）、『人間としての尊厳を守るために』（編著、聖学院大学出

版会、2012年)、他。

小林正英(こばやし・まさひで)　第14章
1970年生まれ。筑波大学第三学群国際関係学類卒業、慶應義塾大学大学院法学研究科博士課程単位取得退学、博士(法学)。現在、尚美学園大学総合政策学部准教授。国際安全保障論専攻。『冷戦後のNATO』(分担執筆、ミネルヴァ書房、2012年)、『ヨーロッパの政治経済・入門』(分担執筆、有斐閣、2012年)、他。

金　敬黙(キム・ギョンムク)　コラム⑦
1972年生まれ。韓国外国語大学卒業、東京大学大学院総合文化研究科博士課程修了。博士(学術)。現在、中京大学国際教養学部教授。平和研究・NGO研究専攻。『越境するNGOネットワーク──紛争地域における人道支援・平和構築』(明石書店、2008年)、『NGOの源流をたずねて──難民救済から政策提言』(めこん、2011年)、他。

EUの規範政治
グローバルヨーロッパの理想と現実

2015 年 6 月 30 日　初版第 1 刷発行　　(定価はカヴァーに表示してあります)

編　者　臼井陽一郎
発行者　中西健夫
発行所　株式会社ナカニシヤ出版
　　　　〒 606-8161　京都市左京区一乗寺木ノ本町 15 番地
　　　　　　　　　　 TEL 075-723-0111　FAX 075-723-0095
　　　　　　　　　　 http://www.nakanishiya.co.jp/

装幀＝白沢　正
印刷＝創栄図書印刷　　製本＝兼文堂
©Y. Usui, et al. 2013　Printed in Japan
＊落丁・乱丁本はお取り替え致します。
ISBN978-4-7795-0926-1　　C1031

本書のコピー，スキャン，デジタル化等の無断複製は著作権法上での例外を除き禁じられています。本書を代行業者等の第三者に依頼してスキャンやデジタル化することはたとえ個人や家庭内の利用であっても著作権法上認められておりません。

紛争と和解の政治学
松尾秀哉・臼井陽一郎 著

紛争解決のための「和解」はいかにして可能か。「和解」の思想の系譜をたどり、移民や世代間対立、戦後補償問題など、国内外の政治におけるさまざまな事例をもとに、「和解」の可能性を探る。
二八〇〇円

環境のEU、規範の政治
臼井陽一郎 著

「環境」はいかにしてEUの最重要政策分野となったのか。環境政治、そして規範パワーの概念を切り口に、EU政体のガバナンスのあり方を考察する。環境とグローバル戦略の実像に迫る。
四二〇〇円

ヨーロッパのデモクラシー 改訂第二版
網谷龍介・伊藤武・成廣孝 編

移民とポピュリズム、政党不信と大連立――民主主義をめぐる困難に立ち向かう欧州二九カ国の政治のいまを各国別に紹介。EU加盟を果たしたクロアチアをひはじめ、最新の政治状況を反映した決定版。
三六〇〇円

ポスト代表制の政治学
―デモクラシーの危機に抗して
山崎望・山本圭 編

代表制はその役割を終えたのか？ 代表の機能不全が全世界的に指摘されるなか、代表とデモクラシーをめぐる九つのアポリア（難題）に気鋭の政治学者たちが挑み、代表制の概念を問い直す。
三五〇〇円

表示は本体価格です。

The Normative Politics of the European Union
The Idea of Global Europe and its Reality